Arkana

Buch

Sandra ist eine weise, weiße Hexe, in deren Zauber und Ritualen die Schwarze Magie und der Teufelskult keinen Platz haben. Ja, sie lehnt den Satanskult aufs schärfste ab. In ihrem neuen Buch klärt sie über die Weiße Magie auf, in deren Tradition sie selbst steht. Sie vermittelt die Kraft schenkenden, positiven »weißen« Praktiken und Rituale, die von jedermann im Alltagsleben auf konstruktive Weise eingesetzt werden können. Diese lebensbejahende, lichtvolle Magie grenzt Sandra von den Praktiken der Schwarzen Magie ab. Der Leser erfährt geschichtliche Hintergründe und wird vor den Gefahren schwarzmagischer Techniken gewarnt. Sandra bietet eine Fülle von Hinweisen, wie man sich beispielsweise durch Amulette vor dunklen Attacken schützen kann. Ebenso klug und erfahren gibt Sandra Hinweise zum Umgang mit den negativen Kräften von Satansjüngern. Sie warnt eindringlich vor dem Teufelskult und gibt genaue Anleitungen, wie man sich davor schützen kann.

Autoren

Sandra wurde 1940 in Prag geboren und entstammt einem alten Adelsgeschlecht. Sie ist Mutter dreier Kinder und lebt und arbeitet als Hexe in München, wo sie auch einen eigenen Laden für magische Utensilien leitet.
Arno Frank Eser, Jahrgang 1953, ist Buchautor und Journalist. Er arbeitet für die Münchner Abendzeitung und verschiedene Magazine.

Bei Goldmann sind von Sandra bereits erschienen:

Ich, die Hexe (12134)
Hexenrituale (12193)

Sandra
Arno Frank Eser

WEISSE MAGIE
SCHWARZE MAGIE
SATANISMUS

ARKANA
GOLDMANN

Dieses Buch widme ich
meinen Enkelkindern
Rafael und Pauline

Umwelthinweis
Alle bedruckten Materialien dieses Taschenbuches sind chlorfrei und umweltschonend.

Originalausgabe Juli 1999

Umschlaggestaltung: Design Team München
Umschlagmotiv: Gruner + Jahr, photonica Eddie Dayan
Verlagsnummer: 21527
WL · Herstellung: Stefan Hansen
Satz: Uhl + Massopust, Aalen
Druck: Elsnerdruck, Berlin
Made in Germany
ISBN 3-442-21527-7

1. Auflage

Inhalt

Was verstehen wir heute unter dem Begriff »Hexe«?

Gestatten, mein Name ist Sandra!

»Ich heiße Sandra. Ich bin eine Hexe. Und ich werde manchmal ernsthaft gefragt, ob ich, wenn schon nicht in einem Knusperhäuschen, wenigstens in einem alten, mystischen Gebäude wohne, um dort ungestört irgendwelche geheimnisvollen Zeremonien zu betreiben.« Genau so fing mein Buch *Ich, die Hexe* an, das 1991 auf den Markt kam. Es hat sich viel verändert in der Zwischenzeit. Die Esoterikwelle, so fragwürdig sie uns mit ihren Begleiterscheinungen und mit all ihren Trittbrettfahrern immer wieder erscheinen muß, hat dafür gesorgt, daß niemand mehr bei dem Begriff »Hexe« erschrickt. Die böse, alte Hexe aus dem Märchenbuch hat längst ausgedient. Und inzwischen weiß wohl jeder, daß Hexen nicht unbedingt eine Warze auf der Nase und einen schwarzen Kater auf der Schulter haben.

Eine Hexe – was ist das eigentlich?

Eine Hexe ist nach moderner Auffassung nichts anderes als eine spirituell begabte Frau. Sie hat sich für einen Naturkult entschieden, für eine Naturreligion. Weil sie sich darin besser aufgehoben fühlt als in einer der monotheistischen Religionen Islam, Juden- und Christentum. Außerdem ist eine Hexe eine Frau, die nach bestimmten spritiuellen Regeln lebt, die Rituale ausübt und die unter Umständen ihr Wissen auch weitergibt.

Die Hexe, also die selbstbestimmte Frau, die außerdem noch über ganz spezielle Gaben verfügt, war den Männern von jeher unheimlich, ja geradezu ein rotes Tuch. Darum mußte sie diszipliniert werden.

Das fängt schon bei den Juden an. Heute wissen wir, daß der jüdische Alleingott Jahwe in seiner Anfangszeit eine Partnerin hatte, ein weibliches Gegenstück. Ihr Name ist Ashira. Es gibt Ausgrabungen, Dokumente, Wandtafeln, Höhlenzeichnungen, die das beweisen. Ashira ist auf einmal verschwunden. Kaum vorstellbar, daß ausgerechnet Frauen sie aus den Originalschriften des Alten Testaments entfernt haben sollen. Denn die wenigsten konnten schreiben und lesen, dafür haben ihre Herren und Gebieter schon gesorgt.

Die jüdische und die später daraus folgende christliche Religion haben also die Frauen auf einen Platz in der zweiten Reihe verwiesen. Wenn nicht gar in der dritten. Selbst Jesus von Nazareth, der große Friedensstifter, soll, als er nach langen Jahren der Wanderschaft wieder einmal seine Mutter traf, folgendes gesagt haben: »Weib, was habe ich mit dir zu schaffen?«

Bei den Buddhisten ist es immer noch Brauch und Gesetz,

daß Mönche ihre milden Gaben nur aus der Hand eines Mannes empfangen dürfen. Die Frau gibt die Gabe einem männlichen Begleiter, der darf sie dann dem Mönch geben. Der Bettelmönch darf die Frau nicht berühren, auch nicht sekundenweise, sonst wird er unrein.

Und die Moslems? Sie halten sich oft streng an den Koran: »Die Widerspenstigen unter ihnen (den Frauen) sperrt ein in das Schlafgemach und schlaget sie.«

Und in Indien gibt es immer noch das Ritual der Witwenverbrennung. Die Frau muß an Ort und Stelle ihrem verstorbenen Mann in den Tod folgen. Sie wird lebendigen Leibes mit der Leiche ihres Gatten verbrannt. Es gibt zwar Gesetze, die dieses Ritual verbieten. Ausgeführt wird es dennoch, jeden Tag.

Der Gipfel der Frauen- und Hexenfeindlichkeit kommt ausgerechnet in Europa zum Ausbruch, im Rahmen der Inquisition. Folterungen, Marterungen, Hexenverbrennungen. Mir wird schlecht, wenn ich nur daran denke. Schon allein aus diesem Grund kann die katholische Kirche nie ein Partner für mich sein. Ich verachte sie. Bitte verstehen Sie mich jetzt nicht falsch. Ich verachte weder Jahwe noch Jesus, aber ich verachte das Bodenpersonal. Von Ausnahmen abgesehen. Der Priester, der in Nicaragua oder in Kuba Medikamente verteilt, ohne den Patienten gleichzeitig Heiligenbildchen aufzudrängen – dieser Priester hat meine Hochachtung.

Auch die Emanzipationsbewegung arbeitet mit dem Begriff »Hexe«, meint damit aber selbstbewußte Frauen, die sich von ihrem Partner in keiner Weise unterdrücken lassen. Was an sich sehr begrüßenswert ist. Doch Hexen sind diese Frauen deswegen noch lange nicht.

Die Sprache verrät mehr über einen Menschen, als man gemeinhin annimmt. Der Großvater, der seine selbstbewußte und rotzfreche kleine Enkelin mit einem Satz wie »Du bist ja eine richtige kleine Hexe!« zu disziplinieren versucht, outet sich als ein Mensch, der immer noch in der Vergangenheit lebt. Dieser Satz zeigt einen Einblick in seine kleine chauvinistische Gedankenwelt, in der Hexen immer noch etwas Schlechtes sind.

Ein weiteres typisch männliches Zitat: »Geschwindigkeit ist keine Hexerei.« Die Hexe auf dem Besen wird wieder hervorgekramt. Die Hexe, die in Windeseile durch die Lüfte schweben kann, wie es ihr einst ihre Gegner nachgesagt haben. Das Zitat geht übrigens auf mittelalterliche Vorstellungen zurück. Wer damals glaubwürdig versichern konnte, daß eine Frau auf dem Besen durch die Lüfte geritten ist, hat damit praktisch ihren Tod beschlossen. Die Inquisition war mehr als dankbar für solche Hinweise und Zeugenaussagen. Sadistische Folterknechte und nicht minder pervers veranlagte Kirchenmanager freuten sich schon auf die »Befragung«, ja, sie fieberten ihr regelrecht entgegen. Hier ging es um nichts anderes als um die Erniedrigung starker oder gar unheimlich wirkender Frauen. Als »Spiel« wird das heute in den Bordellen dieser Welt nach wie vor praktiziert: Die selbstbewußte und starke Frau wird unterdrückt und sexistisch gefoltert.

Die Realität außerhalb der Bordelle sieht nicht viel besser aus. In den zivilisierten Ländern ist die Gewalt nicht physisch. Aber psychisch. Nicht so drastisch und dramatisch wie im Mittelalter, sondern auf subtilere Weise. Frauen werden immer noch für die gleiche Arbeit schlechter bezahlt als Männer. Frauen müssen für denselben Posten viel bessere Voraussetzungen mitbringen als Männer. Dafür bekommen sie aber nicht einen Pfennig mehr. Und dann die Imagefrage. Mit wem hat die Chefin geschlafen, damit sie Chefin werden durfte?

Der Chef hat natürlich was mit seiner Sekretärin, das ist ganz normal, das ist sogar sozial anerkannt. Eine Frau in leitender Position kann sich nach gängiger Meinung nur »hochgeschlafen« haben!

So lange der Herr noch *herr*lich ist und die Dame *däm*lich, wird sich auch trotz zahlreicher Lippenbekenntnisse und vereinzelter Quotenfrauen nichts ändern. Politik und Management, das ist immer noch Männersache.

Und der Hexenschuß, der berühmte blitzartig einschießende Schmerz im Rücken, wird verbal immer noch den ach so bösen Frauen zugeordnet. Ich will kein Drama aus diesen sprachlichen Schlampereien machen, aber sie verraten doch einiges. Ich selbst gehe damit inzwischen humorvoll um. Ich glaube, das ist der beste Weg. Wenn ich als anerkannte Hexe ganz ernsthaft und anscheinend ohne auf den eigentlichen Sinn des Wortes zu achten von meinem letzten Hexenschuß erzähle, habe ich die Lacher auf meiner Seite.

Ist nun »der Mann« als solcher unser Feind? Hat er sich aufgrund seiner Geschichte schon disqualifiziert? Die alte Gretchenfragen der Emanzipation. Die uralte Frage der Hexen. Schlaue und intelligente Frauen werden prinzipiell den Mann als solchen nicht verdammen, sondern ihm unterstützend zur Seite stehen, wenn es um schwierige Lernsituationen geht. An einer Umkehrung der Verhältnisse kann ihnen nicht gelegen sein. Denn eine weibliche Chauvinistin ist nicht besser als ein männlicher. Und aus doppeltem Unrecht wird noch lange kein Recht.

Ich habe in meinen Beratungen die Erfahrung gemacht, daß Liebesbeziehungen, sei es zwischen Mann und Frau, zwischen Mann und Mann oder zwischen Frau und Frau, das Thema unserer Zeit sind. Es gibt kein anderes Themenfeld, das so drastisch in unser aller Leben eingreift, das so bedeutend ist.

Entweder klappt es schon im Vorfeld nicht, weil die Liebe einseitig bleibt und nicht erwidert wird; oder aber es geht um Ablösung und bevorstehende Trennung, um entstandene Abhängigkeiten, um Gewohnheiten und Vertrautheiten, die man nicht missen möchte. Der Mensch ist anscheinend erst zu zweit komplett, zumindest gilt das für die meisten von uns. Übrigens auch für die meisten Hexen. Nirgends steht geschrieben, daß eine Hexe im Wald leben muß, allein und abgeschottet von der Umwelt und ohne einen Partner. Ich habe einen Sohn und zwei Töchter; und ich habe auch sehr erfüllte Partnerschaften hinter mir.

Energie von außen zu empfangen, woher und unter welcher Überschrift auch immer, ist nicht immer ein Honiglecken. Das ist sehr anstrengend. Aus diesem Grund berate ich pro Tag höchstens zwei oder drei Klienten. Das Wort «Klient« ist eigentlich nicht ganz treffend. Denn fast aus allen meinen Klienten sind inzwischen Freunde geworden. Was die Sache nicht leichter macht. Denn für Freunde strenge ich mich noch mehr an als ohnehin schon, gebe neben spirituellen auch sehr praktische und bodenständige Tips und Ratschläge.

Kein Mensch, kein Pfarrer, kein Mönch, keine Nonne und auch keine Hexe kann den ganzen Tag nur abgehoben und spirituell beschäftigt sein. Das wäre sehr schlecht für die seelische Gesundheit. Gerade für spirituell begabte Personen ist es mehr als wichtig, die Bodenhaftung nicht zu verlieren. Niemand hat etwas davon, wenn ich nur noch in meiner Geisteswelt lebe und das praktische Leben außen vor lasse. Höchstens der Psychiater und der Psychologe, vielleicht sogar der Nervenarzt. Soweit darf es nicht kommen. Darum hole ich mich selbst immer wieder zurück auf den Teppich. Beschäftige mich mit banalen Dingen. Gehe mit dem Hund auf die Straße, füttere die Katzen oder meine zwei Papageien, erledige

Dinge, putze die Wohnung und vieles mehr. Denn auch das ist eine Facette des Lebens, die wir ausfüllen müssen. Und die ihre Bedeutung hat.

Ich war noch nicht einmal 20, als ich die Botschaft bekam, daß mein Bestimmungsort München sei. Ich bin in Prag geboren, in einer sehr von oben bestrahlten Stadt, fühlte mich dort eigentlich recht wohl, schon allein wegen all der Schwingungen und mystischen Begebenheiten. Ich wollte eigentlich gar nicht weg. Und ich wußte auch nicht, woher ich dieses Wissen hatte, daß ich nach München gehen solle. Es gab folgerichtig auch zahlreiche Umwege, bis ich endlich an meinem geographischen Ziel angelangt war. Das Scheitern des Prager Frühlings hat mich zum politischen Flüchtling werden lassen. Als ich dann in München war, erinnerte ich mich wieder an meine Eingebung von vor vielen Jahren.

Was sind Eingebungen? Wo kommen sie her? Kommen sie aus der individuellen Phantasie, aus dem sogenannten Unterbewußtsein, aus einer Geisterwelt oder vielleicht sogar von Gott? Bin ich wirklich so wichtig, daß Gott mir eine Botschaft schickt? Oder muß ich erst darüber nachdenken, wer oder was Gott ist? Eine Person, wie die Moslems, die Juden und die Christen glauben? Oder ein Zustand, wie Buddha meint zu wissen? Wer ist ein Gott? Und was ist ein Gott? Kann es nicht sein, daß es mehrere Götter gibt? Aber sicher doch, ich spüre sie. Oder täusche ich mich? Als Hexe gehe ich davon aus, daß ich diese Fragen nicht beantworten muß. Und auch nicht kann. Ich muß nur die Realitäten akzeptieren, genau hinschauen. Ich hatte also Eingebungen – und diese Eingebungen sind Wirklichkeit geworden. Basta. Mehr gibt es dazu erst mal nicht zu sagen.

Es gab im Lauf der Zeit immer mehr Eingebungen, immer mehr Visionen und Träume, die sich erfüllt haben. Schließlich akzeptierte ich, daß ich spirituell begabt bin, daß ich eine spirituell begabte Frau bin, also eine Hexe. So werden solche Frauen wie ich nun mal genannt. Ich stehe zu dem Wort »Hexe«, ich trage es vor mir her wie eine Siegesfahne. Und ohne arrogant wirken zu wollen: Ich war die erste, die in Deutschland das Wort Hexe salonfähig gemacht hat. Die erste, die den Schulterschluß zwischen Mittelalter und New Age gewagt hat. Aber das nur am Rande.

Heute sind Hexen vielerorts sozial geachtet, zumindest bekannte Hexen. Sie sind sogar begehrt. Ich kenne Kolleginnen, die als Gutachterinnen vor Gericht fungieren, die der Polizei mit ihren magischen Kräften helfen, ein Opfer oder einen Täter zu finden, die sogar als Expertinnen vor Gericht eine wichtige Rolle spielen und als Beraterinnen in dieser Funktion »Hexe« sogar mit ihrem richtigen Berufstitel (Berufungstitel?) angesprochen werden. Der Staat bedient sich ihrer Fähigkeiten, weiß aber immer noch nicht so recht, wie er das alles einordnen soll. Nüchterner Realismus gegen inspirierten Spiritualismus? Sehen wir das Ganze besser nicht als einen Kampf an, sondern als einen Fortschritt. Und Fortschritte passieren eben langsam. Wie der Name schon sagt: Schritt für Schritt nach vorne.

Und Sie? Sind Sie vielleicht auch eine Hexe?

Es gibt sehr viele Hexen unter uns. Die meisten von ihnen wissen es noch nicht einmal. Sie wundern sich nur, warum Träume und Visionen auf einmal Wirklichkeit werden und vieles mehr. »Gerade habe ich an dich gedacht – und schon rufst du an. Ein schöner Zufall!« So fängt es an. Denn es gibt keine Zufälle.

Die Entdeckung der eigenen Spiritualität geht weiter. »Ich habe den ganzen Tag lang positive Gedanken an dich geschickt, habe für dich gebetet, und jetzt bin ich erleichtert, daß deine Operation so gut gelaufen ist.« Schon wieder ein Zufall?

»Ich habe von einem Autounfall geträumt – bitte fahr heute mit der S-Bahn!« Tags drauf berichten die Nachrichten von einer Massenkarambolage auf der täglichen Strecke des geliebten Freundes.

Nun gut, solche Erlebnisse kennt eigentlich (fast) jeder. Was aber nicht dafür spricht, daß wir sie als Zufall abtun dürfen. Ich bin der festen Überzeugung, daß wirklich jeder Mensch im Prinzip spirituell begabt ist. Die meisten gestehen es sich selbst nur nicht ein und gehen diesen Pfad deshalb nicht weiter. Viele bekommen auch Angst vor derartigen Phänomenen und verdrängen sie. Bei anderen gehen sie vor lauter Hektik auch im Alltagsstreß unter. Weil sie meinen, daß andere Dinge wichtiger sind. Oder weil der Alltag ganz einfach so viel Kraft und Zeit erfordert, daß für das Spirituelle kein Raum mehr bleibt. Es kann auch sein, daß der Partner die Bremse anzieht: »Jetzt machst du schon wieder diese albernen Meditationsübungen! Hör doch auf mit dem Mist. Das ist doch alles Humbug!« Hier gilt es, Prioritäten zu setzen. Und das meine ich ganz ernst – mit allen Konsequenzen.

Wir müssen bei Eingebungen und Botschaften auch genau hinschauen, um sie als solche erkennen zu können. Das Bekenntnis zu einer monotheistischen oder auch zu einer Naturreligion schützt noch lange nicht vor Unaufmerksamkeit oder gar Blindheit.

Da fällt mir gerade ein jüdischer Witz ein, der in diesem Zusammenhang eigentlich alles erklärt, was erklärt werden muß: In einem kleinen Tal droht Hochwasser. Ein Mann eilt mit seinem Auto zum Haus des Rabbis, um ihn in Sicherheit zu bringen. »Nicht nötig«, antwortet der fromme Mann, »der Herr wird mich schon retten.« Als der Rabbi schon wegen des Hochwassers in den ersten Stock geflüchtet ist, kommt ein weiteres Gemeindemitglied vorbei, mit einem Schiff, um den Rabbiner zu retten. »Nicht nötig, der Herr wird mich schon retten.« Am Schluß sitzt der Rabbi auf dem Dach, so hoch ist das Wasser inzwischen gestiegen. Ein Hubschrauber kommt herangeflogen, um den Rabbi zu retten. Aber auch der Pilot bekommt die gleiche Antwort wie seine beiden Vorgänger. Schließlich ertrinkt der Rabbi – und steht klagend vor seinem Gott: »Herr, wo warst Du? Warum hast Du mich nicht gerettet?« – »Nun«, antwortet Gott, »ich habe dir ein Auto geschickt, ein Schiff und sogar einen Hubschrauber. Die Frage ist doch: Wo warst *du*?«

Ich möchte noch einmal auf meine persönliche Geschichte zurückkommen. Schon als Kind habe ich gemerkt, daß meine Wünsche in Erfüllung gehen, wenn ich nur fest genug daran denke. Was berühmte Sportler oder Künstler Dritten überlassen, nämlich sich mental auf das wichtige Konzert oder den wichtigen Wettkampf einstimmen zu lassen (»das schaffst du, du bist der Größte usw.«), das habe ich als Kind allein gemacht. Denn einen Coach konnte ich mir nicht leisten. Gecoacht habe ich mich selbst. Und es hat immer funktioniert. Was für mich natürlich unwahrscheinlich spannend war. Und auch lustig. Meine Mathematiklehrerin habe ich regelrecht gehaßt. Erstens weil ich Mathe sowieso noch nie ausstehen konnte, zweitens weil dieser Frau wirklich böse Energien hatte und uns Schüler immer wieder gequält und beleidigt hat. »Ich will, daß dieser Frau, wenn sie das nächste Mal wieder böse ist, die Unterhose runterruscht. Ich will, ich will, ich will!« Ich brauchte nicht lange auf die Erfüllung meines Wunsches zu warten. Und wieder hatte ich einen Riesenspaß, und meine Mitschüler mit mir, denn es ist tatsächlich so passiert, wie ich es mir vorgestellt habe. Daß die besagte Dame außerordentlich korpulent und wuchtig war, hat das Vergnügen noch vergrößert.

Außerdem hatte ich nie Angst. Keine Angst vor nichts und niemandem, nicht einmal um Mitternacht auf dem Friedhof vor den Geistern. Ich fand es faszinierend, die Seelen der Verstorbenen zu fühlen und sogar zu sehen. Mit 14 fing ich dann an, die Karten zu legen. Da habe ich endlich kapiert, daß ich anders bin als die anderen, daß ich eine Hexe bin. Und ich habe diese Information akzeptiert.

Einverstanden, ich bin also eine Hexe. Wie gehe ich damit um?

Für mich war es einfach. Weil ich sofort meinen Status annehmen konnte. Was nicht für alle Menschen zutrifft. Die meisten bekommen erst einmal Angst, wenn sie all diese Phänomene erleben, wie ich sie oben beschrieben habe. Viele schotten sich ab, wollen nichts mehr mit der Materie zu tun haben. Andere machen heimlich weiter. Die wenigsten gehen, so wie ich, an die Öffentlichkeit.

Was der richtige Weg ist, kann ich generell nicht sagen. Was für den einen richtig und wichtig ist, mag für den anderen zum Problem werden. Das kommt auf die individuelle Persönlichkeitsstruktur an. Also gibt es kein Patentrezept. Die persönlich gültige Lösung kann nur in direkten Beratungen gefunden werden.

Trotzdem möchte ich hier folgendes festhalten: Kinder und

Jugendliche sollten nach dem Erkennen ihrer Begabung besser den Mund halten und auch keine großen Experimente wagen. Außerdem können Kinder und Jugendliche ganz schön eigennützig und sogar boshaft sein. So droht der Mißbrauch vorhandener magischer Fähigkeiten.

Erwachsene aber sollten sofort nach dem Erkennen ihrer Kraft eine spirituelle Beratung aufsuchen. Denn Tatsache ist, daß jede eingegebene Energie auch ein Ventil braucht. Das ganze Leben ist ein Geben und Nehmen von Energie; und ein Energiestau ist mehr als ungesund. Natürlich muß nicht jede(r) so wie ich gleich einen Hexenladen aufmachen und sich total der Spiritualität verschreiben. Aber ein Ventil muß gefunden werden, auch wenn es nur im engsten Freundeskreis oder in der Familie ist.

Halten wir einfach fest: Eigentum ist Verpflichtung. Eigentum bedeutet Verantwortung gegenüber anderen. So steht es sogar im deutschen Grundgesetz. Wer spirituelle Gaben bekommen hat, ist auch verpflichtet, diese für jene einzusetzen, deren Spiritualität verschüttet ist, aus welchen Gründen auch immer.

Meine Hexenrituale

Es gibt zahlreiche Rituale, die in meinem Leben eine Rolle spielen. Viele habe ich in meinen beiden vorangegangenen Büchern schon vorgestellt; auf etliche werde ich auch in diesem noch eingehen. Aber im großen und ganzen lebe ich »normal«, opfere weder Hühnerblut noch gehe ich täglich um Mitternacht auf den Friedhof, um Geister zu treffen.

Worauf ich aber besonderen Wert lege, das ist mein morgendliches Dank- und Schutzritual. Ich danke meinen Göttern für den Tag, bitte sie um Schutz. Das ist fürs erste alles. Manchmal mache ich das feierlich, mit Räucherstäbchen, Ölen und etlichem mehr. Oft aber auch einfach so, vielleicht sogar in der Badewanne. Es ist eine Konzentrationsübung. Ich stelle mich auf den kommenden Tag ein, bereite mich auf ihn vor.

Sie dürfen diese Übung ruhig in die Nähe des christlichen Morgengebets oder der buddhistischen Morgenmeditation rücken, das stört mich nicht. Denn eigentlich geht es ja um dieselbe Sache: Ich will mich sammeln und auf den Tag vorbereiten. Ich will mich bedanken, daß ich diesen Tag erleben darf. Und ich will um Schutz bitten vor all den bösen Einflüssen, die vielleicht auf mich zukommen könnten. »Und erlöse uns von dem Übel« – ein Zitat aus dem christlichen Vaterunser.

Wer mehr über dieses Ritual wissen will, den verweise ich auf meine beiden Bücher *Sandra: Ich, die Hexe* und *Hexenrituale*, beide erschienen im Goldmann-Verlag.

Die große Hexeninflation

Auch wenn ich mich freue, daß der Name »Hexe« heutzutage kein Schimpfwort mehr ist, muß ich mich dennoch gegen alle abgrenzen, die mit diesem wunderbaren Namen allzu leichtsinnig umgehen. Da kommt eine sogenannte New-Age- oder auch Esoterik-Gruppe daher und veranstaltet einen »Hexen-Workshop«. Wunderschön, denke ich mir, her mit den neuen Schwestern, je mehr wir sind, um so effizienter können wir arbeiten. Es gibt viel zu tun, packen wir's an.

Und dann treffe ich einen zusammengewürfelten Haufen von Frauen: Die eine hat entdeckt, daß ihr Pudel eine Aura hat, die nächste weiß plötzlich, wie frau das Wort Voodoo buchstabiert, die übernächste hat die Bedeutung der Farbe Lila erkannt und ihre Cousine hat zum Geburtstag ein Buch über Stimmen aus dem Jenseits geschenkt bekommen. Und alle zusammen haben sie ein bißchen Lust auf Abenteuer. Echt aufregend. Ich muß den Kopf schütteln. Glaubt Ihr wirklich, daß Ihr Hexen seid?

Ich will jetzt nicht zynisch sein. Denn es ist immer gut, wenn Frauengruppen zusammenkommen, aus welchem Anlaß auch immer. Ohne männliche Präsenz redet es sich im Anfangsstadium der Emanzipation immer leichter, keine Frage. Es kann ja auch sein, daß Euch einer dieser Workshops weitergebracht hat. Irgendwie. Außerdem hat er ja auch viel Geld gekostet. Nun gut. Ihr tanzt um ein Feuer herum, trinkt exotische Tees, nehmt vielleicht sogar Drogen, welcher Art auch immer, fühlt euch wahnsinnig progressiv. Liebe Schwestern. Ich habe eine große Bitte an Euch. Nennt euch den Club der Suchenden, den Club der Wartenden, den Club der Hoffenden. Aber bitte nennt Euch nicht »Hexen«. Denn Hexen sind anders gestrickt. Richtige Hexen. Ihr schadet unserem Image und damit der ganzen Bewegung. Danke. Das ist kein besserwisserischer, sondern ein gutmeinender Rat von mir.

Die Kunst der Weißen Magie

Was ist eigentlich »Weiße« Magie?

Um hier eine Definition zu finden, müßte man oder frau schon eine besondere Begabung für die Sprache, die Mystik und das individuelle Karma eines jeden Menschen finden, der lebt oder der jemals gelebt hat. Der Versuch allein bräuchte einen überirdischen Kraftakt. Und alle, die behaupten, daß sie den verbalen Schlüssel zur Weißen Magie gefunden haben, sind nichts weiter als Angeber. Zumindest in meinen Augen.

Ich bitte Sie also darum, meinen persönlichen Versuch, dieses Phänomen in Worte zu fassen, einzugrenzen und zu beschreiben, nicht unbedingt als das Nonplusultra aller Weisheiten anzusehen. Es ist meine persönliche Art, mit dieser übergeordneten Kraft umzugehen. Und mein ganz privater Weg, das alles beschreiben zu wollen, was unter dem Begriff »Weiße Magie« zu beschreiben ist. Niemand von uns ist fertig, niemand von uns ist perfekt. Wir alle befinden uns in einem ständigen Lernprozeß. Auch wir Hexen. Und wer jemals aufhört zu lernen, zu begreifen, zu verstehen – der hat sowieso schon verloren. Akzeptieren Sie also meine Versuche als Diskussionsgrundlage, als einen kleinen Beitrag in einem unendlichen Meer.

Es fängt schon mit Vermutungen und individuellen Auslegungen an. Was ist eigentlich Magie? Wo kommt das Wort her, wer hat zu welcher Zeit was auch immer damit verbunden? Wir können nur ahnen und raten. Dabei aber all die Informationen zur Hilfe nehmen, die uns zur Verfügung stehen.

Daß es »irgend etwas« gibt, das jenseits aller Naturgesetze passiert, das wußte schon Homer, als er die Irrfahrten des Odysseus beschrieb. Beispielsweise wurden Menschen dieser Geschichte zufolge in Schweine verwandelt. Ist das nun Suggestion, Einbildung, ein literarischer Vergleich oder ein Gleichnis? Waren vielleicht sogar Drogen im Spiel, das gewisse »weiße Pulver«, von dem in der Geschichte erzählt wird? Oder halluzinogene Pflanzen, die akustische Störungen verursachten, den sogenannten Gesang der Sirenen? Und die auch optische Täuschungen verursachten wie die zitierten Schweine? Oder liefen auf einmal richtige Schweine herum? Hat Homer das geträumt, sich eingebildet, sich gewünscht – oder hat er vielleicht frei und gutgelaunt fabuliert, um seine Geschichte spannender zu machen?

Und dann Jesus von Nazareth, der aus der Gruppe der Essener, übrigens einer Naturreligionsgemeinschaft, hervorkam: »Der Glaube kann Berge versetzen.« Stand der bewußte Berg wirklich zuerst auf Punkt A und danach auf Punkt B? Oder gibt es eine andere Realität, die bei den meisten von uns verschüttet ist?

Magie ist nach meinem heutigen Wissen nichts anderes, als die Naturgesetze und die eigene Kraft in Einklang zu bringen. Versuche sind uns ja schon aus der Urzeit überliefert worden. Die Höhlenmalereien der frühen Afrikaner oder auch der Indianer waren eindeutige Bitten um den Erfolg bei der bevorstehenden Jagd. Bei den lateinamerikanischen Indianern kamen noch Malereien dazu, die eine Funktion des Dankes hatten. Denn für die Indianer war und ist teilweise auch heute noch jedes Lebewesen, ob Mensch, Tier oder auch Pflanze beseelt. Im Klartext heißt das: Alles, was lebt, ist gleichbedeutend wichtig. Ob es dabei um ein Kraut oder um einen Menschen geht, spielt in der Werteskala keine Rolle.

Aber wo und wann fängt die Magie wirklich an? Genaue historische Quellen über die Anfänge haben wir leider nicht. Wir wissen nur, daß man beispielsweise mit Opfergaben an spezielle Götter eine ertragreiche Ernte bewirken wollte. Der Regentanz der Inka ist heute noch im Gespräch. Hat er je Regen gebracht? Wir wissen es nicht.

Genausowenig wissen wir von der römischen Göttin Aradia, auch Herodias genannt. Sie war so eine Art weiblicher Messias und hatte im Mittelalter sehr viele Anhänger. Daß sie dann als Heldenfigur auf einmal wieder verschwunden ist, ist bestimmt kein weibliches Verschulden. Aber Herodias war lange Zeit der Inbegriff der Weißen Magie, eine Symbolfigur.

Das Thema Magie ist auf jeden Fall nichts, was man mit unserer Sprache greifen kann. Wer an diese Thematik mit »wissenschaftlicher Vernunft« oder auch mit »Realitätssinn« herangeht, macht einen großen Fehler. Genau denselben Fehler, den all jene machen, die eine Suppe mit der Gabel essen wollen. Denn für die Suppe brauchen sie einen Löffel. Und für das Verständnis in Sachen Magie braucht man einen wachen und aufmerksamen Geist.

Kommen wir jetzt auf die »Weiße« Magie zu sprechen. Weiß steht symbolisch für rein und unbefleckt.

Meine Definition für Weiße Magie fällt folgendermaßen aus: Wir tun damit etwas Gutes. Und zwar nicht in erster Linie für uns, sondern vor allem für andere. Weiße Magie setzt einen gewissen Altruismus voraus. Wir können es auch Nächstenliebe nennen.

Freilich kann man die Kräfte der Weißen Magie auch für sich ganz persönlich nutzen. Wer aber ausschließlich egoistisch zu Werke geht, wird schon nach kurzer Zeit merken, daß es immer schwieriger wird, mit Hilfe der Magie Erfolg zu haben.

Stellen Sie sich bitte unter dem Begriff Weiße Magie keinen exotischen Hokuspokus vor. Nun gut, die Hexenrituale sind vielleicht nicht mehr so bekannt, aber sie sind kulturell überliefert und haben durchaus ihre Bedeutung und ihren höheren Sinn. Die Tatsache, daß sie nicht so verbreitet sind wie andere weiße Praktiken, disqualifiziert sie noch lange nicht. Im Gegenteil.

Die bekanntesten weißen Praktiken sind hierzulande sicher die der Kirche. Ein Kind wird getauft, dann zur Kommunion geführt, zur Firmung – und in einer lebensbedrohenden Situation, ausgelöst durch Krankheit und Alter, kommt der Priester zur sogenannten Letzten Ölung. Das alles sind magische Rituale! Das Wasser bei der Taufe hat nämlich erst dann eine Wirkung, wenn wir sie ihm geben, durch Geisteskraft, durch Meditation, durch ein Gebet. Und das Öl auf dem Sterbebett ist auch nur in Verbindung mit der Geisteskraft wirksam. Alles Tatsachen, die eigentlich jeder wissen müßte. Trotzdem sind all diese Kirchenrituale bei uns zu einer mehr oder minder geliebten Gewohnheit verkommen. Man macht sie halt mit, weil sie sozial diktiert werden. Kein Wunder, wenn sich das Kommunionkind an seinem Ehrentag mehr für seine Geschenke interessiert als für seinen Gott. Und seine Mutter nichts Wichtigeres im Kopf hat, als daß der Anzug ihres Kindes mindestens genauso schön und so teuer ist wie der des Nachbarkindes.

Unsere Hexenrituale sehen natürlich anders aus als jene der Kirche. Deswegen waren wir den hohen Herren in Rom ja auch schon immer unheimlich. Und sind es wohl auch heute noch. Kerzen, Öle, Gebete, Zeremonien, Rituale und Amulette gehören aber auch bei uns Hexen zur Standardausrüstung.

Ich persönlich arbeite mit der Kabbala, mit Energietransfer (Fernheilungen), Ritualen, Amuletten, Tarotkarten und manchmal auch mit Runen. Mit Runen nur sehr selten, weil ich vor ihnen einen sehr großen Respekt habe. Und auch Angst. Denn Runen, diese magischen Schriftzeichen und Figuren, wirken wie eine Atombombe: sofort und ohne Rücksicht auf Verluste. Ich darf daran erinnern, daß auch das Hakenkreuz eine alte Rune ist. Und daß es durchaus seriöse Quellen gibt, die Hitler nachsagen, daß er mit Runen gearbeitet hat. Die bekannteste neben dem Hakenkreuz ist das zum Emblem für die Waffen-SS gewordene Doppelblitzsymbol. Es steht für »Sieg!« oder auch für »Sieg heil!«. Gott sei Dank war der Erfolg von Hitlers barbarischem Treiben nicht von langer Dauer. Lang genug, viel zu lang – aber eben nicht anhaltend. Was durchaus damit zusammenhängen kann, daß er das Hakenkreuz, diese alte Giborrune, immer wieder schräg dargestellt hat, also selbst zum Stürzen gebracht hat.

Runen gehören in weiten Anwendungsgebieten auch in den Bereich Schwarze Magie. Man kann überhaupt fast alles, was man zur Weißen Magie benötigt oder verwenden kann, auch in der Schwarzen Magie einsetzen. Aber davon später.

Zurück zu den Runen. Ich möchte noch ein persönliches Erlebnis in diesem Zusammenhang loswerden, an das ich immer wieder schmunzelnd denken muß. Die alten Wikinger schnitzten sich gewisse magische Zeichen in ihre Boote, um Erfolg beim Kampf oder auch beim Fischfang zu haben. Eines dieser Zeichen für Fisch habe ich mir mal in eine Haselnuß geritzt. Einfach so, weil ich auf ungefährliche Art mit dem Thema Runen arbeiten und einfach sehen wollte, ob etwas passiert. Da ich kein Seemann bzw. keine Seefrau bin, bestand keine Gefahr, von einem Fisch gefressen zu werden. Ich kann Ihnen gar nicht sagen, was ich durchgemacht habe. Wenn ich eine Einladung zum Essen hatte, wo auch immer, bei Freunden oder Geschäftspartnern, gab es Fisch. Immer nur Fisch. Und wenn ich in ein Restaurant geflüchtet bin, wies mich der Ober darauf hin, daß jetzt Fischwochen seien und daß der Lachs besonders gut sei. Das ging so, bis mir der Fisch aus den Ohren herauskam.

Was sind Rituale?

Ganz einfach: Rituale sind Handlungen, die durch Geisteskraft bereichert werden und damit eine übergeordnete Bedeutung bekommen. Kommen wir noch mal auf die christliche Taufe zurück. Es geht bestimmt nicht darum, dem Täufling den Kopf zu waschen, der ist nämlich meistens ohnehin sauber. Das Wasser steht für etwas anderes, etwas, was wir hineindeuten, hineinbeten, hineinwünschen – die Säuberung von der sogenannten Erbsünde.

Und wenn wir schwören müssen, eine Hand auf der Bibel, die andere erhoben, so geht es dabei bestimmt nicht um eine Turnübung. Und das Buch muß auch nicht unbedingt hier und heute gestreichelt werden.

Es gibt auch kleine Rituale. Man gibt sich beispielsweise die Hand zur Begrüßung, man stößt mit den Gläsern an, man spuckt dem Schauspieler mit einem »Toi, toi, toi« vor seinem Auftritt über die Schulter, und man macht sich Geschenke zu gewissen Ehrentagen.

Wenn Rituale zu leeren Gesten verkommen, dann sind es Gesten ohne Geisteskraft und ohne Wirkung.

Wir Hexen pflegen die Kunst der Rituale. Wir bereiten uns auf sie vor, manchmal viele Wochen lang. Mit Konzentrationsübungen, mit Sammlung und Gebet. Manchmal sogar mit Diät. Ich werde Ihnen gleich vier Rituale genauer vorstellen. Aber zuerst ein paar Grundsätze.

Der wichtigste Punkt: Neueinsteiger sollten sich nicht ohne Expertenhilfe an ein Hexenritual heranwagen. Damit meine ich nicht, daß Sie ständig jemanden brauchen, der Ihnen zur Seite steht. Denn es gibt durchaus auch Rituale, die man gefahrlos allein machen kann. Aber schon bei der Auswahl der richtigen Zutaten kann man Fehler machen. Besuchen Sie also eine Hexe oder einen Magier Ihres Vertrauens, und lassen Sie sich alles ganz genau erklären. Es gibt nämlich auch in Kleinigkeiten keine Patentrezepte, die für jeden gültig sind. Jeder muß (unter Beachtung gewisser Grundregeln) seinen eigenen Weg finden. Auch seinen eigenen rituellen Weg.

Hexenrituale bedürfen einer langen Vorbereitung. Und sie kosten viel Energie. Kann gut sein, daß Sie im Laufe eines anstrengenden und aufwendigen Rituals ein paar Kilo abnehmen. Die Konzentration zehrt – wir wissen das ja von berühmten Schachspielern.

Außerdem sollten Sie darauf achten, daß all Ihre Rituale im Freien stattfinden, bei welchem Wetter auch immer. Das hat sich bei den Voodoo-Anhängern in Afrika genauso bewährt wie bei den Kubanern, die sich dem Santeriakult verschrieben haben. Sie müssen alle Elemente in sich vereinigen, und Sie bekommen im Freien die Chance, die Bäume als Antennen nach oben zu benutzen. Im Verbund mit den vier Elementen (Erde, Wasser, Luft und Feuer, letzteres aus der Kerze) kommen Sie eher ans Ziel. Für mich als Hexe gibt es auch noch ein fünftes Element, Akasha (Äther) genannt. Nehmen Sie das einfach nur zur Kenntnis. Hier geht es nicht um eine Glaubensfrage.

Außerdem lege ich bei meinen Ritualen sehr großen Wert auf die Vorbereitungsphase. Das fängt mit der Körperreinigung an, die ein Symbol für eine seelische Reinigung sein soll. Wir kennen das ja aus vielen Kulturen und Religionen. Ich persönlich benutze zur Reinigung gewisse Salze, die ich dem Badewasser beifüge, außerdem Kokosmilch, weiße Blätter oder auch Rosenblätter, diverse Liebesöle zum Peeling. Dann kleide ich mich bewußt in Rosa, Indigoblau, Hellgrün oder auch Lachsrot, um meinen Göttern zu gefallen. Auf keinen Fall in Schwarz. Ich begehe meine Rituale grundsätzlich gegen Sonnenaufgang; zudem in einer Zeit des Monats mit zunehmendem Mond oder gar Vollmond. Der Mond gibt uns zusätzliche seelische Kraft. Ich reinige und öle nochmals meine Hände, zünde die Altarkerzen an und läute dreimal eine Glocke. Dann bitte ich das Universum um Schutz, Heilung und Gelingen des Rituals. Soweit das Grundsätzliche.

Ich stelle Ihnen jetzt Rituale vor, die Sie gefahrlos nachzelebrieren können. Auch ohne Expertenhilfe. Und teilweise auch ohne Altar. Ich setze allerdings voraus, daß Sie die oben beschriebenen Grundsätze akzeptieren. Dann gilt: Risiken und Nebenwirkungen sind nicht bekannt.

Ritual A: Ich bin verliebt und will von einer bestimmten Person zurückgeliebt werden

Dieses ist eines der einfachsten Hexenrituale, das jeder Anfänger gefahrlos nachvollziehen kann. Auch Jugendliche können es ausüben – und damit ihrem Ziel näherkommen, ihrem Traumboy oder ihrem Traumgirl.

Ich steche in drei große Salbeiblätter jeweils ein Loch hinein, nehme je drei Haare von mir und der verehrten Person, klebe unsere Haare zusammen und ziehe die Haare durch die Blätter. Nach dem Anzünden einer ganz neuen roten Kerze bitte ich die Naturgöttinnen Diana und Aradia um Erfolg. Die bewußte Person soll bitte auf mich aufmerksam werden und sich in mich verlieben. Dann nehme ich das Gebilde aus Blättern und Haaren und vergrabe es unter der Türschwelle des verehrten Menschen. Ist das nicht möglich, weil diese Schwelle aus Beton ist oder aus irgendwelchen anderen Gründen, dann wähle ich eine Stelle aus, über die die Person des öfteren, am besten regelmäßig, hinwegläuft. Wer dieses Ritual sehr bewußt und mit sehr viel Geisteskraft ausfüllt, hat nach Hexenmeinung garantiert Erfolg damit.

Ritual B: Die geliebte Person hat mich verlassen, und ich möchte, daß sie zu mir zurückkommt

Ich besorge mir aus einem Buch ein Liebessiegel, das sogenannte dritte Siegel der Venus. Diese magische Zeichnung kopiere ich mit Taubenbluttinte (Achtung, Tierschützer: »Taubenblut« ist eine bekannte Kräutermischung!) auf ein Stück Pergament. Auf die Rückseite schreibe ich den Namen der bewußten Person, wieder mit Taubenbluttinte. Das Siegel betupfe ich mit Come-to-me-Öl und gebe es in einen Räucherungskessel, dazu einen Teelöffel Come-to-me-Räucherung. Dann lasse ich das alles verbrennen. Die Asche kommt in ein rotes Säckchen und dieses für 14 Tage unter meine Bettdecke oder mein Kissen. Ich denke jeden Tag intensiv und positiv an meinen Wunsch, verbinde diesen Wunsch mit Gebeten. Nach den zwei Wochen bringe ich das Säckchen mit der Asche an einen sicheren Platz.

Je intensiver meine Gedanken und Wünsche bei diesem Ritual sind, um so besser sind die Aussichten, daß mein Traum erfüllt wird, keine noch so exotische Zutat kann meine und auch Ihre Geisteskraft an Wirkung überbieten!

Ritual C: Ich will erfolgreich einen Prozeß führen

Ich betupfe mich selbst mit Court-Öl und reibe danach zwei braune Altarkerzen und eine weiße Kerze damit ein. Ich zünde die Kerzen an. In einem Schälchen habe ich Zimtpuder und Yellow-Dock-Kräuter, und das fülle ich dann mit purem Alkohol, mische alles zusammen. In ein Brettchen habe ich fünf lange Nägel in Kreisform gesteckt; in die Mitte des Kreises kommt eine High-John-Wurzel. Ich lasse die Kerzen niederbrennen. Die verbleibenden Reste der Kerzen und des Puders stecke ich mir in die Tasche und streue sie vor mir auf den Gehweg, wenn ich zu Gericht gehe. Die Wurzeln betupfe ich mit Court-Öl und stecke sie ebenfalls in die Tasche. Und die fünf Nägel stecke ich in meinem Garten oder in einem Park in den Boden.

Ein rationell denkender Manager würde vielleicht vor einem Prozeß so etwas wie »Mental Training« oder »Positive Thinking« machen, ein Christ vielleicht der Caritas 50 Mark spenden – wir Hexen machen es eben so.

Ritual D: Unsterblich verliebt, rettungslos verloren – und nicht erhört! Ein Ritual, um aus dem Dilemma zu kommen

Je komplizierter und ausführlicher das Ritual, um so länger beschäftige ich mich natürlich mit meinem Wunsch, mit meinem Anliegen. Um so mehr Geisteskraft wende ich auf, und um so mehr Zeit benötige ich auch im nachhinein, um das alles zu verarbeiten. Alles Voraussetzungen für größtmögliche Erfolgschancen.

Dieses Liebesritual, wieder unter der Überschrift »Warum liebt er/sie mich bloß nicht zurück?« bedarf einiger Vorbereitungen. Ich brauche dazu zwei mal drei Rosen in rosa Farbe (nicht rot!), zwei weiße Altarkerzen, zwei astrologische Kerzen in meiner persönlichen Farbe (ich bin im Sternzeichen Zwillinge geboren, also brauche ich gelbe Kerzen; erkundigen Sie sich nach Ihrer persönlichen astrologischen Farbe bei einer Hexe oder einem Magier), Come-to-me-Räuchermaterial oder Zimt, Nelken, Vanille, Rosenblätter, je zwei rote und zwei rosafarbene Kerzen, Come-to-me- oder auch Kleopatra-, Venus- oder Vanilleöl, ein Amulett, mit Taubenbluttinte auf Pergament gezeichnet (siehe Ritual B), eine Schale Wasser, ein Foto der geliebten Person, mindestens einen ihrer Vornamen. Diesen Namen, und auch meinen, ritze ich in die rosa Kerzen. Jetzt fertige ich einen Altar auf einem Tuch oder einem kleinen Tisch. Die Zeichnung auf Seite 34 zeigt die Anordnung der Dinge auf dem Altar:

Um meinen Altar ziehe ich mit einem Stab, am besten einem Holzstab, einen Kreis von ca. drei Metern Durchmesser, und zwar mit der linken Hand, in der ich auch das Pentagramm (Amulett) halte. Ich bete, ich bitte, ich meditiere, ich konzentriere mich auf die geliebte Person. Am besten spreche ich laut aus, was ich mir wünsche, oder noch besser: ich singe. Jeden Satz dreimal, immer wieder, weil aller guten Dinge drei sind

1: Rosen (über den Altar verteilen), 2: Altarkerzen, 3: Astrologiekerzen, 4: Kerzen mit Namen, 5: Räucherung, 6: Wasser, 7: Foto, 8: Namenszettel

und weil in der Wiederholung oft Kraft liegt. Wichtig ist, daß ich nicht nur bitte, sondern mich auch bedanke. Zum Beispiel dafür, daß es die bewußte Person überhaupt gibt, daß ich dieses Ritual ausführen darf, daß heute ein schöner Tag ist oder vieles mehr. Wir haben immer einen Grund, um uns zu bedanken. Das sollten wir nie vergessen.

Für Rationalisten mag das alles sehr verrückt und exotisch klingen. Für mich als Hexe ist aber das, was sich heutzutage in sogenannten Psychotherapien oder in Partnerschaftsberatungen abspielt, um einiges verrückter und exotischer.

Was alle Rituale gemeinsam haben

Ich kann es gar nicht oft genug betonen: Alle Rituale und Zeremonien leben in erster Linie aus der Geisteskraft, die wir in sie hineingeben. Und ich meine jetzt wirklich *alle* Rituale, nicht nur die der Hexenkultur, sondern die aller Kulturen und

Religionen aller Zeiten. Ein Ritual ist hauptsächlich dazu da, Ihre Konzentration zu fördern, die Ausnahmesituation, die »heilige« Situation Ihres Handelns bewußter zu machen. Sie können mit den besten Materialien und den besten Anleitungen arbeiten – wenn Ihre Seele, Ihre Psyche, Ihr Geist nicht bei der Sache ist, werden Sie keinen Erfolg haben.

Was ist ein Amulett?

Es gibt eine andere große Gemeinsamkeit aller Kulturen und Religionen: die »Zutaten« für heilige Handlungen und Gebete. Kerzen, Salben, Öle und Amulette spielen überall eine große Rolle. Auch in der Hexenkultur. Kein Ritual, das ohne diese »Zutaten« auskommt.

Lassen Sie mich zuerst einen ganz wichtigen Punkt anschneiden, den Unterschied zwischen Amulett und Talisman. Ein Amulett ist dazu da, mich vor etwas zu schützen. Ein Talisman dagegen soll etwas anziehen: Liebe, Geld, Erfolg oder was auch immer. Die Begriffe Amulett und Talisman werden viel zu oft verwechselt.

Unter einem Amulett verstehen wir Hexen zum Beispiel das hebräische Pentagramm und auch das Hexagramm. In beiden Fällen geht es um einen mehrzackigen Stern, der mit hebräischen Buchstaben ausgefüllt ist. Jeder dieser Buchstaben steht für einen Gottes- oder auch Engelsnamen. Es gibt mir ein gutes Gefühl, so ein Kunstwerk ständig bei mir zu tragen. Vielleicht auf Holz, Birkenrinde oder Pergament, vielleicht auch nur auf einfachem Papier. Es muß bei zunehmendem Mond angefertigt werden, und bei seiner Fertigung muß auch auf die Konstellation der Planeten geachtet werden. Fragen

Sie mich jetzt bitte nicht nach dem Warum. Ich übernehme dieses Wissen einfach mal von meinen Hexenkolleginnen aus uralten Tagen. Weil ich meinen Schwestern vertraue.

So schön also ein Pentagramm auch ist, wenn Sie es sich von einem Juwelier in einem Edelmetall anfertigen lassen – besprechen Sie mit ihm unbedingt auch die Vorgehensweise. Außerdem sollten Sie für den Fall, daß Sie sich ein persönliches Amulett oder einen persönlichen Talisman wünschen, unbedingt von einer Hexe oder einem Magier beraten lassen. Auf diesem Weg bekommen Sie außerdem bestimmt auch Kontakte zu Juwelieren, die abseits des normalen Produktionsprozesses ihrer Werkstatt auf die Art der Anfertigung achten und die mit Magiern und Hexen zusammenarbeiten.

Gestatten Sie mir unter der Überschrift »Amulett« noch ein paar Worte zum Thema Kreuz, dem wohl hierzulande bekanntesten Amulett. Oder soll es ein Talisman sein, vielleicht sogar eine Mischung aus beidem? Ich weiß es nicht. Mein gesunder Hexenverstand sagt mir aber, daß sich jeder, der sich ein Kreuz umhängt, sich damit auch ein Kreuz, also ein Leiden zuziehen muß.

Außerdem ist mir die Logik bei der ganzen Geschichte nicht begreifbar. Wenn mein Gott in seiner Zeit als Mensch den Märtyrertod erleiden muß, warum muß ich dann in seinem Andenken das Instrument verehren, durch das er gestorben ist? Hätte sich die Geschichte von Jesus etwas später ereignet, und wäre er auf eine andere Art hingerichtet worden, müßten dann alle Katholiken eine Guillotine, ein Gewehr oder einen kleinen elektrischen Stuhl um den Hals tragen? Oder in ihren Gotteshäusern anbeten? Das ist mir alles zu hoch. Oder besser: zu niedrig.

Ganz prinzipiell, ein Gesalbter ist in allen Überlieferungen eine herausragende Persönlichkeit. Schon deshalb, weil er sich die Salben und die Öle leisten kann. Aufgrund seiner Position, aufgrund seines Reichtums.

In meinem Hexenladen in München habe ich ungefähr 120 Öle ständig vorrätig. Jeder kann sie benutzen; jeder kann nach einer kurzen Einführung damit umgehen. Hier die wichtigsten Namen, die wir unter dem Begriff »Liebesöle« zusammenfassen können: Aphrodisia, Come To Me, Fire Of Love, Jezebel (für Frauen), Isis (für Frauen), Love Me und viele mehr. Die Namen der Mischungen geben oft schon Auskunft über ihren Zweck. Das gilt auch für Öle, die geschäftlichen Erfolg und Geld anziehen sollen: Big Money, Better Business, Fast Luck (auch für Glücksspieler), Job, Money Drawing, Shower Of Gold. Und wer Mut, Kraft und Durchsetzungsvermögen braucht, hält sich an Öle mit Namen wie Courage, Dove's Blood, High John, Power, Seven Africans. Darüber hinaus gibt es noch Heil- und Schutzöle für die Gesundheit (Sandalwood, Protection, Eucalyptus, Moon), Öle für fast jede Lebenslage.

Wer sich nur auf ein bestimmtes Problem konzentrieren muß oder will, kann je nach Duftnote, -stärke und Bekömmlichkeit frei mit Ölen probieren. Am Anfang werden Sie immer ein bißchen zuviel oder zuwenig erwischen von der wertvollen Essenz, aber irgendwann landen Sie allein oder mit der Hilfe geruchsbegabter Freunde oder Arbeitskollegen bei der geeigneten Dosis.

Oft aber geht es im Leben eines Menschen um mehrere Probleme gleichzeitig. Und dann wird's ein bißchen schwieriger.

Welches Öl verträgt sich mit welchem, wie kann ich kombinieren? Und wie reagiert mein körpereigener Geruch auf diese Kombination? Setze ich die Wirkung des einen Öles herab, wenn ich ein anderes dazumische? Oder verstärke ich sie? Oder gerät alles außer Kontrolle, und ich verbreite statt magischer Düfte nur noch eine lästige Geruchswolke?

Der langen Rede kurzer Sinn: Kombinationen von Ölen müssen wie Parfüme für jeden einzelnen persönlich ausgearbeitet werden. Denn erstens gibt es kein Parfüm und auch kein Öl, das bei jeder Person gleich riecht. Was, zweitens, bei Zusammenstellungen noch mehr gilt. Zumal ja eine bestimmte Wirkung damit erzielt werden soll, nicht nur ein interessanter Duft. Wer damit anfängt, sich mit dem Thema Ölkombinationen zu beschäftigen, sollte sich also unbedingt die Zeit für eine individuelle Beratung nehmen.

Denn unsere Sinne sind verschüttet. Wir riechen nicht mehr, was wir riechen sollten. Die Umweltverschmutzung hat unsere Nasen negativ abgehärtet. Dennoch passiert im Unterbewußtsein mehr, als wir wissen. Den einen können wir riechen, den anderen nicht. Warum auch immer. Mit einer intelligenten Ölmischung können wir also den launischen Chef genauso beeinflussen wie die Angebetete von nebenan. Dabei wird niemand je über Öle oder Parfüms nachdenken. Denn die richtige Mischung ist unaufdringlich und kaum wahrzunehmen. Doch sie funktioniert trotzdem.

Aber Öle haben nicht nur eine Außen-, sondern auch eine Innenwirkung. Wer konkrete Vorsätze faßt, sich nicht einfach nur einölt, sondern die Salbung regelrecht und zielbewußt zelebriert, hat schon fast gewonnen. Öle in der Verbindung mit mentaler Kraft können nur nützlich sein. Und sie spielen auch bei unseren Ritualen eine wichtige Rolle. Denn vor jedem Ritual ölen wir Hexen uns die Hände ein.

Vergleichen wir die Abstumpfung unseres Geruchssinnes mit der unserer Hörnerven. Einen gewissen Lautstärkepegel von Umweltgeräuschen brauchen wir inzwischen schon wie selbstverständlich. Der Auto- oder Zuglärm, spielende Kinder, bellende Hunde, Menschengemurmel. Auch im Wald gibt's immer noch Vogelgezwitscher, Wind, Blätterrauschen.

Es gibt ganz wenige Orte auf der Welt, die so gut wie geräuschfrei sind. Der Krater des erloschenen Vulkans Haleakala auf Maui (Hawaii) zum Beispiel. Viele, die hinuntersteigen und auf einmal mit den Geräuschen ihres eigenen Körpers wie Atem, Herzschlag, Schlucken oder dem Rauschen ihres eigenen Blutes konfrontiert sind, brechen die Kraterwanderung fluchtartig ab. Sie halten die Stille nicht aus! Übrigens: In den USA werden für die Bewohner von hochgelegenen Wolkenkratzer-Stockwerken »White-Noise«-Tonbänder angefertigt, die überall eingespielt werden. Die »Musik« auf diesen Bändern: Straßenlärm, Hundegebell, Menschengemurmel, Vogelgezwitscher. Unaufdringlich, aber dennoch da. Soweit ist es mit unserem Gehör also schon gekommen. Oder besser ausgedrückt mit dem Zustand des Zusammenspiels von Gehör und Seele.

Dabei weiß doch inzwischen jeder, wie einflußreich die Geräusche um uns herum sind. Zuviel Lärm macht krank; zuwenig aber anscheinend auch. Und dann die Wirkung der Musik. Bauernschlaue Landwirte setzen sie im Kuhstall zur Steigerung der Milchproduktion ein. Kaufhausmanager kurbeln damit den Umsatz an. Musik kann individuell Stimmungen heben und senken, Musik kann sogar heilend eingesetzt werden. Denken wir nur an die Voodootrommler, die einem

Kreislaufkranken so lange den richtigen Herzrhythmus vortrommeln, bis sich der kranke Herzschlag dem korrekt vorgetrommelten angepaßt hat.

Was Entspannungsmusik aus der Konserve betrifft, so ist hier der individuelle Geschmack bei der Auswahl der CDs wohl entscheidend. Dabei dürfen wir nicht vergessen, daß unter dem Begriff »New-Age-Musik« auch sehr viel Seichtes angeboten wird.

Alle Religionen verwenden Musik. Die einen, um tanzend oder trommelnd (oder beides) Trancezustände hervorzurufen, die anderen, um feierliche Gefühle zu vermitteln. Auch wir Hexen bedienen uns der Kraft der Musik, gerade bei Ritualen. Was mich persönlich angeht, achte ich immer darauf, daß ich Instrumentalmusik verwende oder aber Musik mit Gesängen, deren Sprache und Sinn mir nicht vertraut sind. Damit ich durch den Inhalt der Texte nicht von meiner Konzentration und damit von meinem Ritual abgelenkt werde. Oder aber ich suche bewußt ein Musikstück mit einem Text aus, der sich mit dem Anliegen meines Rituals deckt.

Licht ist Leben.
Die magische Kraft der Kerzen

Feuer spielt bei allen unseren Ritualen und Zeremonien eine wichtige Rolle. Denn die Urfaszination, die wir Menschen dem Feuer in grauer Vorzeit entgegengebracht haben, ist immer noch da. Feuer bedeutet Wärme, Licht, Geborgenheit und auch Macht. Wer das Feuer hatte oder das Feuer beherrschen konnte, war seinen Feinden um vieles voraus. Nicht nur aufgrund der auch zerstörerisch wirkenden Kraft, sondern auch deshalb, weil man mit Hilfe des Feuers die Nacht zum Tag machen konnte.

Inzwischen bedienen wir uns des Feuers in Form von Kerzen. Alle Religionen, alle Kulte setzen Kerzen ein. Wir wissen nicht, wo der geschichtliche Ursprung der Kerze zu suchen ist. Was wir aber wissen: Die Kerzen hatten und haben auch die Funktion eines Opfers, eines Geschenks. Eine kostbare Essenz wird verbrannt, sei es nun Talg, Wachs oder eine andere Substanz, um einen Gott oder auch mehrere Götter positiv zu stimmen. Und um damit die Chancen für die Erfüllung meines Wunsches oder meiner Wünsche zu erhöhen.

Die Mystik aus der Kerze ist ungebrochen. Die Katholiken verwenden sie für ihre Zeremonien, setzen sogar bestimmte Farben und Formen ein: rote Kerzen im Advent als Ausdruck der Vorfreude oder an Weihnachten für die Feiertagsstimmung, weiße zur Kommunion, spezielle Opferkerzen für Altäre. Die Juden kennen ebenfalls zahlreiche Kerzen, von der Chanukkakerze (Chanukka ist grob vergleichbar mit Weihnachten) bis hin zu einer unendlichen Vielfalt ritueller Kerzen. Außerdem setzen die Juden das Kerzenlicht der menschlichen Seele gleich. Denn im Nu ist es angezündet, genauso schnell aber wieder ausgeblasen. Bei den Buddhisten haben die Kerzen reine Opfergabenfunktion. Die Liste der Beispiele ließe sich beliebig fortsetzen. Nun möchte ich Ihnen ein paar Kerzen vorstellen, die bei uns Hexen eine große Rolle spielen:

Fangen wir mit der 7-Knoten-Kerze an. Sie ist bei Esoterikern der verschiedensten Richtungen sehr bekannt. Sieben Wachsknoten türmen sich übereinander, und an jedem Tag der Woche wird ein Knoten für einen speziellen Wunsch angezündet und abgebrannt. Wenn es nur um ein Problem geht, brennen wir je einen Knoten an jedem Wochentag zur gleichen Stunde ab, um uns auf unser Problem zu konzentrieren.

Manchmal gibt es diese Kerzen nur in den Farben Schwarz und Rot. Als Grundregel gilt dabei, daß die schwarze negative Schwingungen bannen soll und die rote dazu da ist, das Positive zu aktivieren. Die anderen Farben bei 7-Knoten-Kerzen deuten wir wie folgt: Gelb, um das Glück anzuziehen, Lila, um schwarzmagische Angriffe abzuwehren, Blau gegen Depression und Verwirrung, Weiß für die Erfüllung geheimer Wünsche und Orange für geschäftliche Erfolge, für Glück im Beruf und in der Karriere. Als Alternative zur 7-Knoten-Kerze verwenden wir auch oft eine siebenfarbige Kerze im Glas und brennen pro Tag je ein buntes Segment ab.

Eine große Bedeutung haben bei uns Hexen auch braune Kerzen. Die Farbe Braun steht dabei für Acker und Erde und deren Schwingungen. Wer in finanziellen Schwierigkeiten ist, verwendet für sein Ritual braune Kerzen und »Geldkerzen«. Die sind übrigens grün. Manche Leute drücken dann in die verbleibenden Wachsreste eine Münze und graben sie in die Erde ein. Andere geben auf dem Altar spezielle Geschenke, Schmuck, Brot, einen Hundertmarkschein oder auch Getreide. Dies alles symbolisiert die lebensnotwendigen materiellen Dinge und wird mit dem verbleibenden Wachsrest vergraben.

Wichtig sind für uns auch Kerzen, die eine doppelte Wirkung haben und eine Situation umkehren können. Der obere Teil einer solchen Kerze ist entweder rot, weiß oder grün, der untere schwarz. Dabei symbolisiert die obere Hälfte je nach Farbe (siehe vorletzter Absatz) den Wunsch, die untere schwarze die unbekannte Größe, die ins Gegenteil verändert oder zumindest neutralisiert werden soll. Zum Beispiel eine bevorstehende Trennung oder einen drohenden Bankrott.

Negative Schwingungen bannen, ein Unglück verhindern – das machen wir in Verbindung mit der »Schwarze-Katze-

Kerze«. Oder, wenn es um existentielle Gefahren geht, wenn Leib und Leben durch oft tödlich verlaufende Krankheiten bedroht sind, mit der sogenannten »Schädelkerze«. Beide Kerzen haben ihren Namen von der Form. Die Schädelkerze darf nur in Verbindung mit einer astrologischen Kerze der bedrohten Person verwendet werden. Die astrologische Kerze, ich habe es schon erwähnt, definiert sich durch die Farbe. Für im Sternzeichen Zwillinge Geborene zum Beispiel durch Gelb. Informieren Sie sich also vor dem Kerzenritual bei einer Hexe oder einem Magier. Nun brennen wir beide Kerzen in einem gehörigen Sicherheitsabstand voneinander ab. Zuvor haben wir penibel darauf geachtet, daß die astrologische Kerze größer ist als die Schädelkerze. Denn sie symbolisiert die bedrohte Person. Und sie muß unbedingt länger brennen als die Schädelkerze, die den Tod symbolisiert. Wir konzentrieren uns dabei auf die Gesundheit und auf die Vitalität des Patienten. Sollte die Schädelkerze im Lauf der Meditation nur innen ausbrennen und ein äußerer Rest stehenbleiben, wiederholen wir das Ritual, damit der Tod restlos verschwindet. Wir können das Ritual auch mehrmals wiederholen. Denn eine Orakelwirkung geben wir diesen beiden Kerzen nicht. Also keine Panik, wenn's beim ersten Mal nicht klappt.

Das gleiche gilt für die sogenannte Satanskerze. Auch sie wird nur in Verbindung mit einer astrologischen Kerze abgebrannt, die wieder länger brennen soll als die andere. Sie wird verwendet, wenn jemand glaubt, von satanischen Schwingungen heimgesucht zu werden. Sie hat exorzistische Wirkung, soll den Teufel austreiben.

Es gibt noch jede Menge weiterer Kerzen, die wir als Hexen verwenden. Doch dies soll als erster Einblick genügen.

Steine – magische Kraft aus dem Schoß der Erde

Schon von jeher sind wir Menschen von Steinen fasziniert, vor allem natürlich von Edelsteinen. Der materielle Wert, den Edelsteine heute besitzen, kam erst später als zusätzlicher Faszinationsgrund ins Spiel. Denn zuerst mußte das Unterbewußte ja den edlen Wert solcher Steine erkennen, um ihn dann vom Verstand her in Tauschwert oder bare Münze umzurechnen. Wie bei allem, was uns heute wert und teuer ist.

Wir gehen davon aus, daß es auch heute nicht nur die Kostbarkeit, das schöne Aussehen oder die hübsche Farbe, Form oder auch Verarbeitung ist, die uns an Edelsteinen so fesselt. Zumindest sensible Menschen fühlen geheimnisvolle Kräfte.

Ein Zitat von Karl Spiesberger aus seinem Buch »Magneten des Glücks« (Verlag Richard Schikowski, Berlin): »Geschaffen in jahrtausendelangem Mühen aus den Elementen der Erde durch weiser Gnomen kundige Hände – wie die Sage meldet –, genetzt von den Strahlen des Gestirns, dessen Eigenschaften er bei seiner Geburt empfangen, geworden in Erdenschlünden, ist jeder Edelstein ein natürliches Amulett, ein naturgewachsener Talisman.« Wunderschön poetisch.

Ich will es rationeller ausdrücken. Steine entstehen durch Druck. Dieser Druck hat oft Milliarden von Jahren auf bestimmte Substanzen gewirkt, auf Metalle, Erdreich, Pflanzen, Kristalle, bis diese so in sich komprimiert und untereinander zusammengepreßt wurden, daß sie uns heute als Stein begegnen. Druck ist Energie. Und Druck erzeugt immer auch Gegendruck, also ebenfalls Energie. Das Innere des Steines gibt also etwas nach außen ab – nichts anderes als Energie. Am deutlichsten sichtbar und physikalisch erklärbar bei Magnetsteinen. Doch auch alle anderen Steine haben Energien, auch wenn wir sie heute mit den immer noch sehr bescheidenen Kenntnissen der Naturwissenschaften noch nicht messen können. Das Unterbewußte der Seele weiß schon lange von solchen Energien.

Da Edelsteine länger als alles andere auf der Welt nicht nur Druckkräften von Mutter Erde, sondern aus Kraftfeldern aus dem Kosmos ausgesetzt sind, haben sie auch diese in sich gespeichert. Die Magie und auch die Medizin versuchen daher schon von jeher, die Energien nutzbar zu machen.

So versuchte sich der berühmte Philosoph Aristoteles in der astrologischen Edelsteinkunde; gleichzeitig entwickelte sich in Indien ein eigener Zweig dieser Wissenschaft. Ebenfalls in Indien finden wir auch die Anfänge der Edelsteinmedizin, außerdem in China, Mesopotamien und Ägypten. Europäische Spuren dieser Kunst finden wir im Mittelalter, bei Hildegard von Bingen und Albertus Magnus, die beide heute wieder sehr im Gespräch sind. Paracelsus versuchte mittels der Chemie an das Geheimnis der Steine heranzukommen.

Die Kritiker aber behielten die Oberhand. Ihr Hauptargument war und ist, daß so schwer zu bearbeitende Materialien wie Steine keinerlei Wirkung auf den Körper haben können. Schritt für Schritt wurden die Steine aus dem Schatzkästchen der Medizin entfernt. Magier und Hexen haben sich davon nicht beirren lassen. Denn die Erfolge sprechen für sich.

Als überliefert und gesichert gelten folgende Wirkungen: Der Achat hilft gegen Augenleiden, Skorpionstiche und Schlangenbiß, Amethyst gegen Alkoholismus und Hautkrankheiten, Bernstein bei Hals- und Magenkrankheiten, Entzündungen und Fieber jeder Art, der Diamant besonders bei Nieren- und Blasensteinen, außerdem gilt er als Heilmittel gegen quasi jedes Gebrechen, Hyacinth hilft gegen Melancholie und

Husten, Lapislazuli bei Augenkrankheiten und Haarausfall, Malachit bei Brechreiz und Vergiftungen, Onyx gegen Magenbeschwerden, Rubin bei Magenblähungen und Gallenleiden, der Saphir gegen Geschwüre, Smaragd bei Augenkrankheiten, Epilepsie und Halluzinationen. Das »Lexikon der Esoterik« von Helmut Werner (Fourier Verlag, Wiesbaden) zählt noch jede Menge weitere Beispiele der Edelsteinmedizin auf, umreißt in einer Liste die wichtigsten Edelsteine im Zusammenhang mit ihrer Wirkung auf den menschlichen Körper. Steine wirken natürlich nicht sofort und auf Knopfdruck, sondern langsam und sanft aufbauend. Geduld ist also gefragt.

In der Magie stellen wir folgende Zusammenhänge her: Der Diamant schützt vor Feinden, Gift, Mord, Blitzschlag, Angriffen jeder Art, vor Behexung und Spuk. Der Rubin vor Seuchen, Naturkatastrophen, vor Tollwut und Schlangengift, vor Spuk und Halluzinationen. Und der Smaragd beruhigt, besänftigt den Zorn, verschafft eine heitere Stimmung, wehrt außerdem den bösen Blick ab und kann noch vieles mehr.

Wer sich näher mit dieser Materie beschäftigen will, dem empfehle ich »Das große Lexikon der Heilsteine, Düfte und Kräuter« (Edition Methusalem, Neu-Ulm) und das schon oben erwähnte Werk »Magneten des Glücks«. In diesem Buch wird detailliert auf alle Aspekte eingegangen, die man im Umgang mit einem Stein wissen und beachten sollte. Denn es sind ja noch viel mehr als die hier nur kurz angerissenen. Damit Sie einen kleinen Eindruck bekommen, hier ein Auszug zum Magnetstein, fast eins zu eins aus diesem Handbuch übernommen:

Magnetstein, Herkulesstein, Magnetit.
Qualität: zählt zu den Spinellarten, stark magnetisch, zieht Eisen und Stahl an.
Farbe: eisenschwer, metallglänzend und undurchsichtig.
Tierkreiszeichen: Skorpion.
Planet: Mars, Pluto.
Positiver Einfluß, materiell: bewahrt vor Hader und Erbstreitigkeiten; verleiht Rednern und Künstlern die Gabe zu fesseln und zu überzeugen; begünstigt geistige Arbeiter; wehrt heimtückischen Neidern (Magnetstein im Siegelring tragen).
Positiver Einfluß auf Geist und Gemüt: fördert die Konzentrationsfähigkeit und ernste Studien (jedoch nur bei gutgestelltem Saturn und Merkur im Horoskop).
Positiver Einfluß, gesundheitlich: stillt aus Wunden fließendes Blut, lindert gichtige Leiden und rheumatische Schwellungen, vertreibt Leberleiden und Melancholie, gibt gesunden traumlosen Schlaf (Magnetit mit ins Bett nehmen, eine Weile in der Hand halten und nachts über sich legen), beruhigt erregte Nerven, bessert Kopfneuralgien und Wadenkrämpfe (mit einem Magnetstein kreuzweise über die befallene Stelle streichen, ein bereits bei Ägyptern und Griechen bekanntes Verfahren), gegen Augenfluß und beginnenden Star, kräftigt die Augen (nach alter Vorschrift: des öfteren auf die polierte Fläche des Steines blicken), spendet Kindersegen.
Schützt: vor dem Biß giftiger Tiere.
Magisch: verscheucht Alpträume und andere üble Traumgesichte, vertreibt böse Wesenheiten, günstig für forschende Okkultisten.
Negativer Einfluß: schädigt bei schlechter Saturn- und

Merkurstellung Gehirn und Nerven und ist ernstem Studium feindlich. Der Magnetit darf nicht gemeinsam mit einem Diamanten getragen werden, da beide gegenseitig ihre günstigen Eigenschaften beeinträchtigen.

Soweit die Auflistung wissenswerter Eigenschaften des Magnetsteins, erstellt von Karl Spiesberger. Nach diesem Muster entschlüsselt er das Wesen fast aller bei uns bekannten Edelsteine und schafft so eine nützliche Übersicht. Er weist aber eindringlich auf einen ganz entscheidenden Punkt hin, den übereifrige Esoterikmusterschüler nur allzu schnell wieder verdrängen: »Eines aber vergesse man nie bei der Auswertung der Tabellen: Sie enthalten mehr an Überliefertem als an Bewiesenem!«

Auch wir Hexen können uns im Umgang mit Steinen lediglich auf Überlieferungen stützen. So wissen wir zwar, daß da Energien tätig sind, die rationell noch nicht begreifbar sind, haben aber erst einmal keine Ahnung, wie der betreffende Stein auf das jeweilige Individuum wirkt. Deshalb sind wir auf vorsichtiges Vorantasten und auf Versuche angewiesen, immer wieder.

So prüfen wir als allererstes, ob der betreffende Stein echt ist. Dabei verlassen wir uns oft auf die Kunst des Pendelns. Hat der Stein zu viele Fremdeinschlüsse oder ist er gar künstlich hergestellt, so erfahren wir das auf diesem Weg am schnellsten und sichersten.

Dann muß geklärt werden, ob der Stein und sein Träger zusammenpassen, ob sich die Seele des Steins überhaupt mit der des Trägers versteht. Hier begeben wir uns auf das Feld der Versuche.

Nach einer gründlichen Reinigung – der Stein wird mehrere Stunden oder auch über Nacht in Salz gelegt – putzen wir den

Stein unter fließendem Wasser, am besten aber in einem Fluß. Dann folgt tiefe Konzentration, ein Gebet oder auch ein kleines Ritual, den Stein fest in der linken Hand. Wir sagen dem Stein, welche seiner Eigenschaften wir für unser Anliegen aktivieren möchten, wie er uns helfen kann. Wir »programmieren« den Stein. Niemand anders als der Träger selbst darf den Stein anfassen, sonst muß er neu aktiviert werden.

Nach altem Indianerglauben sind Steine Schutz und die göttliche Verbindung zwischen Himmel und Erde zugleich. Deswegen leuchtet es auch ein, daß die Verbindung aus Erdkraft und kosmischer Kraft immer wieder hergestellt werden muß. Die Erdkraft bekommt unser Stein, indem wir ihn im Sommer immer wieder mal vergraben. Die kosmische Kraft, indem wir ihn sowohl dem Sonnen- als auch dem Mondlicht aussetzen. Vergleichen wir diesen Vorgang mit dem Aufladen einer Batterie.

Daß Steine Leben in sich tragen, Energien beherbergen, erfahren wir nicht nur durch die Magnetfelder. In Arizona und in Colorado, und nur dort, gibt es die sagenumwobenen Bojysteine, die sogenannten »lebenden Steine«. Man kann sie auch hierzulande kaufen; ein Zertifikat (unbedingt darauf bestehen!) bescheinigt ihre Echtheit. Sie bewegen sich in der Hand ihres Besitzers, sie bröckeln sichtbar. Aber nur, wenn der Stein mit seinem Besitzer harmoniert. Man muß sie waschen, aktivieren, jeden Tag in die Hand nehmen und bearbeiten. Und wenn der Bojy wirklich anfängt, Reaktionen zu zeigen, passen Besitzer und Stein zusammen. Zur Belohnung bekommt der Träger im Lauf der Zeit eine gelöste und befreite Grundeinstellung, er ist lässiger und heiterer Stimmung. Wenn Sie testen wollen, ob Sie für den Umgang mit Steinen geeignet sind, können Sie dies ohne jede Gefahr mit dem Bojy tun. Dann zeigt es sich, ob es sich für Sie wirklich lohnt, steinreich zu werden.

Mit Steinen kann man nicht nur Hautkontakt aufnehmen, man kann sie auch trinken. Natürlich nicht den ganzen Stein, aber einen Teil seiner Energie. Und zwar, indem man den betreffenden Edelstein in Weiß- und Rotwein in ein Gefäß aus echtem Gold oder Silber legt und so drei Nächte lang dem Vollmond aussetzt. Danach heißt es dann Prost, wohl bekomm's. Ohne den Stein mit runterzuschlucken natürlich. Wer diese Aktion mit Gebeten oder einem kleinen Ritual begleitet, hat bestimmt größere Erfolgschancen. Nur der Vollständigkeit halber und um Unsinn vorzubeugen, sei hier gesagt: Mit Malachit- oder Onyxsteinen darf man nicht so verfahren; spezielle magische Argumente sprechen dagegen, auf die ich jetzt nicht weiter eingehen will.

Stichwort Unsinn. Wer sich als Anfänger die Energien aus den Steinen nutzbar machen will, braucht erstens eine gründliche Beratung und zweitens eine lange Übungsphase. Natürlich versetzt der Glaube Berge; und auch durch Selbstsuggestion und positive Gedanken im allgemeinen kann viel erreicht werden.

Doch wer sich ständig selbst im Weg steht, sein Unglück durch andauernde Dummheiten bewußt oder unterbewußt selbst heraufbeschwört und sogar selbst produziert, braucht sich nicht zu wundern, wenn sein teuer erstandener Edelstein weder als Glücksbringer noch als Schutz- oder Freudenspender funktionieren kann. Eine gründliche Analyse der Lage und des eigenen Fehlverhaltens bringt da wesentlich mehr. Denn die sensiblen Energien aus den Steinen können in solchen Fällen nicht mehr leisten als eine minimale Schadensbegrenzung.

Und ein Mensch mit anhaltenden körperlichen Beschwerden geht, sofern er einigermaßen vernünftig ist, erst mal zum Arzt statt zum Juwelier.

Kräuterhexen auf dem Vormarsch

Bei unseren Ritualen spielen auch Pflanzen aller Art eine große Rolle, zumeist Kräuter. Sie haben eine lange Tradition in der Hexenkultur; die Begriffe »Kräutertante« und »Kräuterhexe« sind auch heute noch im Sprachgebrauch. Die sogenannten Hexen waren nämlich oft nichts anderes als Frauen, die die Kunst der Naturheilweisen beherrschten. Heute würden wir sie Heilpraktikerinnen nennen. Und diese Frauen arbeiteten mit Kräutern, Essenzen und anderen Hilfsmitteln aus der Natur, um jemanden zu heilen. Chemische Arzneimittel gab es damals ja noch nicht.

Auch heute gibt es wieder einen Trend in der Medizin, so oft wie möglich auf natürliche Heilmittel zurückzugreifen. Was auch in vielen Fällen sinnvoll und gut ist. Baldrian und Hopfen sind garantiert unschädlichere Schlafmittel als giftige Pillen; und oft hilft bei Depressionen schon Johanniskraut anstelle von Psychopharmaka. Einen Herzklappenfehler oder Aids werden Sie aber kaum mit Mitteln aus der natürlichen Apotheke kurieren können. Alles zu seiner Zeit und im richtigen Moment. Ich plädiere daher für ein sinnvolles Nebeneinander von Natur- und Schulmedizin. Beide können sich auf das beste ergänzen.

Viele Hexenschwestern werden jetzt natürlich empört aufschreien. Sie verdammen die Segnungen der modernen Medizin als Teufelswerk und verweisen konsequent auf bewährte Rezepturen aus alter Zeit.

Doch damit begehen sie einen großen Denkfehler. Denn wir können leider die alten Hexenrezepte nicht mehr so ohne weiteres auf die heutige Zeit übertragen. Der Grund müßte einleuchtend sein. Genauso wie sich der Mensch im Lauf der Generationen verändert hat, hat sich die gesamte Natur verändert. Ein Bauer aus dem Mittelalter, unvermittelt ins Hier und Heute transportiert, würde sehr bald sterben. Die Umwelteinflüsse (Luft, Wasser, Nahrung – und deren Veränderung durch Mutation und Verschmutzung) würden ihm schwer zu schaffen machen.

Auch die Pflanzen von einst sind nicht mehr die Pflanzen von heute. Selbst wenn sie den gleichen Namen haben. Die Pflanzen haben sich verändert, um überleben zu können. Trotz Rauch und Ruß, trotz zahlreicher chemischer Düngemittel – und trotz Tschernobyl. Die alten Hexenrezepturen können also nicht mehr funktionieren. Oder nur noch in wenigen Ausnahmefällen.

Doch es gibt neue Hexenrezepturen; und es wird täglich mehr davon geben. Rezepte, die auf den Gegebenheiten von heute aufbauen. Und wer es unbedingt mit den Originalrezepten aus alten Tagen versuchen will, sollte wenigstens so schlau sein, sich möglichst unveränderte Zutaten zu besorgen. In den Indianergebieten Nordamerikas zum Beispiel gibt es immer noch Gegenden, in denen die Pflanzen relativ unbelastet gedeihen können. Man kann diese Pflanzen über einen Spezialversand besorgen. Ich gebe gerne Tips.

Trotzdem hier noch einmal der entscheidende Hinweis: Eine verantwortungsbewußte Kräuterhexe erkennt stets ihre Grenzen. Und hilft ihrem kranken Klienten im Zweifelsfall lieber mit der Adresse eines guten Arztes als mit einem Zauberkraut.

In der Magie gibt es für die einzelnen Kräuter, Wurzeln und für die ganzen Pflanzen gewisse Zuordnungen, die teilweise überliefert sind, durch Logen bestimmt worden sind oder auch durch Magier und Hexen individuell festgelegt werden. Die Akelei soll zum Beispiel bei Beschwörungen aller Art eingesetzt werden. Ebenfalls wirksam ist sie gegen aufdringliche Männer und für jede Art von Gegenzauber. Der schon erwähnte Baldrian bietet, als Amulett getragen, Schutz gegen Blitzschlag und negative Energien im allgemeinen. Basilikum verhilft zu zusätzlicher magischer Energie bei Geldzauber und Liebesamuletten, außerdem soll man ein Basilikumamulett als Glücksbringer zur Einweihung einer neuen Wohnung mitbringen.

Die Bedeutungen der einzelnen Pflanzen sind sowohl in der Heilkunde als auch in der Magie mannigfaltig. Wer mit Pflanzen magisch arbeiten will, sollte sich daher unbedingt schlau machen, um Gegenreaktionen und Mißerfolge auszuschließen. Das Buch »Magister Botanicus: Magisches Kreutherkompendium« (Verlag Die Sanduhr) ist dabei eine große Hilfe. Sowohl im medizinischen als auch im magischen Bereich.

Der Baum – mein Freund

»Ein Baum spricht: In mir ist ein Kern, ein Funke, ein Gedanke verborgen, ich bin Leben vom ewigen Leben. Einmalig ist der Versuch und Wurf, den die ewige Mutter mit mir gewagt hat, einmalig ist meine Gestalt und das Geäder meiner Haut, einmalig ist das kleinste Blätterspiel meines Wipfels und die kleinste Narbe meiner Rinde. Mein Amt ist, im ausgeprägten Einmaligen das Ewige zu gestalten und zu zeigen. Ein Baum spricht: Meine Kraft ist das Vertrauen. Ich weiß nichts von meinen Vätern, ich weiß nichts von meinen tausend Kindern, die in jedem Jahr aus mir entstehen. Ich lebe das Geheimnis meines Samens zu Ende, nichts anderes ist meine Sorge. Ich vertraue, daß Gott in mir ist. Ich vertraue, daß meine Aufgabe heilig ist.« (Hermann Hesse)

Bäume sind seit Menschengedenken faszinierende Wesen. Allein ihre oftmals mächtige Gestalt verlangt uns Respekt ab, flößt uns Ehrfurcht ein. Bäume geben Schatten, Nahrung (Säfte und Früchte) und Wärme (Feuerholz); aus ihrem Holz gewinnen wir Werkzeuge, Boote, Möbel, ganze Häuser. Sie leben, lieben und leiden. Da Bäume durch ihre Langlebigkeit außerdem auch noch einen Hauch Ewigkeit atmen, sind sie besonders für mystische Zuordnungen geeignet.

Die ältesten bekannten Bäume in Europa sind einzelne Eiben in den Alpen. Sie bringen es auf stolze 2000 Jahre. Die Redwoods (Sequoia) in Amerika haben es sogar schon auf 3000 Jahre gebracht. Lange Zeit war man der Meinung, daß dies die ältesten Bäume der Welt seien. Doch seit 1950 kennt man die Grannenkiefern aus den kalifornischen White Mountains. Sie haben 4900 Jahre auf dem Buckel.

Auf dem Buckel? Auf den Ästen? Auf der Krone? Bäume sind für mich und viele andere Hexen und Magier lebende Wesen, von der Bedeutung her gleichzusetzen mit Menschen. Ihre Wurzeln sehe ich als Füße, ihren Stamm als Beine, ihre Äste als Arme, ihre Krone als Kopf, ihre Blätter als Haare und ihre Flüssigkeit als Blut. All das lebt, ist in Bewegung. Wie beim Menschen. Nur mit dem einzigen Unterschied, daß Bäume nicht beliebig ihren Standort wechseln können.

Aus dieser Grundthese heraus kann ich also auch mit Bäumen einen Energieaustausch vornehmen, genauso wie mit Menschen. Das gegenseitige menschliche Geben und Nehmen beim Umarmen, beim Aneinanderkuscheln kann ich auch auf Bäume übertragen. Der Baum ist größer und stärker als ich, ich kann mich an ihn anlehnen wie an einen übermächtigen Vater, ich kann seine Kraft körperlich spüren.

In Indien umarmen Frauen einen kranken Baum, um ihn zu heilen. Ein Verfahren, das heute noch praktiziert wird und das auch funktioniert: Energieaustausch vom Menschen auf den Baum. Daß dieser Austausch auch in der anderen Richtung funktionieren kann, liegt auf der Hand.

Nicht jeder Baum mag jeden Menschen. Wie nicht jeder Mensch jeden anderen Menschen mögen kann. Persönliche Sympathien und Antipathien spielen immer eine große Rolle, bei allen Lebewesen. Es ist also durchaus sinnvoll, sich erst ganz vorsichtig einem Baum zu nähern, höflich sogar, bevor man ihn berührt und bevor man mit ihm persönliche Dinge bespricht. Ja, man kann mit Bäumen sprechen. Und man bekommt auch Antworten. »Mit Bäumen kann man wie mit Brüdern reden und tauscht mit ihnen seine Seele aus«, schreibt Erich Kästner.

Der Energieaustausch zwischen Mensch und Baum funktioniert dann am besten, wenn eine möglichst große menschliche Körperfläche mit einer möglichst großen baumlichen Körperfläche Kontakt hat. Man erreicht diesen am ehesten, indem man sich rückwärts an den Baum stellt, ihn zusätzlich rückwärtig umarmt und sich auf seinen Baumpartner konzentriert. Schon nach relativ kurzer Zeit spürt man – freilich nur bei gegenseitiger Sympathie – eine Vergrößerung des eigenen Energiekreises. Unsere Antennen in den Kosmos sind ausgefahren. Wir können uns mit Hilfe des Baums direkt an die Kraft des Universums ankoppeln.

Pflanzen jeder Art, besonders die langlebigen und hochentwickelten Bäume (Eiche, Linde, Buche) haben sensitive Empfindungen. Es ist inzwischen bekannt, daß Zimmerpflanzen besser gedeihen, wenn man sie streichelt und mit ihnen spricht. Ebenso weiß man, daß sie Streß entwickeln, wenn man Teile von ihnen abschneidet. Ja sogar dann schon, wenn man sich mit der Gartenschere in der Hand ihnen nur nähert. Soweit müssen uns selbst noch so rationale Naturwissenschaftler beipflichten.

Ein Professor in San Francisco – ich lernte ihn in einem Pub kennen – hat mir von seinem Versuch mit Avocadobäumen erzählt. Neun Avocadobäume goß er, indem er das Gießwasser über einen magisch aktivierten Bergkristall laufen ließ. Ein zehnter Avocadobaum bekam sein Wasser ohne die Umleitung über den Kristall. Mit dem Ergebnis, daß dieser zehnte relativ klein im Wachstum war, und auch sonst nicht so schön.

Nun gut, der Kristall hat neben seiner magischen Wirkung sicher auch eine physikalische. Mag sein, daß er genau jene Mineralien abgab, die den Bäumen guttaten. Doch man kann Pflanzen und Bäumen auch etwas geben, was biologisch nicht nachweisbar ist und trotzdem seine Wirkung tut.

In einem Eigenversuch habe ich einmal zwei Pflanzen gleicher Art nebeneinandergestellt, die Bedingungen wie Erde, Topfgröße, Lichteinfall, Gießwassermenge usw. für beide gleich gestaltet. Mit der einen Pflanze habe ich ständig gesprochen; sie gelobt und lauthals ihre Schönheit bewundert; die andere habe ich lediglich versorgt. Mit dem Ergebnis, daß die scheinbar unbeachtete Pflanze nach relativ kurzer Zeit eingegangen ist. Ist sie vielleicht sogar an krankhafter Eifersucht gestorben?

Die Kommunikation mit Bäumen ist wie gesagt keineswegs einseitig. Nicht nur, daß wir ihre Schwingungen auffangen können und dadurch, daß diese Schwingungen eben sehr langsam sind, einen ruhigenden Effekt verspüren. Wer Zeit hat, kann konkrete Fragen stellen und auch konkrete Antworten bekommen.

Nein, es geht hier nicht um ein »Substitute«, einen Ersatzpartner, den wir ansprechen, und durch den wir uns in die

Lage versetzen, uns selbst die Antwort zu geben. Ein Baum ist kein Teddybär und auch kein Maskottchen – ein Baum ist ein individuelles lebendiges Wesen.

Den letzten spektakulären Beweis erbrachte ein Computerfreak aus Kalifornien. Mit einem speziellen Programm konnte er die Sprache eines Pfirsichbaumes in Long Beach (Los Angeles) regelrecht übersetzen. Ich wurde mit diesem Wunder der Technik in der Fernsehshow »Phantastische Phänomene« konfrontiert. Der Baum sprach nicht nur, er sang sogar erkennbare Melodien vor sich hin. Und er antwortete auf konkrete Fragen. Der Computer übersetzte Wort für Wort die »bäumische« Sprache; eine Manipulation war ausgeschlossen. Ich wollte also von dem Baum wissen, inwieweit die Weissagung des Nostradamus zutreffe, daß Amerikas Westküste in großer Gefahr sei, von Naturkatastrophen heimgesucht zu werden. Nach einer langen Nachdenkphase antwortete mir der Baum, daß Nostradamus sich wohl geirrt haben müsse, denn er sehe eher die Ostküste in Gefahr. Mittlerweile hören wir von zahlreichen Katastrophen aus dem amerikanischen Osten.

Ein Baum muß also sehr sensibel behandelt werden. Und mit sehr viel Geduld. Da bei Bäumen mit hohem Lebensalter die Zeit eine ganz andere Rolle spielt als bei uns, bewegen sie sich sehr langsam. Nicht nur was ihr Wachstum betrifft, sondern auch in ihren Gedankengängen.

Die beiden Bäume, mit denen ich magisch arbeite, stehen an zwei sehr verschiedenen Flecken des Erdballs. Der eine, ich habe ihn Emanuel getauft, im Fürstenrieder Forst bei München. Der andere, Barbara, im kalifornischen Santa Barbara. Die genauen Standpunkte gebe ich nicht preis. Unterstellen Sie mir ruhig einen gesunden Egoismus. Aber ich will auf keinen Fall Hobbybaummagier auf den Plan rufen, die »meine«

Bäume ausnutzen oder gar mißbrauchen. Oder vielleicht auch »nur« überanstrengen.

Wenn ich mich nun einem meiner Bäume nähere, dann achte ich vorher darauf, daß ich keinerlei Metalle an mir trage, keine Ringe und Ketten. Sie könnten die Energien aus der Pflanze um- oder fehlleiten. Dann bringe ich kleine Geschenke mit, heilbringende Steine oder Kristalle, grabe sie bei den Wurzeln des Baumes ein, damit dieser sich bedienen kann. Sowohl biologisch als auch im magischen Sinn. Ich lehne mich an den Baum und umarme ihn wie schon beschrieben. Ich spreche mit ihm und vertraue ihm auch meine Sorgen an. Aber meistens begebe ich mich zu meinen Bäumen, um Dankesrituale zu praktizieren. Bei all meinen Ritualen suche ich die Nähe von Bäumen, um ihre Antennenwirkung für mich nutzbar zu machen.

Ich komme meinen Bäumen aber auch mit konkreten Anliegen. So führte ich einmal meinen Sohn Rainer zu Emanuel im Fürstenrieder Wald. Rainer hatte damals aufgrund von Konzentrationsstörungen große Lernprobleme. Emanuel konnte Rainer helfen, sich besser zu konzentrieren. Mittlerweile kann mein Sohn sogar visualisieren (was das ist, erkläre ich später), so gut kann er sich geistig sammeln.

Wie bei Kräutern und Blumen gibt es natürlich auch bei den Bäumen gewisse Unterteilungen im magischen Sinn, welche Bäume wohl wie am besten wirksam werden können. Eine Scheibe Ulmenholz auf dem Altar schützt vor negativen Einflüssen, der Kirschbaum hilft bei Liebeszauber und unterstützt hellseherische Fähigkeiten, die Lärche verhilft zu Reichtum, die Esche schützt und gibt Kraft, die Eiche verleiht Fruchtbarkeit und Weisheit. Es gibt noch viele Beispiele mehr, die Sie am besten in der betreffenden umfangreichen Literatur nachlesen (zum Beispiel bei Gerd und Marlene Haerkötter:

»Macht und Magie der Bäume«, Eichborn Verlag). Inwieweit Sie die auf Überlieferungen basierenden Weisheiten dann annehmen, müssen Sie selbst entscheiden; sie können nämlich im Einzelfall oft nicht mehr als Wegweiser sein. Ihre Erfahrungen mit Bäumen müssen Sie schon selbst machen. Wie in allen Bereichen der Magie.

Allgemeingültige Tatsache aber ist, daß das Bewußtsein um die Kraft der Bäume schon immer in unserer Seele verwurzelt war. So hat man sich von jeher um Bäume versammelt, und das nicht nur aufgrund ihrer schattenspendenden Wirkung. In unseren Breiten diente der Platz um die Dorflinde zu Beratungen und Gerichtsverhandlungen, der berühmte bayerische Maibaum war einst ein Symbol für Fruchtbarkeit, wir Hexen tanzten in alten Zeiten vorzugsweise um Weiden und Buchen herum. Und in die Buchen schnitzte man auch die ersten Runen, woraus dann später Buchenstäbe und noch später Buchstaben wurden.

Bäume strahlen allein durch ihr Vorhandensein Kraft und Ruhe aus. Die Verehrung von Bäumen spielt daher auch in fast allen Naturreligionen eine große Rolle, in denen Bäume oft als Wohnungen der Götter verehrt wurden. Daß Adams und Evas »Baum der Erkenntnis« dann in der Genesis auftaucht, darf uns also nicht verwundern. Auch nicht, daß der Prophet Elias aus dem Rauschen der Blätter eines Baumes die Stimme Gottes gehört haben will. Daß sich Buddha gerne an einen Bodhibaum (eine Art Feige) lehnte, mit diesem Baum verschmolz und aus diesem Zustand heraus dann lehrte, ist ebenfalls überliefert. Die Bäume haben ihre mystische Bedeutung aus den Naturreligionen in fast alle anderen Religions- und Kulturgemeinschaften hinüberretten können. Wenn auch oft nur noch als »Randfiguren« und Symbolträger.

Heute ist man Gott sei Dank wieder zu der Einsicht gelangt,

daß Bäume in allen Lebensbereichen schützenswert und wichtig sind. Wenngleich diese Einsicht meist auf ökologischen Erkenntnissen fußt. Bäume sind unerläßlich für das Gleichgewicht in der Natur, und in den Städten als »grüne Lunge« wichtige Helfer für die Reinhaltung der Luft. Es gibt Baumschutzverordnungen, die allerdings nur halbherzig beachtet werden, aber immerhin.

Und es gibt Erkenntnisse über die psychische Wirkung von Bäumen auf den Menschen. Krankenhäuser und Friedhöfe werden gern im Grünen angelegt, um Ausgeglichenheit und meditative Ruhe in den Heilungsprozeß bzw. in das Gebet mit einzubeziehen. Und jeder vernünftige Arzt empfiehlt heute streßgeplagten Patienten Waldspaziergänge.

Die magische Bedeutung von Bäumen muß dagegen aus den alten Schriften erst mühsam herausklamüsert werden. Hier stecken wir noch in den Kinderschuhen. Wann darf man interpretieren? Was muß wörtlich übernommen werden? Und welche Worte und Redewendungen hatten zur Zeit des Verfassers eine andere Bedeutung als heute? »Auf den Eichen wachsen die besten Schinken« ist so ein Statement aus alter Zeit. Mit ein bißchen Phantasie erkennen wir, daß Eicheln wohl ein sehr gutes Schweinefutter sein müssen. Oder bedeutet es, daß man Schinken am besten zusammen mit Eicheln essen sollte? Oder daß die Eiche Reichtum bringt, und wir uns dann Schinken leisten können? Oder alles zusammen?

Um Bäume gibt es zahllose Sagen und Legenden, die wunderschön zu lesen sind und großen Unterhaltungswert haben. Manchmal sogar ein Körnchen Wahrheit. Wir müssen jedoch beachten, daß jede Zeit ihre eigenen Geschichten hervorbringt und daß diese sich teilweise auch noch widersprechen und widerlegen.

Aus einer Zeit, als die Eiche noch als unheimlich und böse

galt, kommt folgende Sage. Ich übernehme sie aus dem bereits erwähnten Buch »Macht und Magie der Bäume«:

»Der Richter von Fransingen im Fricktal sah in einer Nacht die Hexeneiche auf der Sinzenmatt erleuchtet wie ein festliches Schloß und hörte herrliche Musik. Im Jahre 1744 schoß ein mutiger Feldscher der Panduren nach der erleuchteten Eiche, worauf die Erscheinung sofort erlosch. Am anderen Morgen fand man Blutspuren und weibliche Kleidungsstücke unter der Eiche, und ein Weib im Dorf hatte einen Streifschuß erhalten, wodurch sie als Hexe erkannt ward. Diese Hexeneiche sollte verkauft werden, und da sich lange niemand meldete, bot endlich der Tonis-Bub hundert Gulden. Als er sie jedoch umhauen wollte, wurden alle Werkzeuge stumpf. Endlich fertigte ihm ein kunstvoller Schmied eine Axt, die das Holz angriff. Indessen schien die Eiche immer auf die Seite fallen zu wollen, wo der Toni gerade stand. Beim Abendläuten entstand ein furchtbares unterirdisches Getöse, Toni lief vor Schreck davon und wurde schwer krank. Die Eiche fiel jedoch erst nach sieben Tagen nach einem heftigen Sturm.«

»Unterirdisches Getöse«, »Hexe«, »nach sieben (!!!) Tagen« – alles voller Legenden und Anspielungen. Was können wir heute damit anfangen? Mein Tip: Lehnen Sie sich an eine Eiche und fragen Sie sie. Fragen Sie laut und deutlich und bringen Sie Geduld mit. Sie bekommen sicher eine Antwort.

Mit Karten und Zahlenkombinationen die Zukunft sehen

Schon von jeher hat die Menschen der Blick in die Zukunft interessiert und fasziniert. Die bekannteste Art, dies zu tun, ist der Blick in die Karten. Man läßt sich die Karten legen und kann daraus dann Schlüsse für künftige Geschehnisse ziehen. Der Kartenleger sieht dabei, wenn er die Kunst des Kartenlegens wirklich perfekt beherrscht, nicht nur Tendenzen, sondern konkret beschreibbare Personen und Ereignisse, bis ins Detail genau.

Im allgemeinen werden dafür Tarotkarten verwendet. In Deutschland nennt man dieses Kartenspiel auch Tarock. Wer sich im nachhinein den Kopf zerbricht, obwohl schon alles den Bach hinuntergelaufen ist, dem wirft man vor, daß es nun wohl ein bißchen zu spät sei, hier noch »nachtarocken« zu wollen. Denn die Würfel sind gefallen. Oder, um im Bild zu bleiben: die Karten liegen schon; aus der schlecht geplanten und schlecht vorbereiteten Zukunft von gestern ist heute eine schlechte Gegenwart geworden.

Tarot, rückwärts gelesen »Tora« (die fünf Bücher Moses des Alten Testaments), war höchstwahrscheinlich lange Zeit nichts weiter als ein Spiel, dessen Regeln wir leider nicht mehr nachrecherchieren können. Erst gegen Ende des 18. Jahrhunderts gingen Tarot und Okkultismus Hand in Hand. Was wohl damit zu tun hatte, daß diese Karten bei den Zigeunern dazu benutzt wurden, um in die Zukunft zu blicken.

Doch die frühesten uns bekannten Karten stammen von 1392. Dabei ging es um einen Spielsatz, der zur Unterhaltung des französischen Königs Charles VI. angefertigt wurde. Gegen Ende des 18. Jahrhunderts stellte dann Antoine Court de

Gebelin in seinem Buch »Le monde promitif« die These auf, daß Tarot aus Ägypten kommt und daß die Ägypter ihr geheimes Wissen spielerisch in diese Karten verpackt hätten. Der Grundstock dieser These war, daß die Zigeuner ursprünglich aus Ägypten stammten und später dann das Spiel nach Europa exportiert hätten.

Andere Tarotforscher sahen die Wurzeln des Spiels in Indien. Wieder andere sahen die Wurzeln im Judentum, was meiner Meinung nach am ehesten einleuchtet. Denn es gibt ein verblüffendes Zusammenwirken von Tarot und Kabbala, der hebräischen Geheimlehre. Als erster hat wohl der bekannte Kabbalist Eliphas Levi (1810–1875) darauf hingewiesen. Im Lauf der Zeit wurde diese These immer mehr untersucht und untermauert.

Inzwischen gibt es auch eine Art intuitives Tarot. Man verzichtet bei der Deutung auf die feste Bedeutung der einzelnen Karten. Dabei schaltet man den Verstand soweit wie möglich aus und verläßt sich voll und ganz auf die Eingebungen seines Unterbewußtseins.

In meiner Praxis hat es sich bewährt, sowohl die strenge und vorgegebene Bedeutung der Karten gelten zu lassen, als auch der Intuition freien Lauf zu lassen. Die dazugezogenen kabbalistischen Elemente sorgen dennoch dafür, daß die Voraussage präzise ist.

Dennoch verwende ich nur ungern die Karten, wenn jemand zu mir kommt, der sichtbar unausgeglichen, in einem schlechten Gemütszustand oder gar krank ist. Denn ich will niemandem, der ohnehin schon leidet, eventuell noch größeres Leid durch meine Voraussage hinzufügen. Wenn ich nämlich durch das Kartenlegen Unglück prophezeien muß, so kann es durchaus sein, daß dieses Unglück angezogen wird, obwohl es vielleicht nur irgendwie in der Nähe ist. Es wäre ja auch möglich, daß es vorbeiziehen will, ohne konkreten Schaden anzurichten. Doch wenn der Klient sich auf Unglück programmiert, wird er es zwangsläufig erfahren. Und in gutmeinender Absicht abschwächen oder mogeln kann ich nicht, denn die Bedeutung der einzelnen Kartenbilder sind in unseren Kreisen ziemlich bekannt oder schnell nachschlag- und überprüfbar.

Daß die Karte mit dem Narren im Bild Unsicherheit und Passivität signalisiert, die mit dem Mond eine bevorstehende Täuschung und die mit dem Aufgehängten Tod und Opfer voraussagt, ist genauso bekannt wie die Aussage des Münzen-As, das viel Geld verspricht. Ich kann also nur noch weitere Karten dazunehmen, was nach den Regeln erlaubt ist, bis mein Klient beruhigt oder zumindest nicht mehr ängstlich gestimmt ist. Eine Augenwischerei, der Wert der Voraussage ist reduziert. Im ungünstigsten Fall sogar null und nichtig, denn jeder greift sich aus dem Wust der Nachrichten automatisch immer das für ihn Positive heraus. Um sich hinterher zu wundern, daß genau das Gegenteil eingetroffen ist. Zumindest fürs erste.

Viele Kartenleger sind geneigt, ähnlich vorzugehen wie ich. Die einen, weil sie es vermeiden wollen, daß der Ratsuchende selbst sein ihm prophezeites Unglück anzieht; die anderen aus Profitgier. Denn jeder will nur Gutes aus dem Mund des Kartenlegers hören. Und wer diesbezüglich bedient wird, kommt auch ein zweites Mal. Der Überbringer der schlechten Nachricht aber fällt in Ungnade; bei den alten Römern wurde er sogar umgebracht.

Wie Tarot im einzelnen funktioniert, will ich hier nicht erklären. Soviel nur: Es ist ein lebenslanges Studium notwendig, das ohne exakte Anleitung und Übung nicht die geringste Aussicht auf Erfolg hat. Betätigen Sie sich also nicht als

Hobbykartenleger. Sie können sich und Ihrer Umwelt damit sehr schaden.

Wenn ich der Meinung bin, daß jemand stabil genug ist, die absolute Wahrheit ertragen zu können, gehe ich direkt den Weg der Numerologie, ohne den Umweg über die Karten. Ich arbeite dann mit Kabbala. Denn Kabbala ist unbestechlich und nicht manipulier- oder interpretierbar. Hier kommt die Wahrheit heraus und nichts als die Wahrheit.

Seit dem 13. Jahrhundert wird die Geheimlehre im Judentum Kabbala genannt; ihre Ursprünge liegen noch viel früher. Kabbala ist Numerologie. Jeder Buchstabe wird einer Zahl zugeordnet; und dafür gibt es drei verschiedene Methoden, die allesamt tauglich sind. Das Ergebnis ist immer dasselbe, welche Methode wir auch anwenden.

Man errechnet die Quersumme von Vor- und Nachnamen, wobei es wichtig ist, wirklich alle Namen zu erfassen, bei Frauen auch den Geburtsnamen. Das Ergebnis ist die Namenszahl. Dazu kommt die Quersumme aus Geburtstag und Geburtsort, die Geburtswegzahl. Verschiedene andere Quersummen werden gebildet, die als Resultat die Herz-, die Schicksals-, und auch die Persönlichkeitszahl haben. Namenszahl und Schicksalszahl ergeben nun die Machtzahl; Sternzeichen und Kosenamen machen nach ihrer Einrechnung die Voraussage noch präziser. Ein Numeroskop ist entstanden, ein Horoskop mittels Nummern.

Klassische Unglückszahlen sind dabei die 13 (kommt uns das nicht bekannt vor?), die 14 und die 19; als Meisterzahlen gelten die 11, die 22 und die 33 – auch hier gibt es streng vorgegebene Auslegungen. Die Meisterzahlen werden übrigens nicht mit addiert. Aber das ist nur einer von vielen Punkten, die beim Rechnen zu beachten sind. Kabbala ist eine Kunst, die zur Weißen Magie gehört. Auch dann, wenn sie ewas

Schlechtes voraussagt. Meistens will man durch einen Blick auf das Künftige eventuelle Warnungen aufgreifen, um damit alles zum Guten lenken zu können.

Auch hier wieder der Hinweis darauf, daß Amateurversuche nicht nur nutzlos, sondern vielleicht sogar gefährlich sein können. Wer Kabbala studieren will, braucht dazu ein Leben lang. Und ist auch dann nur bedingt ein Meister – es gibt nämlich kein Ziel und kein Ende. Es gibt genügend Beispiele, daß zu tief eingestiegene Kabbalastudenten psychische Schwierigkeiten bekommen haben, regelrecht durchgedreht sind. Überlassen Sie das Spiel mit den Nummern also erfahrenen Hexen und Magiern.

Sowohl mittels Kabbala als auch mit Tarot kann man sehr konkrete Dinge erfahren: die Weiterentwicklung innerhalb einer Liebesbeziehung, drohende Krankheiten, unverhoffter Geldsegen, die Klärung von Erbschaftsstreitigkeiten oder auch den künftigen Werdegang einer Firma.

Die Basis für die Numerologie ist die Einsicht, daß Namen nicht zufällig sind, sondern eine tiefere Bedeutung haben. Ebenso wie der Tag der Geburt. Nicht umsonst nennen heute noch in Afrika viele Eltern ihre Kinder »Hope« (Hoffnung), »Love« (liebe) oder auch »Victory« (Sieg). Oder gar »Dollar«, wenn sie wollen, daß ihr Sprößling mal reich wird. Und aus vergleichbaren Motiven werden überall auf der Welt Geburten vorzeitig eingeleitet oder über die übliche Schwangerschaft hinaus verschoben, um dem Kind ein anvisiertes Geburtsdatum oder ein bestimmtes Sternzeichen zu sichern. Ich nenne so etwas nicht Aberglaube, sondern ein tiefes Urwissen um die Bedeutung von Namen, Zahlen und kosmischen Einflüssen. Ein Urwissen, das in Tarot und Kabbala systematisiert wurde.

Wenn ich zum Beispiel wissen will, mit wem ich es in einem

konkreten Fall zu tun habe, so lege ich die Karten oder mache Kabbala. Die vollständigen Namen und Daten kann ich mir schon irgendwie unauffällig beschaffen.

Der Normalfall aber ist, daß ich einen Klienten habe, der aus taktischen Überlegungen heraus einen Blick in die Zukunft riskieren will. So arbeite ich für viele Geschäftsleute, berate sie bei Firmengründungen oder in schwierigen Situationen, in die ihr Unternehmen geraten ist.

Eine große Münchner Versicherungsgesellschaft kam kürzlich einmal schwer ins Trudeln, und der Geschäftsführer bat mich um Rat. Die Chancen der Firma waren schnell ausgerechnet. Ich brauchte nur den genauen Namen, den Gründungsort und das Gründungsdatum. Darüber hinaus erhielt ich als zusätzliche Information die Namen entscheidender Mitarbeiter. Sieben davon waren mir aufgrund ihres numerologischen Ergebnisses sofort suspekt, ohne daß ich sie je gesehen hatte. Zumindest nicht im wirklichen Leben. Aber ich habe sie visualisiert und auch richtig beschrieben. Der Versicherungskaufmann wollte erst nicht auf mich hören und kam immer weiter in Schwierigkeiten; der Konkurs drohte. Im letzten Moment riß er das Ruder herum, ersetzte die betreffenden Mitarbeiter durch andere Kollegen, und konnte damit gerade noch einmal sein Unternehmen retten.

Voraussagen haben oft unerwünschte Nebenwahrheiten zur Folge. Eine Geschäftsfrau kam zu mir, um über den Fortbestand ihrer Firma zu sprechen. Sie hatte ein Beerdigungsinstitut. Dieses Institut litt unter der übermächtigen örtlichen Konkurrenz, und die Inhaberin fragte sich, ob sie den Laden nicht besser schließen sollte. Die Numerologie der Frau war in Ordnung, die der Firma ebenso. Doch die Numerologie des Ehemannes, der ebenfalls mit in der Firma war, schockierte mich. Auch die Visualisierung brachte nichts Gutes. Ich sah ein großes schwarzes Loch im Bauch des Bestatters. Ob es dabei um den Magen, die Leber oder die Bauchspeicheldrüse ging, konnte ich nicht erkennen. »Ist Ihr Mann krank?« fragte ich, doch die Frau konnte nur berichten, daß er ab und zu mal »so komische Tees« trinke. Ich riet dringend zum Besuch eines Arztes. Der diagnostizierte Bauchspeicheldrüsenkrebs im Endstadium; eine Operation war nicht mehr sinnvoll. Man setzte – wohl mehr aus Verlegenheit – eine Chemotherapie an. Nach drei Monaten war der Unternehmer tot.

Schlimm geht es auch all jenen, die sich auf die Numerologie – ob nun mit Karten oder Kabbala – einlassen und dann, wenn eine Warnung kommt, alles für Humbug erklären. Sie wollten ausschließlich Gutes aus der Zukunft erfahren, haben das Ganze vielleicht nur halbherzig oder gar aus Spaß gemacht. Und nun die schlechte Nachricht! Schnell schaut der Klient weg, will nichts davon wissen. Und fällt prompt auf die Nase.

So kam eines Tages eine Apothekerin zu mir, eine sehr praktisch veranlagte und materiell eingestellte Frau. Der Blick in die Zukunft sagte mit, daß mit ihr zwar soweit alles in Ordnung war, daß aber ihr Mann große Probleme mit dem Herz hatte oder zumindest in absehbarer Zeit bekommen würde. Ich riet ihr dringend, ihren Mann sofort zum Arzt zu schicken. Die Apothekerin ignorierte die Warnung aus der Zukunft. Nach einiger Zeit aber rief sie mich an, heulend. Sie hätte mit ihrem Mann eine Fahrradtour unternommen, und jetzt gehe es ihm sehr, sehr schlecht. Der Notarzt mußte kommen wegen gravierender Herzprobleme. Es hat gerade mal drei Tage gedauert, da war die Apothekerin Witwe.

Soviel zur Genauigkeit der Numerologie. Kabbala ist bei mir besonders effektvoll, wenn ich auf Rechenmaschinen und Computer verzichte und statt dessen tatsächlich alle Zahlen eigenhändig mit einem Stift aufschreibe. Ich kann diesen Vorgang dazu benutzen, um mich total auf mein Gegenüber zu konzentrieren, mich in meinen Klienten zu versenken. Ich bin dann praktisch die andere Person, denke und fühle wie sie. Das ist dann mein Stützpunkt zum Visualisieren – und wie ein Film laufen ganze Szenen vor meinem geistigen Auge ab. Und das in konkreten Einzelheiten.

Unter Umständen funktioniert das auch am Telefon. Die Konzentrationsphase dauert allerdings länger und ist anstrengender. Mit Suchtkranken und Psychopathen brauche ich fast unendliche Energie, wenn ich ein Numeroskop erstellen will; ihre Antennen sind blockiert. Daher arbeite ich mit diesem Personenkreis nur sehr ungern, wenn überhaupt. Es geht dabei um eine einfache Aufwandrechnung. Mit der gleichen Energie, mit der ich einem einzigen Suchtkranken eventuell helfen kann, könnte ich mindestens fünf bis zehn anderen Klienten hilfreich zur Seite stehen. Ich bitte also um Verständnis.

Jede Anwendung der Weißen Magie erfolgt zumeist in der Kombination der verschiedenen Möglichkeiten. Kerzen, Öle, Steine, Amulette, Talismane, Pflanzen, auch Naturheilkunde, werden zusammen mit Kabbala und Tarot eingesetzt, mit Meditation, Gebeten und Ritualen. Natürlich immer individuell und vorsichtig dosiert. Es gibt sehr viele Könner auf dem Gebiet der Weißen Magie. Dem bekanntesten von allen widmen wir das folgende Kapitel.

Jesus, der große weiße Magier

Das Traurige an unseren Idolen ist, daß sie sich nicht mehr wehren können, wenn sie die Dimension gewechselt haben. Es ist eine schreckliche Unart der Menschen, daß sie verstorbene Vorbilder geradezu aushöhlen, um sie mit ihren eigenen Vorstellungen, Wünschen und Träumen wieder auszustopfen. Das passiert meistens mit Politikern, Künstlern und Wissenschaftlern, die Großartiges geleistet haben. Und wenn sie außerdem auch noch den Märtyrertod erleiden mußten, wenn sie für ihre Ideale sterben mußten, dann eignen sie sich besonders dazu, zu einer Kunstfigur zu werden, die es eigentlich nie gegeben hat.

Beispiele gibt es genug: der große Bürgerrechtler Martin Luther King, die Schauspielerin Marilyn Monroe, der Musiker John Lennon, der Revolutionär Che Guevara oder auch die Kämpferin Jeanne d'Arc, die Jungfrau von Orléans.

Doch über keinen Menschen gibt es mehr Legenden und Erfindungen als über Jesus von Nazareth, der vor 2000 Jahren zum größten Religionsstifter aller Zeiten geworden ist. Es ist dramatisch, wie dieser junge Mann heute für Märchen aller Art herhalten muß. Dabei können wir tatsächlich immer noch viel von ihm lernen – auch in Sachen Weiße Magie.

Wir müssen leider davon ausgehen, daß die Berichte über Jesus, die sogenannten Evangelien des Neuen Testaments, allesamt unzureichend sind. Schon allein die vier Berichtschreiber, die vier Evangelisten, setzen verschiedene Schwerpunkte und widersprechen sich in einzelnen Punkten sogar.

Kein Wunder. Denn die erste Reportage über Jesus wurde erst viele Jahre nach seiner Hinrichtung geschrieben. Da mag schon etliches an Legendenbildung gewirkt haben. Und daß die Evangelien im Laufe ihrer Entstehungsgeschichte immer süßlicher ausfielen, daß Jesus immer mehr zur Lichtgestalt hochstilisiert wurde, ist wohl dem Wirken treuer Anhänger zu verdanken, die an das Gute ihres schönfärberischen Handelns glaubten. Vielleicht fühlten sie sich ja auch göttlich inspiriert, wenn sie eine fantastische Geschichte an die andere knüpften.

Jesus, das wissen wir heute, war nicht nur Schreiner, sondern auch zeitweise Mitglied einer vorchristlichen Sekte, der Essener. Wir können diese Sekte ruhig als Loge bezeichnen, denn sie gab auch Geheimwissen weiter, das jenseits jeder geistigen Auseinandersetzung mit Gott lag.

Er ging dabei, man möge mir den vielleicht arrogant wirkenden Vergleich verzeihen, um ähnliche Kenntnisse, die Jahrhunderte später auch die Hexen lehrten und lernten. Also zu einem großen Teil auch um Heilpraktikertum, um das Wissen über Heilpflanzen und Öle, aber es ging auch um die Kraft von Ritualen, um Geisteskraft.

Die Weiße Magie des Jesus beschränkt sich ja auch in erster Linie auf Heilungen. Zumindest wenn wir den Berichten glauben dürfen, die wir haben. Er konnte etwas, was andere nicht konnten. Er konnte Taube hörend machen und Blinde sehend, Lahme gehend, und er konnte angeblich sogar Tote auferwecken. Nun gut, er stand bestimmt nicht da, hat dreimal Hokuspokus gehustet und dann konnte der Blinde wieder sehen. Er wird wohl die Augen des Patienten mit den richtigen Kräutermischungen behandelt haben, und dazu Gebete gesprochen, um die Selbstheilungskräfte des Patienten zu aktivieren. Dieses Geheimwissen um die Selbstheilungskräfte war den Essenern bekannt.

Im Jahr 1997 fand das erste Mal ein Ärztekongreß statt, der sich mit diesem Phänomen befaßte. Denn immer wieder gibt es sogenannte »Wunderheilungen«, die einige wenige Krebs-

und Aids-Kranke erleben. Beim einen ausgelöst durch Meditation und Religion, beim anderen durch »Schabernack«. Doch wer heilt, hat recht.

Ein bekannter Fall ist der jener bayerischen Bäuerin, die einfach ihre Sense aus dem Keller verbannte, weil sie in diesem Gerät das Symbol für den Tod sah. Sie wußte, wenn sie die Sense entfernt, wird ihr todkranker Mann geheilt sein. Und so war es auch. Obwohl ihr Mann in Ärztekreisen bereits als hoffnungsloser Fall abgeschrieben war. Die Story ging durch alle Zeitungen.

Was ist Selbstheilung? Wie funktioniert das? Die Arbeit der Ärzte um dieses »Wunder« steht noch am Anfang. Jesus aber wußte mehr. Schon vor 2000 Jahren.

Auf die anderen Wunder des Jesus von Nazareth wollen wir hier nicht näher eingehen. Wir haben zu wenig historisches Material darüber. Doch wenn er über das Wasser wandelte, dürfen wir wohl annehmen, daß er eine Untiefe als Weg benützt hat. Und wenn er Wasser in Wein verwandelt hat, wissen wir heute, daß in den von entfernten Gebieten antransportierten Weinamphoren immer ein gewisser Bodensatz aus Frucht und Weinstein war, den man einfach mit Wasser aufgießen konnte. Die angeheiterte Hochzeitsgesellschaft wird den Unterschied zu richtigem Wein nicht bemerkt haben.

Zumal Jesus seine Handlungen ja immer mit Gebeten begleitet hat. Da konnte schon so mancher Sensationsberichterstatter auf komische Gedanken kommen.

Der Aberglaube der Juden war nämlich sprichwörtlich. Sie suchten in jedem Zusammenhang nach Zeichen von oben. Fast noch schlimmer als die Römer, die sogar den Flug der Vögel zu deuten versuchten. Judäa war eine der aufmüpfigsten Provinzen in jenen Tagen – und alle warteten auf einen

Erlöser, der das Zeug dazu hatte, endlich die römische Besatzungsmacht aus dem Land zu werfen. Da glaubten die einen an die Durchsetzungskraft der radikalen Vereinigung der Zeloten, die anderen an Gottes wunderliche Fügungen. Wer immer Wunder tun konnte, und waren es auch nur Taschenspielertricks oder im besten Fall heilpraktische Anwendungen, gab Anlaß zur Hoffnung. Und wer immer von Wundern erzählen konnte, hatte in seinem Bekannten- und Freundeskreis die ungeteilte Aufmerksamkeit.

Der Wunsch und das Interesse der Bibelberichterstatter mußte also darin liegen, Jesus möglichst oft in Zusammenhang mit Wundern zu bringen. Ihn als übermächtigen Freund darzustellen, der sogar in der Lage war, die Naturgesetze auszuhebeln. Dabei hatte er nur ein Wissen erlernt, das andere Leute noch nicht kannten. Die dann nur die Resultate sahen und sich über die Wunder wunderten.

Dennoch dürfen wir Jesus als einen Meister der Weißen Magie sehen. Er tat Sachen, die für seine Epoche unerklärlich waren; und er setzte sein Wissen zum Wohle anderer ein. Er schadete niemandem und half vielen. Was den Herrschenden, sowohl den Juden als auch der römischen Besatzungsmacht, unheimlich war. Ich sehe die Hinrichtung dieses Mannes im direkten Zusammenhang mit den Hexenverbrennungen, zumindest was die Äußerlichkeiten angeht.

Außerdem hatte Jesus das Wissen um die Selbstheilungen. Und ist damit den Ärzten von heute voraus, die daran arbeiten, Geisteskraft zu aktivieren, sie zum Besten der eigenen oder der Gesundheit anderer einzusetzen.

Ob Jesus mit Hilfe seiner Magie sogar den Tod überwinden konnte, ist nicht einwandfrei nachweisbar. Fest steht aber, daß es etliche Menschen gab, die das grausame Geschehen der Kreuzigung überlebt haben. Nachdem Jesus schon am Freitag wieder vom Kreuz abgenommen werden mußte, weil das jüdische Passahfest bevorstand und es Brauch war, die jüdischen Feiertage frei von Gemarterten zu halten, den Feiernden den Anblick gequälter oder toter Menschen zu ersparen, hatte er theoretisch relativ gute Chancen, die Prozedur zu überleben. Freilich nur unter Anwendung gewisser Atemtechniken, die er gelernt haben muß. Denn der Tod am Kreuz trat nicht durch Verwundungen von Nägeln ein, sondern durch Ersticken. Weiße Magie, um den Tod zu besiegen?

Möglich ist natürlich auch, daß er gewisse Kräuter eingenommen hat, um den Schmerz wenigstens einigermaßen erträglich zu machen und bald in Ohnmacht zu fallen. Eine Ohnmacht, die für Außenstehende wie der Tod aussehen mußte. Wieder Weiße Magie?

Der scheintote Jesus ist die wohl griffigste Erklärung, von der wir heute ausgehen können. Daß seine Jünger seinen Leichnam gestohlen haben, um dann später die Mär von der Auferstehung zu verbreiten, ist unwahrscheinlich. Schon während des Verfahrens haben sich die meisten von ihnen aus Angst um ihr eigenes Leben abgesetzt. Auch alle anderen Freunde und Sympathisanten.

Jesus stand nämlich zeitlebens mit den Zeloten im Kontakt, der radikalen Gruppe, von der bereits die Rede war, die die römische Besatzung über Judäa gewaltsam beenden wollte. Jesus hat sich dieser Gruppe nie angeschlossen, weil es ihm um Gewaltfreiheit und Spiritualität ging. Dennoch waren seine Kontakte bekannt. Seine Anhänger hatten also guten Grund, sich in Sicherheit zu bringen. Denn allein der Verdacht auf eine Mitgliedschaft bei den Zeloten hätte die grausamste aller Todesstrafen bedeutet, die Kreuzigung. Eine Denunziation, sogar eine anonyme, hätte genügt. Wie Jahrhunderte später bei den Hexen.

Jesus war ein weißer Magier, dafür gibt es genug Hinweise und Beweise. Das Größte, was er je vollbracht hat: Er hat allein durch die Kraft seiner Meditation und seiner Überzeugungskraft die Philosophie der Nächstenliebe erfinden und verbreiten können. Und das in einer Zeit, in der es um ihn herum nur Rachegötter gab. Daß diese Philosophie oder Religion – nennen wir es, wie wir wollen – bis heute überlebt hat, zumindest in der Theorie, spricht für sich.

Nicht unbedingt schwarzsehen: die Schwarze Magie

Was verstehen wir unter Schwarzer Magie?

Das Wort »schwarz« steht hier für Dunkelheit, Urängste, manchmal auch für das Böse. Genauso wie das Wort »weiß« für Helligkeit, Licht und für das Gute steht. Das hat mit der Geschichte und auch mit den Anfangstagen der Magie zu tun, trifft den Kern der Wahrheit aber nicht unbedingt. Denn man kann mit Schwarzer Magie durchaus auch Gutes tun, sich und andere zum Beispiel vor negativen Einflüssen schützen.

Die Okkultisten unterscheiden die Weiße und die Schwarze Magie seit Mitte des letzten Jahrhunderts. Es war die russische Gräfin Helena Blavatsky (1831–1891), die diese Unterscheidung eingeführt hat. Die sogenannte Schwarze Romantik des Dichters Lord Byron tat ihr übriges. Wobei in diesem Fall »schwarz« mehr für düster, melancholisch und depressiv steht.

Doch eigentlich müssen wir zurück ins alte Babylon, in dem die Schwarze Magie sehr anerkannt war. Namen und Daten kennen wir nicht. Wir wissen nur, um was es ging. Nämlich um Hexerei, Zauberei, um die Anrufung von Verstorbenen und um den Zauber mit der Kraft der Toten (Nekromantie). Inwieweit wir diese Definition heute noch gelten lassen können, sei dahingestellt.

Fest steht nur, daß es immer um etwas ging, vor dem die Menschen auf irgendeine Art Respekt oder sogar Angst hatten. Das waren in den Urzeiten unerklärbare Kräfte wie Gewitter und Hagelsturm; heutzutage mögen das Krankheiten wie Krebs oder Aids sein. Es ist durchaus im Bereich des Möglichen, daß in 200 Jahren jeder über solche »schwarze« Gefahren lacht, weil sie dann voll erklär- und heilbar sind. Und damit ihr unheimliches Element verloren haben. Hoffen wir's.

Die Begriffe schwarz und weiß – nehmen wir sie einfach mal als Synonyme für gut und böse – haben aber auch mit der jeweiligen Zeit, dem jeweiligen Ort und der jeweiligen Kultur zu tun, in der wir uns gerade befinden. War es bei den alten Römern noch Brauch und »gute« Sitte, nach den Gladiatorenkämpfen das Blut der getöteten Kämpfer zu trinken (um deren Kraft zu übernehmen), so erscheint uns das heute als barbarischer und abstoßender Unsinn. Wie die ganzen Gladiatorenkämpfe an sich.

Doch wir müssen nicht einmal zurück ins alte Rom, um Kultur- und Gut-und-böse-Unterschiede aufzuzeigen. Hahnenkämpfe in Lateinamerika und Stierkämpfe in Spanien und Portugal sind immer noch Zündstoff im Verhältnis zwischen Mitteleuropäern und und der dortigen Bevölkerung.

»Gut« und »böse« sind also zeit-, kultur- und regionenabhängig. Und damit auch schwarz und weiß.

Betrachten wir doch nur einmal das meistverkaufte Buch der Welt, die Bibel. Und sehen wir es doch endlich als das, was es wirklich ist: das widersprüchlichste Buch der Welt. Von »Auge um Auge, Zahn um Zahn« bis hin zu »Liebe deinen Nächsten wie dich selbst, verzeihe deinen Feinden« ist alles geboten.

Wir Hexen – ich meine jetzt die modernen Hexen – lassen also kulturelle und zeitbezogene Zwänge nicht mehr gelten.

Was heute gut ist, kann morgen schon gesellschaftlich verachtet sein. Wir arbeiten also mit einer neuen Kraft. Wir arbeiten mit der Grauen Magie, einer Verbindung aus Schwarzer und Weißer Magie.

Kein Mensch kann immer gut sein. Ich als Hexe habe Angst um Leute, die sich mit »positivem Denken« in einen Zustand versetzen, als hätten sie ständig Valium eingenommen. Wir bekommen jeden Tag so viele negative Einflüsse verpaßt, daß die auch ihren Kanal finden müssen, um wieder abzulaufen. Wer alles positiv in sich hineinfrißt, wird eines Tages an Krebs erkranken. Ganz sicher. Ein sinnvolles und ganzheitliches Leben kann nur aus dem richtigen Nebeneinander und Miteinander aus Weiß und Schwarz bestehen. Ich weiß, daß mir in diesem Punkt viele meiner Mitstreiter, die sich Psychiater nennen, recht geben.

»Jesus, Jesus, Amen, Amen«

Es ist einfach mehr als wichtig, gerade für mich, die Mittel und Wege der Schwarzen Magie zu kennen. Denn sonst kann ich mich ja nicht vor deren negativen Einflüssen schützen.

In diesem Zusammenhang will ich eine persönlich erlebte und erlittene Geschichte erzählen. Ich erkrankte an teuflischen Bauchschmerzen, schwitzte literweise Wasser, verlor die Stimme. Der Notarzt kam mit Blaulicht, fuhr mich ins Krankenhaus München-Schwabing. Der Verdacht der Mediziner lief in Richtung Magendurchbruch. Eine Woche lang haben mich die Ärzte mit ihren Arzneimitteln gequält, doch eine Besserung war nicht feststellbar. Die Ärzte hielten mich für eine Hypochonderin.

Mir fiel Gott sei Dank ein, daß ich kurz vor meiner Erkrankkung einen russischen Magier getroffen hatte, der mit Schwarzer Magie arbeitete. Er hatte mich wohl verhext. Mag sein, daß das von seiner Seite aus unabsichtlich und aus Versehen passiert ist. Trotzdem sagte ich mir immer wieder die Worte »Jesus, Jesus, Amen, Amen« vor, ständig und immer wieder. Weil das heilbringende Worte aus der christlich-hebräischen Tradition sind. Ich verwendete diese Worte wie einen Rosenkranz. Oder wie ein hinduistisches Mantra. Wie »Gegrüßest seist du Maria« oder »Hare krishna, hare rama«. Wieder und immer wieder. Wie ein Automat. Kurz darauf wurde ich als geheilt aus dem Hospital entlassen. Für die Ärzte von damals ist mein Fall wohl noch immer ein großes Rätsel.

Ist Voodoo Schwarze Magie?

Um diese Frage gleich unumwunden zu beantworten: nein. Das Wort Voodoo heißt ursprünglich einfach »Gott« bzw. »Geist«. Wer bei Voodoo immer nur an Püppchen denkt, in die man Nadeln sticht, um jemandem zu schaden, ist von vorgestern. Die Palette dieser afrikanischen Naturreligion, die in der Neuen Welt bekannt wurde, ist nämlich viel größer und wirkungsvoller.

Natürlich gibt es Beispiele von Püppchen und Nadeln, mit denen Gegner in ihre Schranken verwiesen wurden. Es gibt sogar dramatische Todesfälle. Ein Übeltäter, der aus der Dorfgemeinschaft eliminiert werden soll, erhält vor der Tür seines Hauses oder seiner Hütte eine magische Kombination aus Federn und Knochen. Innerhalb kürzester Zeit stirbt er. Meistens ist die Todesursache des Delinquenten Herzversagen. Er muß diese rituelle Kombination nur sehen, und schon ist er verloren. Das ist belegt, oft genug beschrieben und bewiesen; ich brauche also hier keine Dokumente zu zitieren oder anzuführen.

Doch Voodoo kann mehr. Voodoo kann heilen und lindern, Voodoo kann – übrigens auch mit Püppchen – Familienmitgliedern und Freunden Glück bringen. Voodootrommeln, ich habe es schon vorhin erwähnt, sind ein probates Mittel gegen Herzrhythmusstörungen. Auch ich benutze die Trommel, wenn ich ein Voodooritual ausführe. Voodoo ist also weder schwarz noch weiß, sondern grau!

Der Weg in die Schwarze Magie

Es fängt meistens ganz harmlos an. Jugendliche sitzen beisammen und beschließen dann bei Kerzenlicht und unheimlicher Musik, Geister von Verstorbenen anzurufen. Eine Séance beginnt, das altbekannte Tischerücken wird ausprobiert. Ein Partyspaß. Vielleicht versucht einer aus der Gruppe sogar, etwas Ähnliches wie eine Schwarze Messe zu initiieren.

Oft müssen sich dann diese Jugendlichen selbst darüber wundern, welche Ergebnisse sie mit solch einer Aktion bewirken. Es kann nämlich wirklich sein, daß trotz aller Partylaune und trotz aller Leichtfüßigkeit eine Reaktion aus der Welt der Toten kommt. Das Ergebnis: Verwirrung, Hilflosigkeit. Einzelne Partygäste brauchen ärztliche oder sogar psychiatrische Hilfe. Ich rate also dringend von solchen Aktionen ab. Eine Séance ist alles andere als ein Feierabendvergnügen, das muß man können. Und man muß auch wissen, was dabei passieren kann.

Ich erzähle die Geschichte eines guten Freundes. Dieser Freund brachte seinem sizilianischen Kumpel, mit dem er Jahre zuvor in einer Wohngemeinschaft gelebt hatte, eine Gitarre und diverse Effektgeräte nach Lipari/Sizilien mit. Der Kumpel war ein Jimi-Hendrix-Fan und wollte fleißig daran arbeiten, dem Instrument ähnliche Töne zu entlocken wie seinerzeit sein großes Vorbild. Nach zwei Wochen gab er auf und dübelte die Gitarre fest an die Wand seines Zimmers. Als Andenken für Jimi und für seinen Versuch, ihm nahe zu sein.

Mein Freund berichtete: »Die Gitarre hing mehrere Wochen einfach nur so da, fest verdübelt. Dann hat mein Freund beschlossen, eine Hendrix-Séance zu veranstalten. Ich habe mir an die Stirn getippt und ihm den Vogel gezeigt, weil ich an so etwas nicht glauben konnte. Außerdem kam gerade Besuch aus Bologna, ein sympathisches Pärchen. Das Mädchen hieß Alicia, und sie fand die Idee mit der Séance ganz toll. Ich überhaupt nicht. Ich hielt das alles für Quatsch. Nach ein paar Räucherungen mit Räucherstäbchen, nach ein paar rituellen Worten und Gesten, die ich nicht verstanden habe, wurde es Alicia auf einmal ganz schlecht. Sie krümmte sich auf dem Boden und brabbelte in Englisch, daß im Moment niemand Zeit hat und daß wir aufhören sollten. Sie hatte sogar einen leichten Akzent drauf. Es war nicht der Akzent von Hendrix, aber mehr als bloßes Schulenglisch. Inhaltlich ging es nur darum, daß wir aufhören sollten mit unserer Séance. Alicia hat gesabbelt. Spucke lief ihr aus dem Mund. Ich stand dann wütend auf, habe sie gepackt, habe meinen sizilianischen Kumpel beschimpft, wie er so einen Unsinn veranstalten kann. Als wir durch die Tür gehen wollten, nach draußen, ich weiß es noch wie heute, das Herz blieb mir stehen: Die Dübel haben sich gelöst, die Gitarre fiel auf den Boden. Aber das ist nicht die wichtigste spirituelle Erfahrung dieses Erlebnisses, denn die kam erst am nächsten Morgen. Alicia fragte mich nach dem Aufwachen, was denn los war. Ich erzählte ihr alles, auch ihren englischen Text. Worauf sie mich laut auslachte. Und mir sagte, daß sie nur Italienisch und ein bißchen Deutsch sprechen könne, aber kein einziges Wort auf englisch. Geschweige denn in Dialekt.«

Mein Freund hat das alles weggesteckt und verarbeitet, Alicia ist heute noch in psychiatrischer Behandlung. Fast 20 Jahre nach diesem Treffen mit einem unbekannten Geist! Der übrigens meiner Meinung nach bestimmt nicht Jimi Hendrix war.

Der Fluch der Macht

Wieder zurück zum Alltagsleben. Schwarze Magie fängt ja schon in einem viel kleineren Rahmen an. Die schwarze Katze, die von links nach rechts über die Straße läuft, ist genauso ein Unheilsbringer wie Freitag, der 13., sofern man daran glaubt. Unbewußt wird man sich darauf einstellen, daß dieses oder jenes Unglück geschieht, und schon ist es passiert. Es ist nicht die Katze, und es ist auch nicht der Freitag, das wissen auch moderne Hexen, sondern es ist die Geisteskraft, die wir diesem Tierchen oder diesem Wochentag geben. Und damit hat die Katze Macht. Und der Freitag auch.

Forscher aus Amerika haben inzwischen herausgefunden, daß selbst der Name einer Person ausschlaggebend ist. Männer mit den Initialien D.I.E (Sterben), R.A.T. (Ratte) oder P.I.G. (Schwein) sterben im Durchschnitt 2,8 Jahre früher. Dagegen leben Männer mit Initialen wie V.I.P. (Prominenter), J.O.Y. (Freude) oder auch G.O.D. (Gott) durchschnittlich

4,5 Jahre länger. Hat der Name Macht? Ein Psychologe sagt dazu: »Das hängt mit dem Selbstwertgefühl des Menschen zusammen, das sich positiv oder negativ auswirkt.« Namen sind also nicht nur Schall und Rauch.

Fängt hier schon die Schwarze und die Weiße Magie an? Wir wissen es nicht, aber wir können zielstrebig in diese Richtung weiterforschen.

Schwarzmagier, ihre Zutaten, ihre Rituale

Alles, was ich im vorherigen Kapitel »Weiße Magie« ausgeführt habe, trifft auch auf die Schwarze Magie zu. Die Kultgegenstände und die Mittel sind fast dieselben. Es kommt also nur darauf an, was wir daraus machen. Wir können mit Wasser einen Menschen vor dem Verdursten retten, wir können ihn aber auch ertränken. Wir können mit einem Messer freundschaftlich das Brot teilen, wir können aber damit auch einen Menschen verletzen oder gar töten.

Rituale, Altäre, Zeremonien, Opfer, Räucherungen, Öle, Kerzen, Talismane und Amulette, Musik, Feuer und Kerzen, Kräuter, bekannt aus der Weißen Magie, sind auch die wichtigsten Zutaten für die Schwarzmagier. Es kommt immer darauf an, ich kann es nicht oft genug wiederholen, welchen Geist wir in all das hineinlegen.

Dennoch gibt es darüber hinaus einige Punkte, an denen wir Schwarzmagier festmachen können. Sie verwenden auf den Kopf gestellte Kreuze, gestürzte Runen, Drachensymbole und Drachenfiguren, den Ziegenbockkopf (als Symbol oder in natura), schwarze Kerzen, Hühnerkrallen und -köpfe,

Menschen- und Tierblut. Sie gehen oft auch so weit, daß sie Tiere (zum Beispiel schwarze Kaninchen) oder sogar Babys für grausame Opferrituale einsetzen. Bestimmt nicht überall, auch nicht an jeder Ecke und an jedem Tag. Die Presse ist voll mit einschlägigen Berichten. Im Extremfall steigert sich das Ganze in einen Satanskult, auf den wir im nächsten Kapitel eingehen wollen.

Und hier ist die Grenze!

Wer sich die Hoffnung gemacht hat, daß ich in diesem Kapitel einige schwarzmagische Rituale preisgebe, den muß ich enttäuschen. Die Schwarze Magie ist zu heikel, als daß man mit ihr leichtfertig umgehen dürfte. Natürlich bin ich vertraut mit der Materie. Und ich werde im Zweifelsfall, wenn ich einem Klienten oder Freund helfen will, auch auf schwarze Mittel zurückgreifen, wohldosiert. Aber der Gedanke, daß jemand mit diesem Buch in der Hand gefährlichen Unsinn anstellen könnte, aus Versehen oder aus einem Mißverständnis heraus, macht mir angst.

Ich bin mir sogar nicht einmal mehr sicher, ob nicht schon die weißen Rituale zu weit gehen. Nehmen wir doch nur das Thema aller Themen, die unerfüllte oder auch die bedrohte Liebe. Ich habe drei Rituale vorgestellt. Sind sie wirklich weiß? Oder will ich nicht die Liebe eines Menschen erringen, sondern die Macht über ihn? Wäre es prinzipiell nicht viel sinnvoller, Gott oder die Götter um eine erfüllte Partnerschaft zu bitten, mit wem auch immer? Vielleicht ist ja der geliebte Mensch bei jemand anderem viel besser aufgehoben als bei Ihnen? Vielleicht sind Sie nur verknallt bis über beide Ohren und sehen die Realität nicht mehr? Es wäre ungeschickt bis töricht, jetzt mit Hexenritualen vorzugehen. Und mit Schwarzer Magie kommen Sie bei diesem Thema ohnehin nicht weiter, darauf kann ich Ihnen Brief und Siegel geben.

Hitler, der bekannteste Schwarzmagier

Wann immer wir in der Weltgeschichte nach dem größten Schurken aller Zeiten suchen, fällt der Name Adolf Hitler. Nichts anderes verbreitet soviel Abscheu und Angst wie dieser Name. Bei den Älteren ruft er schreckliche Erinnerungen wach; die Jüngeren denken mit Schaudern an das, was sie in der Schule über ihn gelernt haben. Selbst gräßlichste Diktatoren und Menschenverachter wie Idi Amin aus Uganda, dem sogar der Vorwurf des Kannibalismus gemacht wurde, können nicht so viele Emotionen wachrufen wie Hitler.

Dabei geht es nicht nur um das schreckliche Ausmaß seiner Greueltaten. Es geht auch um die Aura des Wahnsinns um ihn herum, die aus seinem Blick – selbst auf Fotos sichtbar – hervorgeht. In Filmdokumenten erkennen wir die schreckliche Überzeugungskraft dieses Mannes, seine Rede- und Gestenkunst. Beides kann uns heute antiquiert erscheinen – das gewisse Etwas ist dennoch immer da.

Freilich müssen wir hier festhalten, daß Hitler ohne viele Helfer nicht möglich gewesen wäre. Daß selbst ein begnadeter Redner wie eben Hitler nur dann überzeugen kann, wenn er aufnahmebereite Zuhörer vorfindet. Es ist Unsinn zu behaupten, daß all das Böse nur von diesem Mann ausging. Hitler und seine Vollstrecker konnten das Volk nur verführen, weil es verführt werden wollte.

Doch wir wissen heute, daß es darüber hinaus noch eine weitere Kraft gab, die diesen Mann so mächtig gemacht hat. Hitler war Schwarzmagier. Und es gibt gewisse Gründe, weshalb man ihn sogar als Satanisten bezeichnen muß.

Nein, nicht in dem Sinne, daß Hitler mit dem Teufel im Bund stand oder gar der Teufel persönlich war, das personifizierte Böse. Das sind Redewendungen, mit denen man heute das Thema gern auf den Punkt bringt. Um sich weiteres Nachdenken ersparen zu können. Tatsache aber ist, daß Hitler tatsächlich auf den Rat von Schwarzmagiern hörte und auch Mitglied in diversen Geheimlogen war. Er bediente sich, oft ungelenk, der Kraft dieser Verbindungen. Ihm selbst fehlte wohl der Intellekt, persönlich in dunkle Sphären vorzustoßen. Doch er war fasziniert davon.

Doch zunächst einmal war Hitler ein geltungssüchtiger Psychopath. Gestört durch sein krankes Verhältnis zur Mutter suchte er immer wieder nach Anerkennung von außen. Zuerst als Kunstmaler, dann als Politiker. In der heutigen Zeit wäre er vielleicht Rennfahrer oder Rockstar geworden.

Hitler war gesundheitlich schwer angeschlagen. Schon in jungen Jahren hat er alle Schmerz- und Beruhigungsmittel durchprobiert, Strichnin und Peyote gekostet. Seine späteren ständigen Begleiter waren Kokain und Morphium. Das wissen wir aus den Berichten seines Leibarztes Dr. Morell.

Ein Mann auf der Suche nach der großen Erfüllung. Erste Lichtblicke fand er dann in der Zeitschrift »Ostara«. Sie war das Organ von Lanz von Liebenfels und Guido von List. Beide waren Vertreter der sogenannten Ariosophie. Wesentlicher Kernpunkt dieser Lehre: die mystische Verklärung der arischen Rasse. Was gleichzeitig bedeutete, daß alle Menschen, die nicht dieser arischen Rasse angehörten, als minderwertig und sogar als Feinde betrachtet werden sollten. Mit Sprachstammforschungen, später dann sogar mit so abstrusen Methoden wie Ausmessen der Kopfform etc. wurde bestimmt, wer zur Familie der auserwählten Arier gehören durfte und wer nicht. Die Juden zum Beispiel durften es nicht.

List propagierte, daß sich die Arier nicht mit anderen Völkern vermischen dürften. Außerdem, daß Leute, die in arischen Staaten in den Beamtenstatus erhoben werden sollten, die Reinheit ihres Stammbaumes zu beweisen hätten. List war Mitglied einer Geheimloge, gründete später dann seine eigene, die Guido-von-List-Gesellschaft. Er schrieb auch Bücher. »Die Religion der Ario-Germanen in Esoterik und Exoterik« und »Das Geheimnis der Runen«. Vorrangiges Ziel dieser Loge war die Reinhaltung der arischen Rasse, um dann die Weltherrschaft der Arier über die anderen Völker einzuleiten.

Ein vielversprechendes Lesefutter für den jungen Adolf Hitler. Ganze Passagen aus »Ostara« hat er abgekupfert, um sie dann in seinem Machwerk »Mein Kampf« wiederaufzubereiten.

List und Liebenfels standen in engem Kontakt mit der Thule-Gesellschaft, die ähnliche Ziele verfolgte. Mit einem sadistischen Ritual ist Hitler in diese Gesellschaft aufgenommen worden. Weitere Nazigrößen waren dabei: Julius Streicher, Hans Frank, Rudolf Hess und etliche mehr. Der alte Thule-Gruß »Heil und Sieg« wurde von Hitler adaptiert und mit »Sieg Heil« abgekürzt.

Freiherr Sebottendorff gründete die Thule-Gesellschaft in Bad Aibling. Schon von Anfang an wurde hier Schwarze Magie betrieben. Mit Praktiken der Golden-Dawn-Loge, die fürs erste einfach übernommen wurden. Es ging dabei um Runendeutung und deren Anfertigung, um Rituale und sogar Blutopfer.

Hitler interessierte sich immer mehr für die Schwarze Magie. Und die Schwarzmagier interessierten sich immer mehr für ihn, je mächtiger er wurde. Die gemeinsame Antriebsfeder von beiden Seiten war die Gier nach Macht, wie immer bei Schwarzer Magie. Es ist bekannt, daß es unzählige Querverbindungen zwischen SS und den Schwarzen Magiern gab.

Darum ist es auch kein Wunder, daß vieles für den psychologischen Überbau der SS und der NSDAP direkt aus schwarzmagischen Kreisen kam. Er konnte den Politikschaffenden fast in den Notizblock diktiert werden.

Historisch bewiesen ist es nicht, aber wir müssen heute davon ausgehen, daß Hitler auch noch bei anderen Schwarzen Logen Mitglied war. Bei der Schwarzen Sonne (man beachte das spätere Geheimpolizeikürzel SS, SS wie Schwarze Sonne), die übrigens sehr viel Unterstützung von Dominikanern- und Jesuitenmönchen erfuhr, beim O.T.O. und bei der berüchtigten 99er Loge mit je 99 Mitgliedern in 99 Ländern. Eines davon soll Hitler gewesen sein. Wenn er irgendwo beitreten wollte, konnte man ihm aufgrund seiner Position diesen Wunsch nur schwerlich abschlagen.

Und warum sollte man auch? Mächtig ist nur, wer auch mächtige Verbündete hat. Hitler griff nach den Sternen. Und zog bei wichtigen Entscheidungen immer den Rat von Astrologen hinzu. Er griff mit seinen Truppen immer nur dann an, wenn die Sterne ungünstig für den betroffenen Staat standen. Dadurch wurde er berechenbar. Denn auch die andere Seite bediente sich der Hilfe der Sterndeuter.

Hier sehen wir wieder, wie mächtig und weltumspannend das Feld der Magie ist. Es sind eben nicht nur irgendwelche irren Spinner in Hinterzimmern, die sich damit beschäftigen – es geht um Weltpolitik und um das Leben von Millionen Menschen. Übrigens auch heute noch.

Das Seltsame dabei ist, daß die Mächtigen stets darauf bedacht sind, solche Zusammenhänge nicht an die Öffentlichkeit geraten zu lassen. Aus Gründen der Geheimhaltung und vielleicht auch, weil man den intellektuellen Philosophen keine Angriffsfläche bieten will, wird nicht nur Diskretion, sondern sogar offene Feindschaft demonstriert. Auch unter Hitler. Schon 1937 wurden alle Freimaurer und okkulten Organisationen zwangsweise aufgelöst; und vier Jahre zuvor haben schon die führenden Köpfe solcher Logen Deutschland freiwillig verlassen. Gehörte das zur geheimen Taktik oder war ihnen der Führer trotz aller Verbindungen nicht geheuer? Wie die Kontakte trotzdem weiterhin bestanden, liegt im dunklen. Im wahrsten Sinne des Wortes.

Hitler geriet im Lauf der Zeit immer mehr in einen Strudel aus grenzenlosem Machthunger und gierigem Interesse an weiteren schwarzmagischen Ritualen. Schließlich fand er sich ja bestätigt: Das ist der Weg nach ganz oben, weiter so.

Das ging sogar soweit, daß er die Grenzen der Schwarzen Magie sprengte und in den Bereich des Satanismus eintrat. In der Wiener Hofburg ist in der Habsburgerschatzkammer der Speer des Longinus gelagert. Die Legende sagt, daß mit diesem Speer Jesus am Kreuz durchbohrt worden ist. Sie sagt weiterhin, daß derjenige, der diesen Speer für sich beansprucht, Weltherrscher sein kann oder wird. Hitler hat nicht nur diesen Speer gesehen, sondern daneben auch den leibhaftigen Teufel. Behauptete er zumindest. Und er hat mit ihm einen Bund geschlossen.

Diese Geschichte soll schon 1912 passiert sein. Wir können uns nur auf Berichte verlassen (Trevor Ravenscraft: »The Spear Of Destiny«). Und diese Berichte werden von Historikern in Zweifel gezogen.

Hat Hitler eine Psychose gehabt? Hat er dieses Erlebnis vielleicht nur erfunden, um sich im nachhinein wichtig zu machen? Hat der Berichterstatter diese Geschichte vielleicht nur erfunden, um sein Buch an den Mann zu bringen? Gibt es eine natürliche Erklärung? Oder eine übernatürliche?

All das spielt meiner Meinung nach keine Rolle. Denn auf welchem Weg auch immer: Satan hat seine Finger im Spiel gehabt. Der eventuelle Beweis, daß die Reportage über den Speer des Longinus gefälscht oder zumindest übertrieben ist, ja sogar der Beweis, daß dieser Speer eine Fälschung ist, ein gut gepflegter Mythos, all das hilft hier nicht weiter. Denn die Zusammenhänge passen ineinander.

Jeder ist ein Dummkopf, der nach der Quelle fragt, wenn der Fluß über die Ufer getreten ist. Und kein einziger ermordeter Soldat, kein einziger Sinti, Roma, Jude, Pole, Russe oder Franzose hat etwas davon, wenn man über diesen Speer oder seinen Besitzer Longinus spekuliert.

Zur Wahrheit gehört für uns Hexen das Wissen um die Buchstabendeutung. Kabbala ist eine alte jüdische Kunst, einst als Geheimwissenschaft gehandelt. Unter Berücksichtigung der Planeten, der Schöpfung und vieler anderer Faktoren wird ein Buchstabensystem in ein bedeutungsvolles Zahlensystem umgewandelt. Aus dem man dann gewisse Schlüsse auf die Vergangenheit und die Zukunft ziehen kann. Wir haben das Thema Kabbala schon behandelt.

Nicht nur die Juden sind Meister dieser Kunst, auch andere Kulturgemeinschaften. Sie haben eigene und unverwechselbare Systeme entwickelt – Sinn und Zweck der Übung bleiben stets gleich.

Adolf Schickelgruber hat sich den Künstlernamen Adolf Hitler gegeben. Die Gründe dafür sind nur ihm selbst bekannt. Er fühlte sich wie Hitler, er nannte sich Hitler, er war und ist Hitler. Namen, die sich Menschen selbst geben, haben oft eine tiefere Bedeutung als ihre angeborenen. Ich gehe davon aus, daß der tragisch verstorbene Schlagersänger Roy Black (black = schwarz) sicher gern Black Music gemacht hätte, Rock 'n' Roll mit Soul. Im Gegenzug dazu fällt mir der Schwarzkubaner Roberto Blanco ein (blanco = weiß), der bestimmt oft unter seiner Hautfarbe gelitten hat. Im deutschen Exil gleich zweimal. Der Name bedeutet also etwas, auch und besonders der Künstlername.

Davon geht Kabbala aus. Und alle anderen Buchstabendeutungssysteme auch. Ich habe den Namen Adolf Hitler mit allen Systemen, die mir bekannt sind, bearbeitet. Die Bedeutung, die dabei herauskommt, ist immer wieder dieselbe: Vernichtung und Tod.

Satanskult auf Teufel komm raus

Wo kommt der Satanskult eigentlich her?

Gleich zu Beginn dieses Kapitels: Die Herkunft dieses düsteren Treibens ist heute nicht mehr auszumachen. Denn schon von jeher gibt es in uns Menschen den Kampf zwischen Gut und Böse, zwischen heilig und unheilig. Wobei, ich habe schon darauf hingewiesen, die Begriffe »gut« und »böse« oft durch die jeweilige Zeit und durch den jeweiligen Kulturkreis gekennzeichnet sind. Was gestern gut war, ist heute vielleicht böse – und was in Brasilien zum guten Ton gehört, kann in Deutschland Empörung hervorrufen. Und umgekehrt.

Tier- und Menschenopfer haben eine lange Tradition. Auch das Judentum, das heute als Wurzel der monotheistischen Religionen gefeiert wird, hat seine dunkle Vergangenheit. Die Hebräer opferten dem Moloch. Wobei Moloch der Name für den großen Teufel oder für das Böse ist. Selbst als die Juden schon ihre Zehn Gebote hatten, nachdem Moses sie auf einen einzigen Gott eingeschworen hatte, gab es Lücken und Ungereimtheiten. Das fünfte Gebot zum Beispiel (»Du sollst nicht töten«) bezog sich nämlich ausschließlich auf jüdische Stammesangehörige. Tiere, Feinde, Sklaven, ja sogar Frauen durften weiterhin getötet und auch geopfert werden. Reste eines

Satanskultes? Versuche, einen allmächtigen Gott mit Blutopfern gnädig zu stimmen?

Wir wissen von den grausigen Ritualen der Maya und der Inka, von immer noch praktizierten Witwenverbrennungen der indischen Hindus, und wir wissen auch, daß die christlichen Kirchen selbst im 20. Jahrhundert noch die Waffen gesegnet haben. Du sollst nicht töten?

Was ist mit den staatlich verordneten Hinrichtungen? China liegt laut dem letzten Bericht von Amnesty International an einsamer Spitze in der Ausübung dieses schrecklichen Rituals. Und auch das Zivilisationswunder Amerika macht vor solchen Grausamkeiten nicht halt. Die Todesstrafe als Rache? Oder als Disziplinierungsinstrument wegen ihres Abschreckungsgehaltes? Oder immer noch ein Opfer? Denn man opfert ja jemanden. Und wenn es »nur« der Gesetze wegen ist. Reste eines Satanskultes?

Historisch belegbar ist der Satanskult erst seit den Praktiken der berühmten Madame La Voisin (hingerichtet 1680) aus Paris. Daß wir Hexen mit dem Teufel im Bunde stehen könnten, ist eine Erfindung der katholischen Kirche, die uns aus dem Weg schaffen wollte. Und vielleicht noch will. Hexenkult und Satanismus haben nämlich nichts miteinander zu tun.

Zurück zu Frau La Voisin. Sie führte satanische Praktiken in Pariser Hofkreisen aus. Das ging soweit, daß Neugeborenen im Rahmen einer großangelegten Zeremonie die Kehle durchgeschnitten wurde, um das Blut der Babys als Badewasser mißbrauchen zu können. Die Mätressen des Königs glaubten nämlich, daß sie die ewige Jugend erlangen könnten, indem sie in Babyblut badeten.

Madame La Voisin endete grausam. Sie wurde in siedendem Öl zu Tode gekocht.

Ihre Saat aber ist aufgegangen. Aus dem Umfeld des Dichterkreises der schwarzen Romantik sind viele satanische Rituale bekannt und belegt. Und auch in anderen Ländern gibt es satanische Aktivitäten. In den USA gründete H. W. Longfellow eine Sekte namens Re-Theurgistische Optimaten; in England entstanden unter der Leitung eines H. J. Prince die Agapenomiten.

Am bekanntesten aber ist wohl Aleister Crowley, der seit 1910 bei der Organisation O.T.O. mitmachte und sie zu einem riesigen Machtapparat ausbaute. Die Abkürzung steht für »Orientalischer Templer-Orden«.

Crowley war unter anderem Dichter und Schöngeist; und es gibt viel über ihn zu erzählen. Wir heben uns seine Geschichte und seine magischen Experimente für das nächste Kapitel auf. Jetzt nur soviel: Crowley empfand sich als »das Tier« aus der Apokalypse des Johannesevangeliums, als die Inkarnation des Bösen. »Das Tier«, so die Bibel, darf vor dem Weltuntergang noch einmal richtig wüten. Seine magische Kennzahl ist »666«.

Bitte gehen Sie doch einmal offenen Auges durch Ihre Stadt. Fallen Ihnen nicht auch die Kunstwerke der Graffitisprayer auf? Und wie oft sehen Sie die Zahlenkombination »666«? Deutliche Hinweise für satanische Aktivitäten.

In diesem Zusammenhang ist es vielleicht ganz spannend zu erfahren, daß auch Rudolf Steiner zeitweilig Mitglied bei O.T.O. war. Ob das die Eltern wissen, die Steiners Lehren vertrauen und ihre Kinder in die Waldorfschulen schicken?

Heute ist die mächtigste teuflische Organisation in Kalifornien zu suchen, »The Church of Satan«. Sie hat Ableger in Holland, Italien, Deutschland, in Osteuropa, im tiefsten Rußland. Immer wieder verschwinden auf geheimnisvolle Weise Obdachlose, die wahrscheinlich bei Opferritualen ums Leben gekommen sind. Keiner sucht nach ihnen. Und keiner kann der Church of Satan irgend etwas Illegales nachweisen.

Ich war vor kurzem in Kalifornien, um mir das Hauptgebäude dieser sogenannten »Church« (Kirche) anzuschauen. Es geht hier um keinen Geheimbund, sondern um eine offen arbeitende Organisation. Die übertriebene Religionsfreiheit in den USA macht's möglich. The Church of Satan hat Zeitungen, Internet-Homepages, offizielle Feiern. Und hinter vorgehaltener Hand haben alle Angst vor ihr. Mir sagte bzw. flüsterte ein Mann auf der Straße zu, daß man sich mit denen besser nicht anlegt. Sonst geht's einem an den Kragen.

In England gibt es heute den Wiccakult, in Frankreich »Das Schwarze Licht« und »Die Söhne des Feuers«. Weit verbreitet und mächtig. Aber auch die vielen kleinen Splittergruppen überall auf der Welt, ob sie nun zehn oder hundert Mitglieder haben, sind nicht zu unterschätzen. Aber davon später.

Was diese Gruppen gemeinsam haben: Sie erkennen Satan als Gott an, als den wahren Gott. Sie glauben an den Sieg des Bösen über das sogenannte Gute. Sie verneinen Gott, indem sie den Namen Jahwe umdrehen, rückwärts lesen und das dann als den wahren Namen Satans bezeichnen. Der deutsche Teufel und der islamische Scheitan, der lateinische Luzifer und wie sie alle heißen – sie alle haben denselben Ursprung. Zumindest von der Idee her. Immer geht es um die Umdrehung von ethischen Werten und Ritualen, immer geht es um deren Perversion und Entweihung.

So wird zum Beispiel ein weißes Ritual wie die christliche Messe zur sogenannten »Schwarzen Messe« umfunktioniert, in der all das betrieben wird, was die Christen als Sünde ansehen. Vom Blutopfer bis zum hemmungslosen Gruppensex ist in solchen »Messen« alles geboten. Daß sie vorzugsweise ausgerechnet in der Nacht vor hohen christlichen Feiertagen

(Karfreitag, Ostern, Johannistag, Allerheiligen usw.) praktiziert werden, versteht sich fast von selbst. Ebenso wie die Tatsache, daß ein auf den Kopf gestelltes Kreuz eines der wichtigsten Utensilien (Amulett? Fetisch? Talisman?) der Satanisten ist. Diese krampfhafte Reaktion auf alles Weiße wirkt direkt lächerlich. Doch tut sie ihre verheerende Wirkung.

Der Satanismus ist weltweit verbreitet. Ich will jetzt gar nicht auf die einzelnen Gruppen eingehen, denn ich will weder ihre Ziele beschreiben, noch für sie Reklame machen. Trotzdem sollte man folgende Namen und Abkürzungen kennen: Fraternitas Saturni, Ordo Saturni, O.T.O., Thelema, Helter Skelter, Church of Satan, Solar Lodge, The Process Church of the Final Judgement, Astrum Argentum (A.A.), Temple of Set. Darüber hinaus gibt es noch jede Menge Phantasienamen und -kürzel, hinter denen oft lokal und regional sehr einflußreiche Organisationen stecken. Außerdem gibt es Querverbindungen zur sogenannten Scientology-Church und anderen Institutionen mehr.

Ich bitte Sie dringend, in Ihrem eigenen Interesse, satanische Organisationen zu meiden, wie… ja, ein besseres Bild fällt mir hier nicht ein… wie der Teufel das Weihwasser. Deshalb, und nur deshalb, die Aufzählung der Namen.

Aleister Crowley, der unfreiwillige Apostel des Neosatanismus

Die Satansjünger oder wie man ganz früher sagte, die Teufelsanbeter, erfuhren Anfang des 20. Jahrhunderts einen ungeheueren Aufwind. Der Anstoßgeber war ein Magier, der sich in seiner Jugend dem Satanismus zuwandte. Aleister Crowley

(1875–1947) ließ kein Experiment aus und fürchtete kein noch so gräßliches Ritual. Er hatte keine Angst vor nichts und niemandem. Dadurch waren ihm alle Wege offen.

Die Familie Crowley aus dem englischen Plymouth war sehr religiös. Die Crowleys gehörten der christlichen Quäkersekte an. Das wichtigste Buch, das in dieser Familie immer wieder die Runde machte und zitiert wurde, war also die Bibel. Auch der junge Aleister wurde immer wieder damit konfrontiert. Und fühlte sich dadurch anfangs belästigt.

Kann es sein, daß sein Geburtsjahr etwas damit zu tun hatte? Als Crowley geboren wurde, begann laut einer Lehre der Golden-Dawn-Loge eine neue Phase in der Drehung des großen Weltrades. Bedeutende Esoteriker starben in diesem Jahr: der »Prophet von Tilly«, Pierre-Michel Eugene Vintras, Eliphas Lévi und Pascal Beverly Randolph, ein der Sexualmagie zugewandter Rosenkreuzapostel. Nur 28 Tage nach Crowley wurde der spätere Chef der Thule-Gesellschaft geboren, Rudolf von Sebottendorff. Es geschahen noch jede Menge anderer »seltsamer Zufälle« in diesem Jahr (siehe auch Josef Dvorak: »Satanismus«, Heyne-Verlag).

Zurück zu den Bibellektionen des jungen »Alick«, wie ihn seine Eltern nannten. Alick fand seinen privaten Weg, diesen Unterweisungen so etwas wie Freude abzugewinnen. Er schlug sich auf die Seite der Schurken, auf die Seite von Kain oder auch von Judas Ischariot. Denn »die Guten« waren ihm zu langweilig.

Besonderen Spaß hatte Alick an der Offenbarung des Johannes. Denn hier wird ausführlich beschrieben, mit welchen Qualen all jene zu rechnen haben, die nach dem sogenannten Jüngsten Gericht in die Hölle kommen. Crowley stellte sich vor, daß er persönlich all diese Schmerzen aushalten müßte – und er empfand angeblich Genuß dabei.

In der Apokalypse kommt auch »Das Tier« vor. Das Tier kämpft gegen Gott, verwüstet die Welt. Seine magische Kennzahl ist, wie schon erwähnt, die 666. Crowley identifizierte sich mit dem Tier. Er wollte das Tier sein. Abenteuerromantik eines Jugendlichen oder mehr?

Kinder, Jugendliche und auch Erwachsene aller Herren Länder brauchen in jedem Roman, Hörspiel oder Film eine Identifikationsfigur. Der eine ist Winnetou, der andere Old Shatterhand. Und nachdem Alick keine Karl-May-Romane zur Verfügung hatte, sondern ausschließlich die Bibel, identifizierte er sich eben mit dem Tier. So einfach ist das.

Aber nicht für Mutter Crowley, die fromme Quäkerin. Sie war entsetzt über die Phantasien ihres Sohnes. Und es dauerte nicht lange, bis sie ihn beschuldigte, der Antichrist zu sein, der leibhaftige Teufel. Dieser Konflikt in der Familie hat das ganze weitere Leben des Aleister Crowley geprägt.

Denn ausgerechnet zu Silvester 1896, genau um Mitternacht, hatte Crowley dann die Eingebung, daß seine Mutter recht hat. Ein Kindheitstrauma? Wie auch immer. Er fügte sich in seine Rolle als Antichrist und Tier – und er beschloß daraufhin, Magier zu werden. Es dauerte gerade noch zwei Jahre, da erfuhr er von einem Freund von der Existenz des Ordens Golden Dawn. Am 18. 11. 1898 wurde er Mitglied.

Crowley wollte nicht nur innerhalb des Ordens aufsteigen, er wollte das Christentum beseitigen. All das, was seine Kindheit und seine Jugend so schwergemacht hatte. Daher zelebrierte er sein spektakulärstes Ritual. Er fing einen Frosch, taufte ihn auf den Namen Jesus von Nazareth und sperrte diesen Frosch in eine Schachtel. Auf der Schachtel war folgende Inschrift angebracht: »Du hast dich nicht vor dem Schoß einer Jungfrau geekelt.« Er baute ein kleines Kreuz, legte den armen Frosch darauf und nagelte ihn lebendigen Leibes fest. Er kreuzigte also in seiner Phantasie Jesus von Nazareth. Während dieser grausamen Prozedur fluchte er am laufenden Band, stieß gotteslästerliche Formeln aus. Danach briet er den Frosch, verspeiste die Froschschenkel und verbrannte den Rest der Tierleiche.

Wir können nur vermuten, was Crowleys bigotte Eltern ihrem Sohn alles angetan haben, um ihn zu solchen Handlungen zu motivieren. Wahrscheinlich haben sie ihn fanatisch bestraft, wenn er einen Bibelspruch nicht auswendig kannte, wenn er zu spät zum Gottesdienst kam oder wenn er sonst irgend etwas angestellt hatte, was Gott bestimmt nicht gefallen konnte. Ihrer Meinung nach.

Diese Jugendjahre und Jugendsünden Crowleys werden heute noch von Billigsatanisten als Legitimation herangezogen. Absichtlich oder auch aus Unwissenheit lassen sie die Abkehr des Aleister Crowley vom Teufelskult außer acht. Crowley hat viel ausprobiert, und er hat auch bitter dafür bezahlt. Einmal führte er ein Ritual durch, in dem er ein Skelett mit einer blutigen Leber »fütterte«. Daraufhin sah er eine schwarze Katze, meinte, sie sei der Teufel. Drei Mitmenschen aus seinem Haushalt erlitten schreckliche Schicksale. Crowley brachte das mit diesem Ritual in Zusammenhang und hatte große Schuldgefühle. Später dann verzichtete er auf alle Rituale, die mit Blut oder auch mit Drogen zu tun hatten.

Die Beschäftigung mit der Magie führt zwangsläufig über Weiß, Grau bis Schwarz und wieder zurück. Jeder ernstzunehmende Magier muß auch die schwarzen Praktiken kennen. Schon allein deshalb, um sich vor ihnen schützen zu können.

Crowley war Dichter, später Sektengründer. Er gilt heute allgemein immer noch als Marquis de Sade des 20. Jahrhunderts. Seine Jugendsünden sind ihm nicht verziehen und Teufelsanbeter aus aller Welt beziehen sich auf ihn. Zu Unrecht, wie ich meine.

Crowley war also beim Golden-Dawn-Orden eingetreten, der damals unter der Leitung von MacGregor Mathers stand. Zwischen dem Ordensleiter und dem neuen Mitglied kam es bald zu großen Differenzen. Der Chef verlor diesen Zwist und wurde aus dem Orden ausgeschlossen; der Neue war Sieger.

Ein mystisches Erlebnis, das für Crowleys Leben von großer Bedeutung war, geschah 1904. Er hielt sich in Ägypten auf und empfing eine Nachricht von Aiwaz, dem Abgesandten des ägyptischen Gottes Ra-Hoor-Khuit. Aiwaz inspirierte Crowley zu einem umfassenden Werk über neue Spielregeln. Crowley faßte all das zusammen in einem Buch. Es ist eine Aphorismensammlung mit dem Titel »Liber Al vel legis«, das Buch des Gesetzes.

Das oberste Gesetz ist: »Tue was du willst«. Was sicher kein Aufruf zur Narrenfreiheit war, wie es viele behaupten, auch kein Appell an den Egoismus. Hier soll vielmehr die Selbstbestimmtheit eines jeden Menschen proklamiert werden. Man könnte es auch Selbstverwirklichung nennen. Diese Selbstverwirklichung beeinhaltet für Crowley auch das Lossagen von jeder etablierten Religion. Für Crowley ein wichtiges Thema, weil er ja sehr unter dem Diktat der Religion bzw. der Herrschaft seiner Eltern gelitten hatte. Aber ab jetzt, seit dem »Liber Al vel legis«, galt für ihn und seine Anhänger das neue Zeitalter, das Äon des Horus.

Golden Dawn war Crowley zu wenig, er gründete seinen eigenen Orden, den »Astrum Argenteum« (Silberner Stern). Danach wurde er sogar Leiter der englischen O.T.O.-Abteilung und baute diese Organisation zu einem Ableger seiner eigenen Loge um.

Der Haß Crowleys auf das Christentum und die übrigen bekannten Glaubensgemeinschaften wird, um nochmals auf das Buch des Gesetzes zurückzukommen, immer wieder deutlich: »Mit meinem Falkenkopf pick' ich nach Jesu Augen, während er am Kreuz hängt. Ich klatsche meine Schwingen in Mohammeds Gesicht und blende ihn. Mit meinen Klauen reiß ich das Fleisch des Inders und des Buddhisten, Mongolen und Din heraus. Bahlasti! Ompehda! Ich speie auf euren verkommenen Glauben...«

Auch das ist ein gern herangezogenes Zitat, wenn sich Hobbysatanisten hinter Crowley verschanzen wollen. Muß jemand, der so etwas schreibt, nicht automatisch der Antichrist sein? Meiner Meinung nach geht es hier nur um die Befreiung von traditionell überlieferten Zwängen. Mit der Absicht, einen eigenen spirituellen Weg zu finden.

Sex und Drogen sind wesentliche Elemente im Reich der satanischen Magie. Die Drogen befreien von Hemmungen oder eröffnen neue Welten, die dann auch auf das Sexualverhalten Einfluß nehmen. Als Crowley in Sizilien mit seinen Jüngern einen neuen Orden gegründet hatte, widmete er sich nur diesen beiden Themen, Sex und Rauschgift. Was Staatschef Mussolini gar nicht gefiel... er warf Crowley und die Seinen aus dem Land.

Crowley war wohl so etwas wie eine wandelnde Drogenfabrik. Doch nicht, wie viele meinen, aufgrund seiner unendlichen Gier. Er war, wie wir wissen, ein hochgradiger Asthmatiker. Man sagt, daß besonders spirituell begabte Menschen dazu neigen, an Asthma zu erkranken. Zur Zeit Crowleys wurde Asthma mit Opium behandelt, Husten mit Kokain. Das waren die gängigen und frei verkäuflichen Mittel aus der Apotheke. Erst später erkannte man die Suchtgefahr und die Gefahren für die Seele und erließ Betäubungsmittelverordnungen.

Crowley fing an, die Geister zu hassen, die er gerufen hatte. Von allen schwarzen Elementen in seiner Kunst und vor allem von seinen Verbindungen zum Teufel wollte er nichts mehr wissen. Er distanzierte sich öffentlich, wurde aber nicht gehört. Als er 1934 angeklagt wurde, daß er Schwarze Magie betreibe, wollte er das Gegenteil beweisen und setzte seine ganze Kraft und sein ganzes Vermögen in diesen Prozeß. Er verlor den Prozeß.

Die Crowley-Gemeindc hatte sich aber inzwischen schon lange selbständig gemacht. Unzählige fragwürdige Clubs waren entstanden, in denen es vor allem um die Nachäffung der Sexualrituale ging. Crowley gilt heute noch als der wichtigste Vertreter des Neosatanismus. In vielen Zirkeln wird er gottähnlich verehrt.

Ohne Geld und hochgradig heroinsüchtig zog er sich mit einem Freund und mit Frieda Harris nach Hastings zurück, lebte mit den beiden in einer harmonischen Dreiecksbeziehung. Harris und Crowley schufen in Hastings einen Tarotkartensatz, der sich an die Symbolik des Golden-Dawn-Ordens hält, besonders an dessen Farbenmystik. Golden Dawn, wir erinnern uns, war Crowleys erste spirituelle Heimat. Sein Kartensatz ist frei von satanischen Elementen, er sprüht vor Intelligenz und Weisheit. Ich verwende ihn auch gern, wenn ich mit Karten arbeite. Er ist wohl der wichtigste Schritt zum Verständnis des Tarot nach heutigen Gesichtspunkten. Trotzdem glaube ich nicht, daß dieser Kartensatz für Einsteiger in die Kunst des Tarot geeignet ist. Zu viele Elemente spielen mit, die man kennen muß, beispielsweise die Kabbala.

Crowley ist dasselbe Schicksal widerfahren wie anderen Idolen vor ihm. Seine Botschaft wurde ausgehöhlt, um sie durch eigenen Unsinn zu ersetzen. Hier haben die Satanisten diesen Mann für sich gepachtet. Weil sie nichts verstanden haben, außer ein paar spektakulären Ritualen aus Crowleys Jugendzeit. Und die auch nur halb.

Bei aller berechtigten Kritik an den Jugendsünden Crowleys müssen wir sehen, daß er zweifellos ein sehr begabter und fähiger Magier war. Innerhalb von nur drei (!) Monaten erlernte er in Thailand sämtliche Yogatechniken. Sogar die buddhistischen Mönche hatten großen Respekt vor ihm. Denn so etwas hatte bislang noch niemand geschafft.

Crowley war Poet und Sportler. Trotz seines schweren Asthmas erklomm er die höchsten Berge – ein Sieg des Geistes über das Fleisch.

Crowley war in allen international anerkannten Zirkeln so etwas wie ein Star. Seine magischen Fähigkeiten waren unumstritten. Eines seiner spektakulärsten Experimente vollbrachte er in Mexiko City, wo er eine Zeitlang gelebt hat. Er machte sich unsichtbar. Freilich nicht in dem Sinne, wie es jetzt viele Rationalisten verstehen wollen. Sein Körper war wohl nach wie vor sichtbar, doch er sorgte durch eine spezielle magische Technik dafür – es geht hier um Gebets- und Atemrituale –, daß er von seiner Umwelt einfach nicht wahrgenommen wurde. Man sah an ihm vorbei, man bemerkte ihn gar nicht, man sah sozusagen durch ihn hindurch. Nackt, nur mit einem knallroten Mantel und einer goldenen Krone bekleidet, marschierte er durch die Stadt. Ein Auftritt, der normalerweise einen Massenauflauf provoziert hätte. Besonders im katholischen Lateinamerika. Doch nichts geschah. Niemand hat Crowley je in dieser Aktion gesehen, keiner hat ihn bemerkt. Crowley war also unsichtbar.

Diese Techniken habe ich als Schulkind unbewußt auch schon angewendet. Wann immer ich es vermeiden wollte, von der Lehrerin aufgerufen zu werden, machte ich mich unsichtbar. Im übertragenen Sinn. Sie kam dann gar nicht auf die

Idee, mich überhaupt zu bemerken. Ein anderes Beispiel: Als ich 15 war, mußte es endlich einmal passieren: Ich mußte einfach die Schule schwänzen, um mit zwei Freundinnen ins Kino zu gehen. Eigentlich ein unmögliches Unterfangen im konservativen Prag meiner Jugend. Vor allem deshalb, weil mein Vater mir die Ohren langgezogen hätte. Ausgerechnet mein Vater war es, der mir dann auf dem Wenzelsplatz in Prag auf dem Weg zum Kino begegnen mußte. Ein Gebet, bestimmte Atemübungen – und er ging ohne Vorwurf an mir vorbei. »Guten Tag«, hat er gesagt, aber mehr auch nicht. Ich war unsichtbar. Fragen Sie mich nicht, wie das funktioniert!

Crowley starb am 1. Dezember 1947. Seine letzten Worte waren angeblich: »I am perplexed.«

Und »perplexed« durfte er auch wirklich sein. Über all die Erfahrungen, die er gemacht hat, über seinen Weg durch Hölle und Himmel, über die Reaktionen seiner Anhänger, über die Art, wie er von Billigsatanisten mißbraucht worden ist. Er hatte große Angst vor dem Sterben, was mich eigentlich sehr wundert. Zumal er ja an die Reinkarnation glaubte und ständig behauptet hat, schon mehrere Male wiedergeboren zu sein.

Sein Erbe ist zwiespältig. Beelzebuben und Beelzemädels bedienen sich blind fanatisch an seinem Jugendwerk; ernstzunehmende und spirituell interessierte Personen schauen über den Tellerrand hinaus und erkennen Crowley als einen der größten Magier aller Zeiten.

Ist Schwarze Magie nicht auch schon eine Verbeugung vor Satan?

Eine kurze und knappe Antwort: nein! Schwarzmagische Rituale bauen zwar auf dem Wissen auf, daß es nicht nur Weiß auf der Welt gibt, sondern auch Dunkelweiß, Mittelweiß, Hellweiß, Hellgrau, Grau und Schwarz, sogar Hellschwarz und Dunkelschwarz, aber sie haben erst einmal nichts mit Satan als Gott zu tun. Freilich sind die Grenzen im Einzelfall oft fließend, aber prinzipiell ist die Schwarze Magie zunächst kein Teufelswerk.

Denn die Grundlage jeder Magie ist es, die Natur und den Menschen in Einklang bringen zu wollen. Mit Anbetung, von wem auch immer, darf das nicht verwechselt werden. Magie (griechisch: Zauberei) will immer etwas erreichen. Man will einen Liebsten für sich gewinnen, man will Erfolg und Geld haben – vielleicht sogar Macht. Dafür benützt man Amulette, Talismane, Kerzen, Öle, Musik, Kräuter. Und man übt Rituale aus, schickt Stoßgebete in den Himmel, läßt eine Messe lesen oder baut – wie in meinem Fall – einen Hexenaltar.

Schwarze Magie arbeitet im Regelfall nicht mit Blutopfern, nicht mit Sex und auch nicht mit Drogen. Und vor allem verzichtet sie darauf, einen Gott der Finsternis anzurufen oder gar anzubeten.

Was jetzt kein Plädoyer für die Schwarze Magie sein soll. Wegen der oben erwähnten fließenden Grenzen warne ich grundsätzlich davor. Man kann aus Versehen sehr viel falsch machen dabei. Doch Satanismus ist eine andere Sache. Eine viel gefährlichere.

Ist Voodoo Satanismus?

Wir hatten das Thema Voodoo schon weiter vorne; und eigentlich müßte jetzt klar sein, daß der Voodookult der Afrikaner ebenso wie die Santería der Kubaner nicht das geringste mit Satanismus zu tun haben. Auch wenn man damit etwas Böses bewirken kann.

Sicherlich gibt es sie, die konzentrierten Voodoopriester, die eine Nadel nach der anderen in ein Püppchen stechen, um jemandem zu schaden. Und es gibt auch Santeríapriesterinnen, die nichts Gutes im Schilde führen. Darauf wurde bereits hingewiesen. Die Tatsache aber, von der ebenfalls bereits die Rede war, daß man mit den Praktiken dieser Naturreligionen auch heilen, Glück und Segen herbeibeten und Unglück fernhalten kann – diese Tatsache unterscheidet sie eindeutig vom Satanskult. Die Teufelsanbeter sind nämlich grundsätzlich nur auf Macht aus. Eine gute Absicht in ihrem Treiben ist in ihren Augen ein klarer Regelverstoß, eine Sünde gegen Satan. Und so eine Sünde leistet sich aus diesen Kreisen keiner.

Nachdem Voodoo eine Art graue Magie ist und nachdem es hier wie bei der Schwarzen Magie nicht um die Anbetung des Bösen geht, hat das alles mit Teufelskult herzlich wenig zu tun. Was keine Reklame für Voodoo sein soll. Wer's nicht bis aufs I-Tüpfelchen beherrscht, kann schreckliche Fehler machen.

Wie arbeiten die Satansjünger?

Das Bestreben aller Satansgläubigen ist die Umdrehung, die Entweihung und die Perversion von all dem, was uns im allgemeinen wichtig und heilig ist. Das habe ich schon erwähnt. Die Mittel und Wege sind also genau dieselben wie jene der Gutgläubigen, nur auf den Kopf gestellt.

Das fängt bei den einfachsten Hilfsmitteln an. Kerzenlicht wird als das »Licht der Dunkelheit« definiert, Öle werden zu Satans Freude verwendet. Warum riechen alle Teufelsanbeter so penetrant nach Gruft und Grab? Welche seltsame Kräutermischung verwenden sie als Parfüm? Ich weiß es nicht.

Besondere Karrierechancen in den Teufelsclubs haben all jene, die einst in einer christlichen Kirche tätig waren, als Pfarrer, Mönch oder Nonne, und die sich später dem neuen Kult verschrieben haben. Und daß sie sich das Kreuz fortan auf den Kopf gestellt umhängen, um ihre Verachtung gegenüber diesem Symbol zu zeigen, macht ihnen anscheinend besonderen Spaß. Wahrscheinlich deshalb, weil sich die Satansfreunde speziell über Abtrünnige freuen. Zur Beleidigung Gottes und zur Schadenfreude des Teufels.

So ist die Geschichte eines katholischen Priesters überliefert, der, sagen wir es mal salopp, die Seiten gewechselt hat. Dieser Priester glaubte auch nach seinem Gesinnungswechsel an die Kraft der »Heiligen Wandlung«, wohl das wichtigste Ritual der Katholiken. Wir erinnern uns: Jesus bittet seine Jünger zum letzten Abendmahl, teilt Wein und Brot mit ihnen und spricht die historischen Worte: »Das ist mein Blut, das ist mein Leib.« In der katholischen Liturgie wird in jeder Messe diese Szene nachgespielt. Aber nicht nur unter dem Motto »Tut dies zu meinem Gedächtnis«, sondern mit dem tatsächlichen Anspruch, daß sich hier Wein in Blut und Brot in Menschenfleisch verwandelt. Also ritueller und täglich praktizierter Kannibalismus. Die katholischen Christen essen ihren Gott auf. Oder den Sohn Gottes oder wie auch immer.

Ich weiß, daß ausgerechnet ich als Hexe nicht dazu berufen bin, die Rituale anderer Kulturen zu kritisieren oder zu werten. Ich stelle nur fest. Denn schließlich verlange ich auch Respekt gegenüber meiner eigenen Religion, der Hexenkultur. Sollen die Katholiken also tun, was sie für richtig halten. Solange sie niemandem damit schaden.

Zurück zu der Geschichte des abtrünnigen Priesters. Dieser Priester (der Name ist uns bekannt) empfand jahrelang tiefe Erfüllung darin, im Rahmen einer Schwarzen Messe die sogenannte heilige Wandlung zu vollziehen. »Kraft meines Amtes kann ich Dich, Du Gott der Aussätzigen und Verlierer, dazu zwingen, in diesen Wein und in dieses Brot einzukehren!« Er befolgte streng alle katholischen Regeln. Achtete darauf, daß »die Wandlung« wirklich zur Wandlung wurde. Um kurz darauf die geweihte und verwandelte Hostie, nach dem Glauben der Katholiken also den Leib Christi, in Spucke, Kot und Tierblut zu wälzen.

Der Priester kehrt um, wandelt sich um 180 Grad, bekehrt sich zu Satan. Hier drängt sich ein Bild aus der Bibel auf, ein Gleichnis von Jesus: »Gott freut sich mehr über einen einzigen Sünder, der wieder den rechten Pfad gefunden hat, als über hundert Gerechte.« Nur gilt es bei den Satansgläubigen im umgekehrten Sinn! Das krampfhafte Auf-den-Kopf-Stellen der Beelzebuben hat System.

Auf den Kopf gestellte Kreuze, schwarze Kerzen und schwarze Kleidung, übel- statt gutriechende Öle und Parfüms, schrecklich laute und abstoßende Musik statt Wohlklang, satanische Amulette statt Heilsymbolen, auf den Kopf gestellte oder vom Ursprung her schon unheilbringende Runen – das alles sind Werkzeuge der Satansjünger. Das Böse als großes Nein gegen die anerkannte Ethik, als durchgängiges und logisches Programm. In der Hoffnung, von der Macht des Bösen profitieren zu können.

Das Böse steht dabei immer in der Verbindung mit Tod und Teufel. Deshalb ist der Totenkopf ständig präsent. Als Ring, als Silberamulett, als Kerze.

Das wichtigste Element in der Teufelsanbetung aber sind die Rituale, die sogenannten Schwarzen Messen. Auch hier wieder die Umdrehung, die Perversion. Zuerst macht ein Kelch mit Drogen und Blut die Runde, dann gibt es Blutopfer. Ein Hund, eine Katze, ein Kaninchen. Im schlimmsten Fall ein Mensch. Schmerzhaft laute Musik, um einen Trancezustand zu erzeugen. Perverser Sex zwischen einem Zeremonienmeister und seiner Auserwählten, meist ritualisiert, auf einem Altar. Alle schauen zu, bis sie schließlich so angeregt sind, das Ganze in einer Gruppensexorgie ausarten zu lassen. Dazu der brutale Mißbrauch von Kindern. Sex ohne Liebe, nur zur Befriedigung des Triebes, zu Satans Freude. Am Schluß der Aktion wird das Kreuz demonstrativ weggeworfen, gemeinsam zertrampelt.

Es gibt kein Programm und keine Regeln. Was der Satansclub aus Hamburg praktiziert, muß der in München noch lange nicht übernehmen. Jeder Verein hat seine eigenen Spielregeln. Und die sind oft noch viel perverser als die gerade beschriebenen. Ich will nicht ins Detail gehen.

Hemmungsloser Sex ist eine wichtige Komponente im teuflischen Spiel. Auch hier wieder die Umdrehung, die Perversion der christlichen Lehre. Für die Katholiken war und ist Sex immer noch ein Reizthema. Der Zölibat, die von oben diktierte Ehelosigkeit der katholischen Priester, sorgt genauso für

Unruhe wie das immer wieder aus Rom gepredigte Nein zu Empfängnisverhütung und Abtreibung. Kein Wunder, daß die Mitglieder der Teufelskompanie besondere Lust dabei empfinden, hier immer wieder in der Wunde zu bohren. Wenn alle Menschen einen freien und fröhlichen Umgang mit Sex erlernt hätten, könnten Satans Freunde nicht soviel Macht ausüben.

Es war wohl ein genereller und inzwischen nicht mehr gutzumachender Fehler der Katholiken, die Menschen über ihre Grundbedürfnisse kontrollieren zu wollen. Gut essen, trinken, Sex haben – all das wurde zur Sünde erklärt. Das vorprogrammierte schlechte Gewissen sorgte für Einfluß und Macht der Kirche. Und nicht zuletzt auch für die Macht der Satanisten.

Kindesmißhandlung zur Freude Satans

Eines der traurigsten, dramatischsten und abscheulichsten Kapitel im Satanskult ist die Mißhandlung und der sexuelle Mißbrauch von Kindern. Sogar vor Blutopfern wird nicht zurückgeschreckt.

Die Kinder werden sehr früh in den Kreis der Satanisten eingeführt. Sie müssen diverse Ekelprüfungen und Mutproben überstehen, und werden damit sehr schnell an die abscheulichsten Sachen gewöhnt. Sie müssen sich selbst Verletzungen beibringen; müssen sich darüber hinaus abartigen sexuellen Spielregeln unterwerfen. Verletzungen bei Vergewaltigungen sind an der Tagesordnung.

Damit die Kinder nicht zu Belastungszeugen werden können, arbeiten die Teufelsanbeter mit ganz perfiden Methoden. Derjenige, der sich einem Kind sexuell nähert und es schließlich mißbraucht, stülpt sich eine Maske über. Meist ist es die Maske einer Comicfigur, die das Kind kennt und mag. Sei es nun die Biene Maja oder Mickymaus, das bleibt sich gleich. Die Vorgehensweise hat für den Triebtäter gleich drei wesentliche Vorteile: Erstens wird er nicht erkannt, zweitens faßt das Kind gegenüber der geliebten Comicfigur erst einmal Vertrauen, und drittens würde nie jemand einem Kind glauben, das behauptet, von Donald Duck oder einer anderen Fabelfigur vergewaltigt worden zu sein. Außerdem kann es gut sein, daß die Geschichte mit den Masken dem Vergewaltiger einen zusätzlichen sexuellen Reiz verschafft.

Inzwischen gibt es Untersuchungen, die ans Tageslicht bringen sollen, wie viele der Teufelsjünger hauptsächlich wegen des Mißbrauches von Kindern zu den geheimen Zirkeln stoßen. Damit sie erstens ihren abartigen Trieben freien Lauf lassen können. Und damit sie zweitens so etwas wie eine »moralische« Entschuldigung für ihr Treiben haben. Schließlich laufen diese Sexpraktiken ja immer im Rahmen einer rituellen Handlung, sind also für einen sogenannten höheren Zweck bestimmt. Was die Sache für das Opfer nur noch schlimmer macht.

Es gibt einen weiteren Trick, mit dem sich die Satanisten das Schweigen ihrer kindlichen Opfer sichern: Sie machen sie sehr schnell zu Mittätern. Das heißt, die Kinder werden zeitweise aus ihrer Opferrolle herausgenommen, um selbst (unter Anleitung) perverse Handlungen zu vollbringen. Sei es an Dingen, Tieren oder auch Menschen, vielleicht sogar am besten Freund. Es sind Fälle bekannt, daß Kinder dem Teufel ihre eigene Katze opfern mußten, daß sie ihren eigenen Spielkameraden verletzen oder auch vergewaltigen mußten und vieles mehr. In den USA berichten ehemalige Satanskinder, daß sie sogar schwarze Babys töten mußten, auf einem Altar.

Was für die Ausführenden im Moment der Tat nicht unbedingt schlimm war. Denn es wurde ihnen erfolgreich eingeredet, daß schwarzhäutige Babys keine Seele hätten, also keine richtigen Menschen seien.

Um ein kleines Bild von den praktizierten Perversionen zu geben, zitiere ich hier aus dem »Schwarzbuch Satanismus« von Guido und Michael Grandt (Knaur Verlag). Die beiden engagierten Journalisten berichten von Heike, einem Mädchen, das sich an selbst erfahrene schreckliche Praktiken erinnert. Ich übernehme die Stelle aus dem Buch originalgetreu. Sie spricht für sich:

»Dann kommt Heike auf den ›Magischen Zirkel‹ zu sprechen, dem ihr Vater als ›Hobbyzauberer‹ angehört. Sie vermutet, daß dies lediglich ein Vorwand für okkulte Betätigungen war. ›Auch Anton LaVey, der Begründer der First Church of Satan, nannte sich in den sechziger Jahren so.‹ Heike erinnert sich an eine weißgestrichene Kirche, neben der ein kleiner Friedhof lag. Auf der Wiese zwischen Kirche und Friedhof wurden Feuerstellen errichtet, die von brennenden Kerzen kreisförmig umstellt waren. ›In jedem der Kreise wurden Kinder sexualmagisch mißbraucht‹, erzählt Heike. Und schaudert: ›Die Handlungen liefen mechanisch ab, hatten nichts mit Lust zu tun.‹ Die Kinder wurden mit schwarzen Eisenstäben anal gequält, mit einem Schnitt durch die Kehle wurde ein Pferd geopfert. ›Ich wurde, im Blut des Pferdes liegend, mit Gegenständen sexuell mißbraucht und an Händen, Füßen und Brust an ein Kreuz gefesselt.‹ Und dann am Kreuz wieder mißbraucht. ›Das Kreuz, an dem ich hing, wurde verkehrt herum aufgestellt, am Rande eines Erdlochs, an einer Grube.‹ Heike vermutet, daß es sich dabei um ein Grab handelte.«

Das Buch von Guido und Michael Grandt enthält mehrere solcher Berichte. Einige gehen an den Rand der Erträglichkeit.

Das Schlimme dabei ist nur, daß fast niemand den Opfern glaubt, wenn sie so ungeheuerliche Dinge erzählen. Zu absurd klingt das Ganze, zu weit hergeholt und unwahrscheinlich. Oft müssen sich Satanismusopfer sogar dem Spott aussetzen, sie hätten wohl zu viele Horrorvideos gesehen. Und überhaupt: Haben nicht alle Leute, die sich mit Themen wie Satanismus und ähnlichem befassen, sowieso nicht alle Tassen im Schrank?

Das Fatale daran ist, daß die Teufelsanbeter ja damit rechnen, daß ab und an mal ein Mitglied des Kreises oder ein Opfer ausbrechen will und zu sprechen anfängt. Deswegen inszenieren sie gewisse Tatumstände bewußt so schrill und phantasiereich, daß sie hinterher in einem eventuellen Bericht dermaßen klischeehaft oder obstrus klingen, daß jeder, der davon hört, nur den Kopf schüttelt. Übrigens eine Vorgehensweise, derer sich auch Hitler bedient hat. Die ersten Berichte aus den Konzentrationslagern waren so haarsträubend, daß die Weltöffentlichkeit sie nicht ernst nehmen konnte.

Tatsache aber ist, daß die meisten Aussagen von Aussteigern stimmen. Und auch die meisten Berichte von mißbrauchten Kindern sind durchaus wahr. Doch nur allzuoft werden sie von Freunden, Geschwistern, Eltern, Lehrern und Behörden, sogar von geschulten Sekten- und Kirchenbeauftragten erst einmal in das Reich der Phantasie verwiesen. Was besonders dramatische Folgen haben kann. Denn jeder »Verräter« wird von dem Zirkel mit strengsten Strafen bedroht. Und diese Strafen werden auch ausgesprochen und vollstreckt. Das kann von Psychoterror (»Eines Tages kriegen wir dich!«), telefonisch oder mit blutverschmierter Post übermittelt, bis hin zu Mord gehen.

Die Satanisten in Amerika, ab und zu immer wieder durch Aussteiger spektakulär ins Rampenlicht der Öffentlichkeit gerückt, sind inzwischen besonders »schlau«. Wenn in ihren Kreisen die Geburt eines Kindes bevorsteht, verschwindet die werdende Mutter auf eine der geheimen »breeding farms« (wörtlich: Brutfarmen) und entbindet dort. Kein Mensch weiß von der Schwangerschaft und auch niemand von der Geburt des Kindes. Das Baby wird nirgends registriert; keine Behörde nimmt seine Existenz zur Kenntnis. Wenn dieses Kind dann im Rahmen einer satanischen Kulthandlung geopfert wird und einfach wieder vom Erdboden verschwindet, kümmert sich niemand darum.

Wie bitte? Eine Mutter, die ihr eigenes Kind zur Schlachtbank führt? Es vielleicht sogar extra zu diesem Zweck ausgetragen hat? Gibt es da nicht natürliche Urinstinkte, um so etwas Perverses zu verhindern? Nein. Wir müssen nämlich leider davon ausgehen, daß alle Satanisten eine Art Gehirnwäsche hinter sich haben. Und für Kinder, die in solche Kreise hineingeboren oder in frühen Jahren hineingeführt werden, gelten ohnehin für uns unbegreifliche moralische Maßstäbe. Was ihre Rückführung (oder sollte ich besser »Einführung« sagen?) in unsere Gesellschaft besonders schwierig macht. Oft sogar unmöglich.

Science-fiction? Hirngespinste? Schön wär's. In Deutschland werden, so vermutet das Bundeskriminalamt, bis zu 300 000 Kinder jedes Jahr sexuell mißbraucht. Also mehr als erwachsene Frauen. Eine Statistik, wie oft in den Fällen des Kindesmißbrauchs auch Satanismus eine Rolle spielt, gibt es noch nicht. Denn noch immer wird der gesamte Themenkomplex heruntergespielt, verharmlost, nicht ernst genommen.

Warum wird von staatlicher Seite kein Geld bereitgestellt, um endlich auch die Zusammenhänge zwischen Kindesmißbrauch und Satanismus zu erforschen? Ich bin überzeugt davon, daß wir mit gesicherten Ergebnissen auf diesem Weg einiges zum Besseren lenken könnten.

Monika, das Teufelsweib

Monika (sie heißt in Wirklichkeit anders) ist inzwischen 26 Jahre alt. Mit 18 wurde sie in der Berufsschule zu einer Party eingeladen, von einem Mitschüler. Ort und Motto der Party waren unbekannt, die ganze Einladung war ein bißchen geheimnisvoll verpackt. Monika war neugierig und ging mit. Wie wir inzwischen wissen, gibt es solche Einladungen vorzugsweise für 12- bis 14jährige. Monika war also eine Spätauserkorene.

Die Party war eine Schwarze Messe. Laute Musik, Drogen, Blutopfer, Sex mit Fremden. Monika ist wunderschön. Schön wie ein Engel. Aber sie hat inzwischen kalte Augen. Abstoßend kalte Augen. Ihre Schönheit fiel auch dem Teufelsclubleiter auf. Er machte sie erst zu seiner Sexpartnerin, dann zur Hohepriesterin.

Doch zurück zur Entwicklung der Geschichte. Schon nach der ersten »Party« wußte Monika, daß sie so etwas eigentlich nicht mehr wollte. Sie fand das alles abstoßend und pervers. Fühlte sich schuldig, daß sie überhaupt dabei war. Wollte nichts weiter als in Ruhe gelassen werden, wollte verarbeiten und vielleicht auch verdrängen. Diese Schwarze Messe hatte sie dermaßen mitgenommen, daß sie total irritiert war. Sie konnte auch mit niemandem darüber reden. Es hätte ihr ohnehin keiner geglaubt. Außerdem war sie sich nicht mehr sicher, ob sie das alles wirklich erlebt oder nur geträumt hatte. Die Drogen hatten ihre Wirkung getan.

Es ist eine wichtige Aufgabe der Teufelsanbeter, neue Mitglieder beizubringen. Sie müssen sozusagen Missionare sein. Genau wie die Christen. Darum konnte auch Monika nicht mehr in Frieden leben. Wann immer eine Schwarze Messe angesagt war, wurde sie speziell und persönlich eingeladen. Es kam jemand vorbei, schaute ihr tief in die Augen, überbrachte ihr mit ein paar geschickten Worten die Einladung. Drohungen waren es nicht direkt, auch keine Befehle, aber Monika wußte, daß sie erscheinen mußte. Es war eine spirituelle Macht, die ihr das befahl.

Der Teufelskreis, im wahrsten Sinne des Wortes, hatte schon begonnen. Monika mußte ihr Bett einweihen. Einweihen für ihr Leben mit Satan. Ein Tieropfer auf dem Bett, Sex mit dem Clubleiter im Blut des getöteten Tieres vor den Augen etlicher Clubmitglieder. Sie fand das alles überhaupt nicht mehr interessant, nur noch abstoßend. Trotzdem war sie nicht stark genug, um sich von alldem zu lösen.

Monika hat auf frischen Gräbern getanzt, auf diesen Gräbern sexuelle Handlungen praktiziert, sie damit geschändet und gegen die Ethik unserer Staatsmoral verstoßen. Es warten noch zwei Gerichtsverhandlungen auf sie. Als Hohepriesterin des Bösen war sie sechs Jahre lang in Freising aktiv, einem der konservativsten und bigottesten Flecken Bayerns. Ihre Strafe wird dementsprechend hoch ausfallen.

Doch Monika ist eine Aussteigerin. Sie hat es immerhin geschafft, sich innerlich von all dem Humbug loszusagen. Nach sechs Jahren. Besser spät als niemals. Sie ging in ein psychiatrisches Krankenhaus, verbrachte einige Zeit dort, kam direkt am Tag ihrer Entlassung zu mir in meinen Hexenladen.

Ich freue mich über Monikas Vertrauen. Aber die Arbeit ist schwierig. Monika ist noch immer total verängstigt. Sie befürchtet, daß sie als Opfer für eine Blutmesse bestimmt sein könnte. Satansjünger gehen nämlich selten rücksichtsvoll mit ihren Aussteigern um, im Gegenteil. Wir haben viele Gespräche, dennoch lebt sie hauptsächlich in der Angst, geschnappt zu werden. Noch immer bekommt sie fatale Anfälle. Dann haut sie die Einrichtung ihrer Wohnung kurz und klein. »Der für mich zuständige Dämon hat es mir befohlen«, sagt sie hinterher. Obwohl ihr alles schrecklich leid tut.

Und schon wieder zeigt sich die bewußte Umdrehung. »Der für mich zuständige Dämon« ist nichts weiter als die Perversion der christlichen Schutzengelfigur.

Monika spricht nicht viel. Ihre Augen sind eiskalt, ihre Hände ebenso. Ich versuche mein Bestes. Mit Gesprächen, Räucherungen, Gebeten und Ritualen. Und wir haben auch schon kleine Fortschritte gemacht. Trotzdem muß Monika auf Schritt und Tritt begleitet werden. Auf dem Weg zur Arbeit, wieder zurück, in ihrer Freizeit. Weil sie eine panische Angst davor hat, von ihrem ehemaligen Club gefangen zu werden. Um als Abtrünnige geopfert zu werden.

Das klingt alles ein bißchen abgehoben. Aber es ist die Wahrheit. Und dagegen helfen auch keine Psychopillen aus der Großklinik. Ich hoffe, Monika und ich werden das Problem in den Griff bekommen. Die weiße Macht wird uns helfen.

Im Gedenken an Tanja

Tanja, wo bist du? Liest du dieses Buch? Schaust du uns bei der Vorbereitung zu, bei der Arbeit am Manuskript? Hast du schon deinen Weg gefunden aus dem Labyrinth der Geister? Weißt du, wohin du dich wenden mußt? Erinnerst du dich noch an mich?

Tanja war 16, als sie sterben mußte. Sie starb am 6. 6. 96 um 6 Uhr nachmittags. Sie warf sich vor die U 6, eine Linie der Münchener U-Bahn. Sie wurde von der U 6 geköpft. Das ist alles amtlich dokumentiert. Jederzeit für jeden nachlesbar. In den Akten der Polizei.

Die fatale Kombination der Zahl 6 ist in diesen Akten natürlich nicht zu finden. Aber sie ist wahr. Tanja starb mit 16 um 6 Uhr nachmittags; die U-Bahn mit der Nummer 6 war ihr Henker.

Tanja war Mitglied einer Satansgemeinde, hat sich später davon distanziert. Hat trotzdem die Treffen immer wieder mitgemacht, um nicht negativ aufzufallen in diesem Club. Ungefähr drei Monate vor ihrem grausamen Tod war sie in Italien bei einem Teufelsclubtreffen. Sie erzählte es sogar ihrer Mutter: »Mama, jetzt bin ich auserwählt als das nächste Opfer. Das Los hat es entschieden!« Es gibt Zeugen, die bei diesem »Unfall« dabei waren. Sie sagen aus, daß das Mädchen lange gezögert hat, daß aber drei schwarzgekleidete Männer hinter ihr standen. Sie sollen keine körperliche Gewalt ausgeübt haben, sie haben sie also nicht gestoßen oder geschubst, sie waren einfach nur da.

Tanjas Grab wurde geschändet. Es gab Tänze auf der frischen Graberde; und es gab sogar, zumindest den Spuren nach zu urteilen, den Versuch, den verstorbenen Körper Tanjas zu stehlen. Warum oder wofür, das weiß man nicht.

Tanjas Familie hat vom Staat – und so großzügig zeigt er sich selten – einen neuen Namen und ein neues Domizil bekommen. Es hat nicht einmal eine Woche gedauert, da war auch das neue Haus, trotz neuer Identität, vollgeschmiert mit Runen und Graffitis, natürlich mit Grüßen an Satan. Seine Anhänger haben anscheinend ein unwahrscheinlich effizientes Informationssystem.

Die Polizei verbucht Tanjas Tod unter der Rubrik Selbstmord. Mehr kann sie nach dem Gesetz auch nicht tun. Die Schändung des Grabes läuft unter der Überschrift »Beschimpfung von Bekenntnissen«. Ein Paragraph, der uns nach dem Hitlerschock von den Amerikanern ins Grundgesetz diktiert wurde. Keiner darf sich über die Religion oder das Bekenntnis eines anderen lustig machen oder es gar böswillig in den Schmutz ziehen. Die Verunglimpfung und die Verachtung jedweder Religion wird strafrechtlich verfolgt.

Zurück zu Tanja, sie ruhe in Frieden. Ihr kleiner Bruder und ihre jüngere Schwester sind inzwischen, soweit ich informiert bin, auch schon Mitglieder des Teufelsvereins.

Der schreckliche Weg von Andreas

Eine typische Geschichte – und ich schildere sie ausführlich, weil sie nach dem gleichen Muster immer wieder vorkommt – ist die des kleinen Andreas aus einem Dorf aus der Nähe von Hamburg. Andreas ist inzwischen auch nicht mehr unter den Lebenden, er hat sich umgebracht. Zur Ehre Satans, wie er meinte.

Diese Geschichte ist nicht durch die Medien gegangen, kein Fernsehsender und keine Zeitung hat darüber berichtet. Wir haben dennoch von ihr erfahren. Durch persönliche Kontakte, die ich nicht nennen darf. Zum Schutz der Geschwister, der Eltern und auch der Freunde von Andreas, die sich für dieses Buch offenbart haben. Allerdings unter der Voraussetzung, daß keine Namen genannt werden. Und daß ein paar Ereignisse lokal und vom zeitlichen Ablauf her verändert werden, damit niemand auf die Informanten schließen kann und diese somit frei von eventuellen Gefahren sind, die von Satansanbetern ausgehen könnten.

Andreas war immer so etwas wie ein ständiger Verlierer. Das fing schon innerhalb seiner Familie an. Als Jüngster von drei Geschwistern mußte er sich behaupten. Seine Schwester und sein Bruder sorgten von Beginn an dafür, daß Andreas wußte, wo sein Platz war: nämlich ganz unten.

Der Vater war arbeitslos, trank wohl auch ein bißchen zuviel (obwohl das inzwischen alle Familienmitglieder beschönigen und verharmlosen), die Mutter hatte Anrecht auf Sozialhilfe und verdingte sich hin und wieder als Putzfrau. Als »Reinigungskraft«, wie sie es formuliert haben will. Bei den Nachbarn lief die Familie unter der Überschrift »ein bißchen asozial, aber ansonsten recht anständig und unauffällig«. Zu Andreas gibt es in der Nachbarschaft nicht viel zu sagen – er war einfach irgendwie da, irgendwie anwesend. Man nahm ihn zur Kenntnis oder auch nicht. Er vollbrachte weder Großtaten noch ist er negativ aufgefallen.

In dem Kind aber machte sich so etwas wie eine ständig andauernde Langeweile breit. Seine Geschwister wollten nicht viel von ihm wissen; und seine Eltern wußten auch nicht so recht, was sie mit dem »Nachzügler« anfangen sollten. Andreas war zu groß, um mit den anderen Kindern auf dem Spielplatz herumzutollen. Und er war zu klein, um schon »bei den Großen« mitmischen zu dürfen. Andreas war gerade mal neun Jahre alt. Zu alt für die Wippe, zu jung für die Disco.

Außerdem war Andreas das, was man einen Einzelgänger nennt. Er verkroch sich hinter seinen Comic-Heftchen und vor dem Fernseher. Er wollte von der Welt in Ruhe gelassen werden.

Das ideale Opfer für Satanisten. Wie wir heute wissen, lungerte Andreas in der Pause meistens allein auf dem Schulhof herum. Zwei viel ältere Jungen haben ihn angesprochen, was er denn so treibe und wie es ihm gehe. Andreas war stolz darauf, von älteren Jungen zur Kenntnis genommen zu werden. Mit neun will jeder Bub älter sein und damit auch bedeutender.

Diese beiden Jungen waren eigentlich sehr nett. »Das sind meine besten Freunde!« Die ältere Schwester erinnert sich noch ganz genau an den Tag, an dem Andreas mit dieser Aussage geprahlt hat. »Wahrscheinlich wollte er uns mit diesem Spruch nur bestrafen, weil wir ihn nicht genug beachtet und gewürdigt haben.«

Wie der Weg in die Satanistengemeinde geebnet wurde, läßt sich heute nicht mehr einwandfrei feststellen. Fakt ist aber, daß Andreas mit seinen beiden neuen »besten« Freunden immer wieder in einen Esoterikshop nach Hamburg gefahren ist, um sich gewisse Bücher zeigen zu lassen. Es waren schwarzmagische Bücher, es waren Bücher über Aleister Crowley, den Neosatanisten. Den Guru der Bewegung. Weder Andreas noch seine Freunde – sie waren höchstens 14 Jahre alt – hatten das Geld, sich die Bücher zu kaufen. Aber sie stöberten ständig so lange im Regal herum, bis die Verkäuferin wütend wurde: »Entweder ihr kauft jetzt was oder ihr laßt die Sachen stehen!«

Die Freundschaft mit den beiden älteren Jungen hat sich Andreas erkaufen müssen. Indirekt. Er mußte ihnen die Cola in der Pause besorgen und seine heißgeliebten Comic-Hefte leihen oder gar schenken. Der vorauseilende Gehorsam von Andreas war groß genug, daß er jeden Pfennig seines Taschengeldes dafür ausgab, um seine beiden »besten Freunde« zu unterstützen. Viel war es ohnehin nicht, was er an Taschengeld bekam. Aber immerhin.

Was ich hier schildere, lief in einem Zeitraum von zwei

Monaten ab. Die ältere Schwester erinnert sich: »Außer diesen beiden Typen gab es für ihn niemanden auf der Welt!«

Einer von »diesen beiden Typen« hat den Wunsch gehabt, sich uns gegenüber seelisch zu erleichtern. Er hat gebeichtet. »Wir haben den Kleinen ausgenutzt nach Strich und Faden, und er hat sich wohlgefühlt dabei. Weil er bei uns sein durfte, mit uns zusammen seine Freizeit verbringen. Dann wollten wir sehen, was er kann, zu was er fähig ist. Wir haben Mutproben von ihm verlangt.«

Solche Mutproben fangen immer ganz harmlos an. Einen Regenwurm hinunterschlucken. Von einem hohen Podest springen. Oder aber, und dann wird's schon kritisch und eklig, einen Fisch oder eine Maus umbringen.

»Ich mußte wegschauen, als Andreas der Maus den Kopf abgeschlagen hat. Aber ich hab's ihm ja befohlen. Also konnte ich auch nicht weglaufen. Ich mußte dabeibleiben.«

Andreas und seine Freunde sind noch viel weiter gegangen. Sie haben Tauben und Katzen gefangen, haben sie getötet. »Dann hab' ich ihm das erste Mal gesagt«, erinnert sich sein Kumpel, »daß wir das für den Teufel tun. Weil der sich über solche Opfer freut. Und weil der Teufel der einzige Gott in dieser schlechten Welt ist, der was zu sagen hat. Der sogenannte liebe Gott ist ja schon lange tot, sonst hätte er so was wie Auschwitz nicht zugelassen, und deshalb ist es besser, sich auf die richtige Seite zu stellen, auf die böse. Weil die immer gewinnt. Andreas hat das auch sofort geglaubt, da gab's überhaupt keine Diskussion.«

»Andreas wurde immer komischer«, sagt seine Mutter. »Er hat überhaupt nicht mehr mit uns geredet. Er wollte nur noch schwarze Sachen anziehen, hat kaum noch gegrüßt, wenn er von der Schule kam, und er hat auf einmal sein Zimmer tipptopp aufgeräumt. So kannte ich ihn gar nicht. Und das mit dem Aufräumen von seinem Zimmer, das fand ich total okay.« Trotzdem war der Mutter das alles nicht geheuer: »Ich hab' gedacht, der nimmt Rauschgift. Und ich habe immer gesucht danach in seinem Zimmer, aber nichts gefunden, was so ausschaut. Außerdem weiß ich ja sowieso nicht, wie so was aussieht. Bin ich jetzt eine schlechte Mutter?«

Schlecht nicht, aber dennoch sträflich unwissend. Denn während sich die Mutter immer noch Gedanken darüber machte, ob sie nun heimlich nach einer Spritze oder nach einem Joint suchen sollte, ging Andreas zu seiner ersten »Party«.

Allein die Einladung war für den Jungen ein Ereignis, das ihn sehr bewegt haben muß. Endlich erwachsen, endlich ein Partylöwe. »Er war Wochen vorher schon aufgekratzt wie sonst was!« erinnert sich seine Schwester.

Der Ort der Party war geheim, aber das war kein Hindernis. Denn die neuen Freunde wußten ja, wo das Ganze stattfand.

Was jetzt kommt, wissen wir von einem der beiden »Freunde«. Er wollte, wie vorher schon gesagt, sein Herz ausschütten: »Es war ein alter Bunker in der Nähe von Hamburg. Von außen hat man ihn kaum mehr erkennen können. Mein Freund X und ich (das Kürzel X ist nicht der erste Buchstabe des Namens) waren schon des öfteren auf solchen Partys, und man hat uns aufgetragen, neue Gäste mitzubringen. Aber nur solche, die auch den Mund halten können. Auf der Party war dasselbe wie immer. Zuerst standen wir dumm rum, dann haben wir ganz laut Heavy Metal gehört. Ich habe die Band diesmal nicht erkannt. Andreas war unsicher, weil es nichts zu trinken gab. Und weil die Musik so laut war. Andreas hat das alles erst mal überhaupt nicht gefallen. Uns auch nicht. Weil es uns am Anfang immer erst mal nicht gefällt.«

Ein dröhnender Bunker, ungefähr 20 Gäste, alle ziemlich verloren und irritiert. Der Raum halb leer. Die meisten »Gäste« sind schwarz gekleidet und riechen nach einem komischen Parfüm. Dann auf einmal, mitten im Stück, ein monotoner Singsang, ganz fremd und unheimlich. Kein Heavy Metal mehr. Außerdem überall Kerzen.

»Ein maskierter Mann ist reingekommen, hat eine weißgekleidete Frau mitgebracht. Die war ganz jung. Dann hat er komische Sachen gesagt, die wir nicht verstanden haben. Danach hat er die Frau mit Blut bespritzt, aus einer Tasse, sie auf einen Tisch gelegt, ihr das Kleid abgenommen und mit ihr geschlafen. Wir haben alle zugeschaut. Der Frau war das egal, sie war wie besoffen.«

Weiter sei nichts passiert, wird uns berichtet, mit Satan oder dem Teufel habe das keiner der Anwesenden in Verbindung gebracht. »Auf so eine verrückte Idee kommt man ja zuerst überhaupt nicht! Aber wir waren schon das vierte Mal da, und wir wußten natürlich, um was es geht. Wir sind gekommen, weil wir die junge Frau wiedersehen wollten, die wir schon vom letzten Mal her kannten, und weil wir das geil fanden. Ich glaube, dem X ist einer abgegangenen in der Hose, aber mir nicht, weil ich schon mal mit einer Frau was hatte.«

Wie es Andreas bei der ganzen Geschichte ging, wissen wir nicht. Wir wissen nur, daß er irritiert war und auf solche Partys nicht mehr gehen wollte. »Einmal ist genug, hat er zu mir gesagt.« Das weiß zumindest seine Schwester noch. Und der hat er nicht einmal erzählt, was auf dieser Zusammenkunft los war.

Aber einmal war doch nicht genug. Andreas hat, das wissen wir von seinem Freund, mindestens sechs solcher Zusammenkünfte besucht. Immer in dem gleichen Bunker. Und immer wurde er abgeholt von seinen neuen Freunden. Die inzwischen gar nicht mehr so neu waren. Andreas war mittlerweile zehn Jahre alt.

»Laßt mich in Ruhe mit diesem Unsinn!« soll er an der Haustür gebrüllt haben, als seine Freunde ihn wieder einmal abholen wollten. Daran erinnert sich seine Mutter, die hat das mitbekommen.

Sie hat auch die Folgen von dieser Absage mitverfolgen müssen: komische Anrufe, seltsame Briefe. »Ich weiß nicht, was in diesen Umschlägen genau drin war. Woher auch, ich mach' doch die Post für meinen Sohn nicht auf, und ich will auch nicht, daß er meine Post aufmacht. Ich kann mich nur daran erinnern, daß einer von den Umschlägen unten rot war, wie in Blut getränkt, und daß auf einmal wilde Sprayerzeichen an unserem Haus waren. Aber ich weiß nicht, was die bedeuten sollten. Trotzdem hatte ich das Gefühl, sie hatten irgendwas mit Andy zu tun.«

Andy oder Andreas ist also noch ein paarmal zu solchen Partys gegangen. Über die ganz genaue Anzahl seiner Besuche können wir nur spekulieren – eigentlich spielt sie auch gar keine Rolle mehr. Sein Kumpel, der ihn zu diesen Partys überhaupt erst animiert hatte, gibt sich verschämt: »Na ja, da war einmal so eine komische Sache, da war die junge Frau nicht dabei, sondern ein Kind, vielleicht fünf oder sechs, und der Ritualmeister hat dieses Kind anstelle der jungen Frau für die Party benützt, von hinten. Und das Kind hat geschrien, und der Andreas ist rausgelaufen. Aber das war nur ein einziges Mal. Und ich weiß nicht, warum ihn das so geschockt hat oder so.«

Andreas hatte die Schnauze voll. Er wollte raus aus diesem Wahnsinn. Aber seine Kumpel haben ihn gewarnt: »Einmal dabei – immer dabei.« Und: »Tod dem Verräter!« Eine Logik, die sich auch in den Büchern über die Altmeister des Satanismus findet. Dabei hatte Andy nicht das geringste verraten. Er wollte nur aussteigen.

»Dann kam ein Brief an ihn«, so seine Schwester. »Er war an allen vier Kanten rot. Rot wie Blut. Was drin stand, weiß ich nicht.«

Nach unserem heutigen Kenntnisstand müssen wir davon ausgehen, daß ein Opferbefehl in diesem Brief stand. Ungefähr nach dem Motto: »Du hast versagt, also opfere Dein Leben Satan, damit Du nach Deinem Tod weiterleben kannst in Satans Reich.« Solche Briefe gibt es immer wieder. Ihre Kommandos werden hin und wieder auch mißachtet. Von Menschen, die sich befreien konnten. Viele können das aber nicht. Der Psychoterror der ehemaligen Gruppe ist zu stark.

Andreas starb an Silvester 1997 unter den Gleisen eines Intercity, der von Hamburg aus in den Süden wollte. Im Polizeibericht stand nur eine winzige Meldung.

Mit Sexualmagie direkt auf dem Weg zur Hölle

In meinen Fallbeispielen war immer wieder von rituellem Sex die Rede, von Mißbrauch an Kindern und Jugendlichen, von Vergewaltigungen, Gruppensex und dergleichen mehr. Auch wenn die Erfahrung zeigt, daß es vielen Satansjüngern ganz einfach um das Ausleben ihrer Perversionen geht, steht hinter dem ganzen abstoßenden Treiben trotzdem ein System, die Lehre der Sexualmagie.

Gleich zu Beginn eine wichtige Feststellung: Sexualmagie ist bei ernstzunehmenden Hexen und Magiern schon lange kein Thema mehr. Ihre Ausübung ist nicht nur pervers und rücksichtslos, sondern auch schon lange veraltet und überholt. Dabei mag der Ausgangspunkt ja durchaus noch seine Berechtigung haben. Sexualmagier setzen nämlich voraus, daß beim Sex Energien freiwerden, die durchaus auch spirituell genutzt werden können. Und zwar Energien, die nicht nur beim Ausführenden, sondern auch beim Betrachter freiwerden. Bis hierher kann ich noch folgen. Bei jedem Fußballspiel, bei jedem Rockkonzert und auch bei jeder politischen Versammlung werden nämlich ebenfalls Energiefelder frei, deren Präsenz heute niemand mehr ernsthaft leugnen kann. Eine Fangemeinde, die einen Künstler oder eine Fußballmannschaft anfeuert, überträgt ihre positive Energie. Und auch ein geschickter politischer Redner (»Wollt ihr den totalen Krieg?«) kann mittels Manipulation und Suggestion bei den Massen Energien freisetzen, die in sich gesehen zwar heute noch nicht physikalisch meßbar sind, aber in ihren Folgen durchaus beweisbar.

Weitaus humaner und effektiver arbeiten heute die Magier, um die bei der Sexualmagie freigesetzte Energie mittels der Kunst der Kundaline zu erreichen. Das ist eine Yogaspielart, mit der, wie bei magischen Sexpraktiken, der Lumbalnerv stimuliert wird. Diese Technik ist nicht nur einfacher zu erlernen, sie ist auch wirksamer. Dennoch darf auch hier nur mit äußerster Vorsicht und nur unter Anleitung gearbeitet werden, denn man kann gravierende und gesundheitsschädigende Fehler machen. Doch eines ist sicher: Kundaline ist frei von perversen Begleiterscheinungen.

Sexualmagie gibt es schon seit Urzeiten. Stellen Sie sich nur die »magische« Überraschung vor, als der erste Mensch den Zusammenhang zwischen Sex und Kinderkriegen durchblickt hat! Das muß ihm ja direkt wie höhere Zauberei vorgekommen sein. Es darf uns nicht wundern, daß er dann im Lauf der

Zeit immer wieder versucht hat, mit seinem Geschlechtstrieb auch noch anderes herbeizuzaubern als Babys.

So wurde also fleißig drauflosexperimentiert. In religiösen Systemen wie dem Tantrismus finden sich dann die ersten gesicherten Überlieferungen. Sex als heiliger Akt sollte die Partner in einen höheren Bewußtseinszustand führen. Bestimmt festigt ein gemeinsames Erlebnis dieser Art die Beziehung.

Bei Satanisten aber wird der Sex als Mittel zum Zweck angesehen. Sie versuchen, ihre sexuellen Triebe und freigewordenen Energien zu steuern und zielgerecht einzusetzen. Sex also, wenn man Geld haben will, Gesundheit oder Anerkennung. Angeblich spielen bei vielen Praktiken die Situation und das Wohlbefinden des Partners keine Rolle. Womit eigentlich schon alles gesagt ist. Teufelsanbeter gehen nämlich soweit, daß sie Folterungen, Todesfälle »aus Versehen« und sogar vorsätzlichen Mord in ihr sogenanntes magisches Spiel mit einbeziehen. Ein weiterer Gesichtspunkt für mich, sie zu verabscheuen.

Schon im 2. Jahrhundert nach Christus haben in Europa zwei Sekten den östlichen Tantrismus teilweise kopiert und nachweislich Sexualmagie betrieben: die Phibioniten und die Karpokratianer. Sie haben innerhalb eines Gottesdienstes ihr Sperma geopfert oder auch Sex miteinander praktiziert. Entweder in der Form, daß der Priester und eine »Auserwählte« auf dem Altar den Beischlaf ausübten, oder aber auch, indem jeder mit jedem kopulierte.

Im Mittelalter haben dann diese beiden Sekten Nachahmer gefunden. Auch die Adamiten, die Picarden (Beginen) und die Fraticelli übten sich in der Sexualmagie, ebenso die Templer und die Katharer. Bei den beiden letztgenannten Gruppen ist das lediglich durch Urteilssprüche der katholischen Inquisition belegt, was uns hellhörig machen muß. Denn die Inquisitoren handelten oft willkürlich und politisch orientiert. Ihre Urteile sind im nachhinein mehr als fragwürdig; ihre grausamen Folterungen und Hinrichtungen ohnehin. Auch der sogenannte Hexensabbat ist ihren kranken Hirnen entsprungen. Obwohl neueste Forschungen belegen wollen, daß es in Frankreich tatsächlich eine kleine Gruppe von Hexen gab, die Sexualmagie und Hexensabbatorgien praktizierten. Aber der schlüssige Beweis, auch nur diese kleine französische Hexengruppe betreffend, fehlt bis heute.

Nachweisbar sind jedoch die Sexexperimente der Orden O.T.O., Astrum Argenteum von Crowley, Fraternitas Saturni und der französischen Gruppe um Joseph Antoine Boullan.

Neben Crowley war es vor allem Boullan, der Schwung in die Sexualmagie brachte, und das Mitte des 19. Jahrhunderts. Er hatte die Weihen eines katholischen Priesters, gründete dann aber später mit der Nonne Adéle Chevalier seinen eigenen Club. Sein Ritual war einfach das der katholischen Messe. Die entscheidende Abwandlung aber bestand darin, daß er es innerhalb dieser Messe mit seiner Gefährtin nackt auf dem Altar trieb. Was die gehobenen Kreise von Paris natürlich faszinierte und anzog.

Boullan hatte mit seiner Partnerin ein Kind, das er dann Satan geopfert haben soll. Zumindest ging die Justiz davon aus. Sie inhaftierte den Magier zeitweise in Rom. Nach seiner Freilassung tarnte er sich dann geschickt und fiel auch nicht weiter auf, machte aber dennoch weiter. Offiziell nicht als Magier, sondern als Religionsforscher. Einem Konkurrenten fiel aber die Tarnung auf, und er zerrte Boullan erneut vor Gericht. Der Magier bekam Berufsverbot. Und verbrachte den Rest seines Lebens damit, seinen Ankläger zu bekämpfen. Natürlich mit Beschwörungen und Schwarzen Messen.

Hier in Deutschland haben wir es in erster Linie mit

Michael D. Eschner zu tun, der vor nicht allzu langer Zeit mit seiner Gruppe in Niederbayern ein ganzes Dorf terrorisiert hat. Ständig fehlten den armen Bauern Hühner und anderes Nutzvieh. Sie wurden wohl für Tieropfer verwendet. Es kam auch zu Vergewaltigungen und sexualmagischen Ritualen. Sieben Jahre Gefängnis für Eschner haben den Bauern fürs erste eine Verschnaufpause verschafft. Und Eschner selbst vorsichtiger werden lassen. Daß er dennoch weitermacht, steht für mich außer Frage. Ich halte ihn für genial und krank in einem Atemzug. Und vor allem für gefährlich. Eschner hält sich nämlich für den reinkarnierten Cagliostro und den reinkarnierten Crowley gleichzeitig. Darum baut er auch auf den sexualmagischen Experimenten auf, die Crowley in seiner satanistischen Jugendzeit gemacht hat. Er gibt sogar Bücher heraus, in denen er Crowleys Texte kommentiert und erweitert. Weil er sich dazu berufen fühlt.

Über all seinem Streben stehen die beiden Sätze »Gott ist Mensch« und »Der Mensch ist Gott«. Darüber hinaus geht es um die Verehrung des Phallus als göttliches Instrument und um die absolute Freiheit des Willens. Eine Freiheit, die das Leiden und sogar den Tod von Mitmenschen billigend in Kauf nimmt und manchmal sogar bewußt herbeigeführt wird. Womit er mit dem Magier Austin Osman Spare (1886–1956) aus London übereinstimmt, der sich zeitweise Crowleys Lehren angeschlossen hatte und mit dessen sexualmagischen Experimenten konform ging.

Daß Crowley in seiner Jugendzeit alles andere als ein Heiliger war, haben wir ja schon behandelt. Seine sexualmagischen Experimente aber gehören wohl zum Abscheulichsten, was er je gemacht hat. Mit Vorliebe suchte er sich alte, gebrechliche, ausgesprochen unattraktive oder behinderte Partnerinnen dafür aus, einmal sogar per Zeitungsanzeige. Natürlich hat er die Art dieses Vorgehens theoretisch begründet; eine Perversion muß ihm dennoch unterstellt werden.

Crowley führte ein Sextagebuch. Peinlich genau sind die Daten seiner Experimente festgehalten. Name der Partnerin, Alter, Umstände, Ritual, Dauer der sexuellen Handlungen, magisches Ziel der Handlungen, Erfolg oder Nichterfolg im Erreichen dieses Zieles (Geld, Erfolg, Gesundheit etc.). Um Spannern vorzubeugen: Hier geht es nicht um erotische Literatur, auch nicht im entferntesten. Hier geht es um bruchstückhafte Sätze und Skizzen. Datum, Uhrzeit, Name der Partnerin, Objekt (Ziel der Handlung) und Resultat (ob das Ziel mit dem Ritual erreicht wurde oder nicht).

Natürlich kamen die Jünger der Sexualmagie auch sehr schnell auf die Idee, die durch Sexualität freiwerdende Kraft im Orgasmus mit der Kraft von Drogen zu koppeln. Alkohol, Strichnin, Tollkirsche – ihnen ist alles recht, um ins Reich der Dämonen zu gelangen. Da sie lieber andere dorthin schicken als sich selbst, wird das Opfer so lange durch sexuelle Handlungen und Drogen gleichzeitig malträtiert, bis es aus dem Reich der Finsternis berichten kann. Und wenn es auf dem Weg dorthin schwere gesundheitliche Schäden oder gar den Tod erleidet, so hat es eben Pech gehabt.

In einem Buch von Eschner (der Titel spielt keine Rolle, es ist ohnehin nicht im Laden erhältlich) gibt es eine Anleitung für das »vollkommene« Opfer: die Zeugung eines Kindes im Zusammenhang mit gewissen Ritualen, dann das Austragen des Kindes unter strengen Regeln. Nach der Geburt soll das Kind erst mit Wasser gereinigt werden, dann mit Feuer. Im Klartext: Es wird verbrannt bzw. geröstet. Das Fleisch des Kindes soll dann in Stücken unter den Gemeindemitgliedern zum Essen angeboten werden. Parallelen zum katholischen Kommunionsritual sind beabsichtigt.

Sexualmagie unter satanischer Inspiration verherrlicht auch den Tod im Orgasmus. Es sei der größte, herrlichste und spirituellste Tod, den man nur haben könne. Nach der Logik der Satanisten also absolut erstrebenswert. Und deshalb haben auch die mit Sex zu Tode gefolterten Menschen nicht den geringsten Grund, bedauert zu werden. Man hat ihnen ja nur etwas Gutes getan. Wir ersehen aus diesen Gedanken nicht nur die Unzulänglichkeit der Logik, sondern auch die schreckliche Perversion der Satanisten.

Es gibt noch viele weitere Aspekte der Sexualmagie. Wie zum Beispiel die Zeugung eines Homunculus, eines menschähnlichen Wesens. Es lohnt nicht, darauf näher einzugehen. Hier stimmen nicht einmal mehr die einfachsten Spielregeln der Logik, geschweige denn die magischen Ansätze.

Die Satanisten verweisen selbst darauf, daß solche sexualmagischen Experimente nur nach ausführlichen Übungen gemacht werden dürfen. Und daß solch Übungsphasen Jahre dauern können. Andernfalls drohen Atemstillstand, Lähmungen und Geisteskrankheiten, in schlimmen Fällen sogar der Tod.

Wir wissen aus der Praxis, daß allein die Beschäftigung mit dieser Materie für fast alle Menschen große und größte Probleme mit sich bringt. Auch ich bin nicht weiter eingestiegen. Weder in Sexualmagie noch in ihre Wirkung im Zusammenhang mit Satanismus. Sexualmagische und satanistische Eiferer und Fanatiker dürfen sich also frohgelaunt an meinen bewußt allgemein gehaltenen Ausführungen erfreuen und mich auch diesbezüglich eventueller Ungenauigkeiten bezichtigen. Es macht mir nichts aus. Denn mein allerersten Bestreben ist es, alles zu vermeiden, was Appetit oder auch nur vorsichtiges Interesse wecken könnte.

Satanismus in der Kunst

Es gibt unzählige Beispiele von Fällen, von denen behauptet wird, der Teufel habe seine Finger im Spiel. Nachdem man früher alle Geisteskranken, deren Leiden noch nicht erforscht waren, in die Ecke der »vom Teufel Besessenen« rückte, ist es kein Wunder, daß mit diesem Begriff immer wieder Schindluder getrieben wurde. Jeder Arzt, der am Ende seines Könnens angelangt war, hatte eine prächtige und respekteinflößende Ausrede für sein Scheitern.

Die Kirche tat dann ihr übriges dazu, daß solche Berichte von Besessenen gehegt und gepflegt wurden. Schließlich gab es in ihrer Geschichte immer wieder lange und schreckliche Perioden, in denen sie die sogenannte »frohe Botschaft« in eine Botschaft von Strafandrohung, Angst und Unterdrükkung umwandelte. Wenn du das und das nicht tust, dann kommst du in die Hölle, und die Hölle sieht so und so aus, und der Teufel tut dir das und jenes an.

Kein Wunder, daß der Teufel in der Arbeit vieler Künstler vorkommt. Das bekannteste Beispiel ist sicherlich die Geschichte von Faust, entsprungen der Feder und auch der Seele von Goethe. Faust verkauft seine Seele dem Teufel, bekommt Reichtum und Macht und sogar die angebetete Frau, Gretchen. Später gerät er dann in Gewissensnöte, verzweifelt.

Im Filmgeschäft sorgte Mitte der sechziger Jahre vor allem Roman Polanski für Aufsehen, wenn es um Mystisches ging. Erst schuf er 1966 mit dem »Tanz der Vampire« eine geniale Persiflage auf das gesamte Gruselgenre; ein Jahr später sorgte er mit »Rosemaries Baby« dafür, daß das Thema Satanismus erstmals weltweit via Kunst über den Globus wanderte.

Die Geschichte dieses Films ist schnell erzählt: Die junge

Rosemarie ist schwanger, freut sich auf ihr Kind. Irgend etwas Unheimliches geht im Haus vor, alles tuschelt und flüstert. Rosemarie bekommt psychotische Angstzustände. Doch alle, an die sie sich wendet, inklusive ihres Ehemanns, beschwichtigen sie. In einem drogenähnlichen Hyperrausch verliert sie ihr Kind. Frühgeburt mit angeblich tödlichem Ausgang. Sagen zumindest alle, die sich immer so nett um sie kümmern. Doch aus der Nachbarwohnung klingt das Weinen eines Babys. Schließlich outen sich Nachbarn, Freunde und auch der Ehemann: Sie sind Satansjünger. Doch Rosemarie besteht darauf, ihr Kind sehen zu dürfen. Und schließlich darf sie. Der Film endet mit einem satanischen Blick aus der Wiege.

Regisseur Roman Polanski weiß, was Satanismus bedeutet. Seine Ehefrau Sharon Tate, die aufreizende Badenixe aus »Tanz der Vampire«, wurde von dem Teufelsbraten Charles Manson und seiner Clique auf bestialische Weise umgebracht, rituell geopfert. Manson war schon immer auf der tiefschwarzen Seite: Oft ließ sich der »Menschensohn« (Man-Son) auf ein Kreuz binden und auspeitschen.

In der aktuellen Kunstszene machen besonders die Musiker von sich reden. Heavy-Metal-Helden schmücken sich mit auf den Kopf gestellten Kreuzen um den Hals, machen das Zeichen für Satanshörner mit der Hand. Der kleine Finger und der Zeigefinger werden nach oben gestreckt. Dieses Zeichen verwenden sie, um ihre Fans zu begrüßen oder aufzuheizen. Und die Fans benützen es ihrerseits, um sich untereinander zu begrüßen.

Nun darf man nicht vergessen, daß sowohl diese Amulette als auch das Handzeichen inzwischen zum reinen Modegag verkommen sind. Die wenigsten, die sich so äußern, haben etwas mit Satanismus am Hut. »Poser-Bands«, also Bands, die nur so tun, als ob sie in schwarzen Zirkeln seien, machen das große Rennen. Ein bißchen teuflisch sein ist eben anscheinend schick. Hitparadengrößen wie »Slayer« und andere wissen das nur zu genau.

Genauso wie das christliche Kreuz zum Modeschmuck degradiert wurde, hat auch das Satanssymbol nicht mehr seine ursprüngliche Bedeutung. Zumindest in vielen Fällen nicht.

Die Hinwendung der Heavy-Metal-Szene zum schwarzen Kult geht auf die frühen siebziger Jahre zurück. Die britische Gruppe Black Sabbath ergötzte ihre Fans mit Texten und schwerer Musik zum Thema Teufelskult. Immer ein bißchen verschlüsselt, damit die Jugendschützer nicht auf den Plan gerufen wurden. Wann immer Sänger Ozzy Osbourne ein quälendes »Meister Crowley, wie hast du das gemeint?« in die Menge geschrien hat, waren die Beamten überfordert. Sie wußten einfach nicht, wer oder was Crowley war.

Dann kamen Led Zeppelin, die sogar Runen auf ihren Schallplattenumschlägen abdruckten. Auch Jim Morrison von den Doors verschrieb sich im Rahmen einer Schwarzen Messe den düsteren Mächten. Und selbst die etablierten Rolling Stones machten von sich reden, mit Songs wie »Sympathy for the Devil« (Mitleid mit dem Teufel) und ihren Alben »Their Satanic Majesties' Request« (Auf Wunsch ihrer satanischen Majestäten) und »Goats Head Soup« (Ziegenkopfsuppe). Alles Signale, die von den Satansjüngern nur allzugern aufgegriffen wurden. Es gibt auch Gerüchte, daß Falco Mitglied einer Wiener Satansloge war, um sich Ruhm und Erfolg zu erkaufen. In Wien sind die Teufelsanbeter überdurchschnittlich aktiv und präsent.

Sogar die braven Beatles haben ihre satanische Vergangenheit. Auf dem Cover des Meilensteinalbums »Sgt. Pepper« grüßte eine Vielzahl »von Leuten, die wir mögen« via Fotomontage. Vorne die Beatles in Phantasieuniformen, dahinter

Fotos, Schnipsel, Grafiken. Wie eine Gemeinde. Eben »Leute, die wir mögen«. Bob Dylan, Marlon Brando, Marilyn Monroe und viele mehr. Und mitten unter ihnen: Aleister Crowley, der Priester des Teufels.

Die Geschichten sind bekannt: Beatles-Mastermind John Lennon wurde 1980 von einem Satansjünger erschossen, Black-Sabbath-Sänger Ozzy Osbourne war jahrelang schwer alkoholkrank, der Sohn von Led-Zeppelin-Sänger Robert Plant wurde von einem Auto überfahren, Rolling-Stones-Gitarrist Brian Jones ertrank in einem Swimmingpool, Jim Morrison von den Doors starb an Herzversagen in einer Badewanne. Und Falco aus Wien hatte einen tödlichen Autounfall.

Als die Schallplatten noch aus Vinyl waren, gab es Gruppen, die aus Spaß oder aus echtem Sendungsbewußtsein heraus verschlüsselte schwarze Botschaften in die Rillen pressen ließen. Indem man die Platte auf dem Plattenteller anhielt und rückwärts drehte, konnte man sie erkennen und hören. Ein regelrechter Boom entstand; und etliche Gruppen sprangen auf diesen Zug auf, ohne wirklich etwas mit dem Teufel zu tun zu haben. Denn sie wußten ganz genau, daß sie voll im Trend waren; und vor allem, daß sie mit solchen Spielereien ihre Fans an sich binden konnten.

Und das Konzept ging auf. Die Hysterie mit den verschlüsselten Botschaften kannte keine Grenzen. Immer wieder hörten die Fans auf den Schallplatten Mitteilungen, die gar nicht drauf waren und die auch nicht im Interesse der Künstler waren. »Death Metal«, Todes-Heavy-Metal, wurde zur eigenen Musikrichtung erklärt. Diese Musik wird auch heute noch bei Schwarzen Messen verwandt. Auch wenn sie inzwischen immer öfter durch stampfende Technoklänge abgelöst wird.

Wunderschön: der Sketch des hessischen Comedyduos

Badesalz zum Thema »verschlüsselte Botschaften«. Er verulkt das ganze Genre, vor allem aber Leute, die mit ihrer immensen Phantasie Botschaften wahrnehmen, die gar nicht vorhanden sind.

Eine kurze Inhaltsangabe: Zwei Freunde gehen in einen schwarzen Keller, die Wohnung von einem der beiden. Und der hat natürlich eine riesige Heavy-Metal-Plattensammlung. »Weißt du eigentlich, daß auf solchen Platten verschlüsselte Botschaften drauf sind? Hier, die Heavy Thunders. Wenn man die rückwärts spielt, dann hört man das ganz deutlich.« Der andere lacht abfällig. »So ein Quatsch!« – »Nein wirklich, hör mal!« Und dann dreht er die Platte ein Stück rückwärts. Wir hören auf hessisch: »Rippsche med Kraut« (Rippchen mit Kraut). Der andere lacht noch mehr. »Weißt du, was ich gehört habe? Rippsche mit Kraut. Und das soll eine satanische Botschaft sein?« Sein Freund wird hysterisch: »Unsinn, das heißt ›Stich in die Braut‹, nichts anderes. Und hier, hör mal hier!« Wieder dreht er eine Platte rückwärts: »Blutworscht« (Blutwurst). »Weißt du, was ich gehört habe?« grinst sein Freund. »Blutwurst. Von wegen satanische Botschaft.« – »Nein, nein, nein! Das heißt Blutdurst. Erst stich in die Braut und dann Blutdurst! So was gehört doch verboten! Das ist schon komisch, daß du das nicht hörst. Überhaupt hast du dich in letzter Zeit ganz schön verändert. Der dunkle Keller hier, die schwarzen Klamotten, das schwarze Auto ... und was ist jetzt los? Was ist mit deinen Augen los, die glühen ja?« Eine unheimlich verfremdete Stimme mit vielen unheimlichen Nebengeräuschen antwortet explizit und langsam, aber drohend: »Leck – mich – am – Arschschsch ...«

Dieses Stück ist auf der Platte »Och Joh« von Badesalz, 1990 bei der Firma CBS erschienen und heute über Sony erhältlich. Seine Moral ist klar und deutlich: Leute, bildet euch keine Sachen ein, die es nicht gibt. Ihr macht euch sonst das Leben unnötig schwer.

Mir gefällt daran besonders, daß hier das Thema Satanismus auf die Schippe genommen wird. Dinge, über die man lachen kann, haben ihre unheimliche Macht verloren. Was aber kein Trost für all jene ist, die wirklich Probleme damit bekommen haben. Ihnen ist das Lachen nämlich vergangen, und zwar nachhaltig.

Vom Teufel besessen? Oder nur krank?

Es gibt immer wieder Menschen, denen wir bewußt oder unbewußt, manchmal auch nur scherzhaft unterstellen, etwas mit dem Teufel zu tun zu haben. Wie auch immer. Das kleine Kind, das andauernd etwas anstellt, wird im Sprachgebrauch sehr schnell zum »Satansbraten«. Ein Braten für oder von Satan? Ich weiß nicht, wie das gemeint sein soll. Auf jeden Fall ist der Titel Satansbraten alles andere als ein Kompliment. Auch dann nicht, wenn man ihn mit einem Augenzwinkern verleiht.

Unsere Sprache wird noch genauer, wenn es darum geht, etwas als ganz besonders gemein und bösartig abstempeln zu wollen. Wir sprechen von der Teufelsbrut, von einer teuflischen Aktion, einer teuflischen Maschinerie, die sich in Bewegung setzt oder gesetzt hat.

Noch weiter gehen wir, wenn wir einen ganz besonders bösen Menschen abstempeln wollen: »Der steht mit dem Teufel im Bunde.« Was nichts weiter heißt, als daß dieser Mensch Übles tut und in seiner Ausführung außerdem noch sehr erfolgreich ist. Der Teufel wird hier also nicht nur als Mentor und Ideengeber für das Böse angesehen, sondern auch noch als eine Art Schutzmacht, wenn es darum geht, die düsteren Pläne dann auch zu verwirklichen. Wenn also jemand »seine Seele dem Teufel verkauft« hat, ist er zunächst einmal, auf dieser Welt, außerordentlich erfolgreich, um dann nach seinem Tod in das Reich der Finsternis abzufahren, in die Hölle. Erfolg gegen Seele, Geschäft ist Geschäft.

Wir kennen solche Bilder und Gleichnisse aus der Literatur. Meist verlangt der Teufel zur Unterschrift auch noch einen Blutstropfen, um den Pakt mit seinem Klienten auf spezielle und mystische Art zu besiegeln. Oder die Unterschrift unter so einem Teufelspakt muß vollkommen aus Blut bestehen. Phantasien von Schriftstellern, Geschichten aus der Sagenwelt – oder ist mehr dran?

Jede Phantasie hat ihren Ursprung und ihre Bedeutung. Jeder von uns trägt gute und schlechte Phantasien in sich, jeder muß den alltäglichen Kampf des Guten gegen das Böse zur Kenntnis nehmen, ertragen oder gar selbst ausfechten. Phantasien und Visionen können ja durchaus auch weiß sein. Sowohl schwarze als auch weiße Phantasien, die über das normale und gesundheitsverträgliche Maß hinausgehen, nennen wir heute psychotische Anfälle. Dazu zwei Beispiele aus der Praxis des Nervenkrankenhauses in Haar bei München.

Ein junger Mann erleidet einen manisch-depressiven Schub und erlebt eine psychotische Phase. Er steigert sich in die Vorstellung hinein, daß seine Anwesenheit und seine Geruchsausdünstung seinen Freunden, seiner Familie, ja eigentlich der ganzen Welt schadet. Er will diesen Geruch loswerden (den außer ihm niemand wahrnimmt) und begibt sich in ärztliche Behandlung. Ist dieser junge Mann vom Teufel besessen?

Ein anderer junger Mann hat mit der gleichen Krankheit und mit dem gleichen tragischen Symptom zu kämpfen. Nur daß er nicht davon ausgeht, daß er der Welt schadet, sondern daß er dazu berufen ist, die Welt zu retten. Er zitiert zusammenhanglos aus der Bibel, verschenkt Geld an Bedürftige, beichtet alte Sünden, versucht, seine Wohnung auf Hochglanz zu bringen. Alles, um sich auf die Ankunft Gottes vorzubereiten. Ist dieser junge Mann von Gott erleuchtet, ist er ein Heiliger?

»Warum gibt es in unseren Tagen keine Heiligen mehr?« fragte mich kürzlich eine Freundin. Die Antwort fiel mir nicht schwer: »Weil es inzwischen Psychopharmaka gibt.« Visionen, sowohl schwarze als auch weiße, werden im Keim unterdrückt, meistens zum Wohle des Betroffenen. Dennoch gibt es nach Meinung der Hexen eine Parallelwelt, die nur Personen sehen können, die nach heutigen Maßstäben krank sind.

Die Grenzen von der Phantasie zur Krankheit – es muß nicht unbedingt eine manisch-depressive sein – sind fließend. Das wissen wir doch alle selbst. Wer beispielsweise schon einmal in einer Baumrinde ein Gesicht entdeckt hat, kennt dieses Phänomen im kleinen. Eine Vision, eine Gehirnstörung, eine Nachricht von oben? Oder vielleicht sogar eine Nachricht von unten?

Die Bibel und andere heilige Bücher leben aus der Kraft der Visionen, sie sind voll davon. Was wäre geschehen, wenn Jesaja nach seinen öffentlichen Auftritten einem Arzt in die Finger gefallen wäre? Was hätte dieser dem Propheten verschrieben? Und dürfte ein Seher wie Johannes nach seinem Werk »Die Apokalypse« heute noch frei herumlaufen? Müßte man jemanden, der so viele gute und böse Geister, ja sogar den Weltuntergang gesehen hat, nicht eher vor sich selbst schützen?

Jeder von uns kennt das sogenannte Déjà-vu-Erlebnis. »Déjà vu« ist französisch und heißt: schon mal gesehen. Man kommt an einen Platz, oder man begeht allein oder auch mit Freunden eine gewisse Situation, vielleicht eine Situation am Arbeitsplatz oder eine Feier, und auf einmal macht es klick im Hirn. »Da war ich doch schon mal, das hab' ich doch schon mal erlebt. Und zwar genau so.«

Wer an Reinkarnation glaubt, sieht diese Déjà-vu-Erlebnisse gerne als Beweis seiner Wiedergeburt. »Das muß in meinem früheren Leben passiert sein, denn ich habe alles durchforstet in meiner hiesigen Vergangenheit – ich war definitiv noch nie an diesem Platz.«

Heute kann man das Déjà-vu-Phänomen medizinisch erklären. Jeder Mensch beansprucht beim Sehen ein Auge mehr als das andere. Wir alle haben ein »dominierendes Auge«. Das andere Auge zieht in seiner Funktion um einen Bruchteil von Sekunden nach, es hinkt hinterher. Aber für uns unmerklich. Erst wenn durch eine kleine Durchblutungsstörung der Abstand zwischen dem dominierenden und dem später arbeitenden Auge etwas größer wird als sonst, merken wir den Unterschied. Und wir haben tatsächlich »diese Situation schon einmal gesehen«, aber eben nur Bruchteile von Sekunden vorher, mit unserem dominierenden Auge. Der heutige Stand der Medizin sagt uns also, daß alle, die zu oft Déjà-vu-Erlebnisse haben, zum Arzt müssen. Denn sie leiden an einer Durchblutungsstörung.

Doch warum kommt diese Störung genau in diesem Moment? Ist es überhaupt eine Störung? Oder funktioniert unser Körper richtig? Und warum haben die beiden jungen Männer genau zu diesem Zeitpunkt in ihrem Leben eine psychotische Störung, eine wie auch immer geartete Erleuchtung? Geht es hier wirklich um eine manisch-depressive Stoffwechselstörung? Oder gibt es Nachrichten aus einer anderen Welt?

Ich kann aus diesen ganzen Fragen und aus der Summe der

unmöglich gewordenen Antworten nur den Schluß ziehen, daß es wohl so etwas wie einen Gott und auch einen Teufel geben muß. Denn irgendwann gab es einen Anfang all dieser Eingebungen. In einer Zeit, die noch lange vor der Entstehung der Bibel anzusiedeln ist. Die Erklärungen der Mediziner sind hilfreich und wichtig, aber sie sind bestimmt nicht der Weisheit letzter Schluß. Von nichts kommt nichts, auch oder gerade nicht in der alltäglichen Umgangssprache. Vielleicht ist sogar der Fleiß der Mediziner, die sicher nur das Beste für uns wollen, Teil eines teuflischen Plans.

Wie reagiert die Polizei auf Satanismus?

Es gibt ein altes Sprichwort, und das gilt auch heutzutage noch: »Es muß erst etwas passieren, bevor die Polizei kommt.« Dabei wird das Aktionsfeld der Polizei ganz klar und deutlich vom Strafgesetzbuch eingegrenzt.

Jeder darf sich im Rahmen der vom Grundgesetz garantierten Religionsfreiheit Guru oder Meister oder Priester oder sonstwie nennen und Anhänger um sich scharen. Solange er keine strafbaren Handlungen begeht. Und zwar ausschließlich strafbare Handlungen im Sinne des Gesetzgebers.

»Wir können niemanden betreuen, der sich von Sekten irgendeiner Art verfolgt fühlt. Es sei denn, die Verfolgung und die Bedrohung verstoßen eindeutig gegen bestimmte Paragraphen. Und das muß im Einzelfall ganz genau überprüft werden.« So die Erklärung eines Münchner Polizeibeamten.

Satanische Runen am Haus sind also nichts weiter als »Sachbeschädigung«, Schwarze Messen im Einzelfall vielleicht »Ruhestörung«, sexuelle Rituale eventuell »Nötigung« oder »sexueller Mißbrauch«, was aber meistens sehr schwer zu beweisen ist. Denn die aktiven Satansjünger werden sich immer wieder darauf hinausreden, daß ja jeder der Beteiligten alles freiwillig und selbstverantwortlich mitgemacht hat.

Tieropfer können also auch nur Verstöße gegen das Tierschutzgesetz sein; Grabschändungen »Störung der Friedhofsruhe«. Um seelische Schäden geltend machen zu können, muß man also schon teure Gutachter und einen cleveren Anwalt bemühen. Was sich die meisten Opfer der Satansanbeter schlicht und einfach nicht leisten können.

In einigen Städten gibt es inzwischen auf großen Polizeirevieren eine Abteilung für »Opferberatung«. In München ist das zum Beispiel das K 314, erreichbar unter der Telefonnummer 089/2910-2314. Dort werden Einbruchsopfer zum Beispiel informiert, welche Schlösser sie in Zukunft an Fenstern und Türen anbringen müssen, damit kein Dieb mehr einsteigen kann. »Das sind geschulte Kollegen«, erklärte man uns. Eine besondere Ausbildung in Sachen Sektenunwesen und Satanismus haben sie aber nicht. Was nicht heißen soll, daß man nicht dennoch mit etwas Glück auf jemanden treffen kann, der einem gezielt weiterhilft.

Der Münchner Beamte, mit dem wir gesprochen haben, macht allerdings ziemlich genau klar, wo er steht: »Ach wissen Sie, so was muß man schon genau untersuchen, bevor man da hilft. Viele dieser sogenannten Sektenopfer haben ja schlicht und einfach einen Tick. Und die Polizei hat Wichtigeres zu tun, als sich mit so was abzugeben.« Womit eigentlich alles gesagt ist.

Hat die Kirche eine Antwort?

Sowohl bei der katholischen als auch bei der evangelischen Kirche gibt es einen sogenannten »Sektenbeauftragten«, der auch Satanismusopfern helfen soll. Dort läuft meistens ein Anrufbeantworter. Der katholische Experte (Telefon 089/545813) hat bis heute noch nicht auf unsere Bitte um dringenden Rückruf reagiert; sein evangelischer Kollege (Telefon 089/55029034) hat sich immerhin 13 Tage nach unserem Anruf gemeldet. Eine Art Soforthilfe – und um die geht es ja meistens – gab es im Fall unserer Anfrage nicht. Die örtlichen Pfarrer und Priester sind im allgemeinen mit dem Phänomen Satanismus überfordert. Ausnahmen bestätigen die Regel.

Der Sektenbeauftragte des evangelischen Dekanats erklärt uns, daß Satanismus schwer auf dem Vormarsch ist: »Immerhin fünf Prozent meiner Beratungsfälle sind Jugendliche; und davon haben die meisten Probleme mit Satanismus. Scientology und andere Sekten oder Gemeinschaften spielen in meiner Praxis kaum mehr eine Rolle. Über die Dunkelziffer mag ich gar keine Vermutungen anstellen. Ich glaube, das Problem Teufelskult ist größer, als wir alle wissen.«

Er erzählt uns interessante Details: »Nach den ersten Partys gibt es sogenannte Ekelprüfungen, indem die neuen Jünger Meerschweinchen oder Kaninchen opfern müssen. Später dann werden Katzen, Hunde, Hühner und Ziegen geopfert. Dann wird das Ganze schon richtig rituell.«

Aber wo kommen all die Tiere her, die dann geopfert werden? Kürzlich wurden die Kaninchen einer Freundin von mir, sie wohnt in Ottobrunn in München, mit reichem Kindersegen beschert. Und weil sie all die jungen Karnickel nicht behalten konnte, gab sie in einem örtlichen Anzeigenblatt eine Kleinanzeige auf: »Kaninchen abzugeben, nur in gute Hände«. Die Dame, die die Anzeige aufnahm, warnte meine Freundin gleich zu Beginn: »Schreiben Sie ja nicht rein, daß schwarze oder weiße Tiere dabei sind, und beantworten Sie am Telefon diesbezüglich keine Fragen. Hier in der Gegend sind so Verrückte am Werk, die beten den Teufel an und die sind ganz wild auf solche Viecherl. Die opfern sie dann.« Ein weiteres Indiz dafür, wie weit der Satanismus schon vorgedrungen ist, wie weit er selbst in sogenannten normalen Gesellschaftsschichten bekannt ist.

Auch der evangelische Sektenbeauftragte weiß von Satansjüngern, die sich ihre Tieropfer aus den Tiermarkt-Kleinanzeigen suchen: »Nicht nur schwarze und weiße und dreifarbige Katzen und Hunde sind gefragt, sondern auch Hühner. Also Vorsicht bei Interessenten.«

Extrem fundamentalistische katholische Kreise bieten in Notfällen den sogenannten Exorzismus an, obwohl er vom Vatikan nicht empfohlen oder eingeleitet wird. Beim Exorzismus geht es um eine Mischung aus Ritualen und Gebeten, die oft schon dafür gesorgt hat, daß der oder die Betroffene hinterher noch größere Probleme hatte als vorher.

Das Pendant in der evangelischen Kirche heißt »Befreiungsgebet«; es wird aber nur von Kreisen der sogenannten Evangelischen Freikirche praktiziert.

Der Sektenbeauftragte des evangelischen Dekanats klingt sehr vernünftig: »Ich glaube nicht an den technischen Exorzismus. Es gibt kein Ritual, das auf Knopfdruck das Problem Satanismus heilt. So ein Ritual oder Gebet kann nur die Einleitung zur Heilung sein. Und auch nur dann, wenn man felsenfest daran glaubt. Aber danach muß es gezielt weitergehen. Ich berate Satanismusopfer immer zuerst in Einzelgesprächen, dann beziehe ich nach und nach das Umfeld wie Eltern und Freunde mit ein. Das Ziel muß sein, den Betroffenen neue Lebensinhalte zu geben.« Muß dann der neue Lebensinhalt unbedingt im Christentum zu finden sein? »Nein, ich bin kein Missionar. Außerdem geht es ja primär darum, den Satanismusopfern die Angst vor Verfolgung zu nehmen. Sei es nun eine tatsächliche oder eine eingebildete Verfolgung. Da muß ich auch manchmal mit Psychologen zusammenarbeiten, das geht oft nicht anders. Wenn diese Angst dann weg ist, kann man die weitere Lebensgestaltung angehen.«

Und: »Generell muß ich aus meiner Erfahrung heraus sagen, daß es keine Patentrezepte gibt, die für alle gültig sind und die bei allen funktionieren. Es kommt immer auf den Einzelfall an und auf ganz persönliche Einzellösungen.«

Der Kirchenmann hat recht. Auch verantwortungsbewußte Hexen gehen im Umgang mit Satanismus sehr behutsam und individuell vor. Da die Bedeutung der Rituale und Amulette in unserer Kultur aber eine größere Rolle spielt als bei den Christen, möchte ich im folgenden Kapitel ausführlich darauf eingehen.

Satanismus: Vorbeugung, der Weg in die Freiheit, Vorkehrungen für den Rückfall – aus Hexensicht

Nein, Sie müssen nicht an Gott glauben. Auch nicht an Götter. Und an den Teufel schon zweimal nicht. Wir Hexen haben noch nie diese seltsame Unart des Missionierens übernommen, die von den Christen oft auf grausame Weise perfektioniert wurde. Wir Hexen leben nach dem Motto »leben und leben lassen«. Wer uns nichts tut, dem tun wir auch nichts.

Durch meine jahrelange Praxis aber weiß ich, daß sehr viele – vor allem junge – Leute, durch das Phänomen Satanismus schwer geschädigt und verletzt wurden; manche, auch mir persönlich bekannte Menschen, kamen sogar zu Tode. Da hört für mich der Spaß auf. Also erkläre ich Satan und seinen Jüngern den Krieg.

Ich habe Satan schon gesehen. In einem Traum. Zweimal ist er mir auf diese Weise begegnet. »Der Teufel sieht immer so aus, wie du ihn dir persönlich vorstellst.« Eine alte Grundregel. Und sie stimmt. Es ist also kein Wunder, daß ich kein Monster mit Pferdefuß und Hörnern sah, sondern einen wunderschönen blonden Mann. Er flößte mir keinerlei Angst ein; vielleicht eine gehörige Portion Respekt. Mehr aber auch nicht. Das Böse hatte immer schon eine Maske. Egoismus wird als Ehrgeiz verkauft, Brutalität als Notwendigkeit. Das ist die Methode des Teuflischen. Ich kenne sie, und ich erkenne sie als spirituelle Realität an – aber Angst davor habe ich nicht. Dazu bin ich schon zu weit weg, durch mein eigenes Moralbild schon lange im sicheren Bereich.

Satan, ob als Bild, als Figur oder auch als tatsächlich existierendes Geistwesen im biblischen Sinne – dieser Satan kann mich nicht mehr erschrecken. Natürlich glaube ich, wie jeder andere vernunftbegabte Mensch auch, an die Macht des Guten und an die des Bösen. Es gibt einfach keine bösen Zufälle; und es gibt schon zweimal nicht irgendwelche negativen Ereignisse, die einfach so passieren. Insofern gehe ich davon aus, daß es so etwas wie einen Satan gibt. Gerade wir Hexen halten uns ja sehr gerne damit auf, Bilder und Bildnisse zu deuten.

Wenn ich mich hier und heute mit dem Phänomen Satanismus beschäftige, dann bestimmt nicht als besserwissende Hexe im Knusperhäuschen. Auch nicht als erleuchtete Seherin im New-Age-Getümmel. Ich bin keine Predigerin, keine Missionarin und schon gar nicht allwissend.

Doch Satanismuskulte sind schädlich, widerwärtig und moralisch verwerflich. Denn jeder Kult, jede Religion und jede Kultur, die den Menschen Probleme statt Lösungen bringt, muß ich verurteilen. Jeder vernünftige Mensch muß das tun. Das ist kein Hexenprivileg.

Es gibt etliche Wege, gegen Satanismus vorzugehen. Sowohl vorbeugend als auch dann, wenn der Wunsch des Aussteigens aus einer Sekte besteht. Die Palette der Möglichkeiten reicht von vertrauensvollen Gesprächen mit den Eltern bis hin zu juristischen Maßnahmen. Kontaktadressen gibt's in einem anderen Kapitel.

Im folgenden stelle ich also Vorgehensweisen vor, die ich aus meiner Sicht als Hexe vertreten und empfehlen kann.

Freilich handelt es sich auch hier wieder um Amulette, Talismane und Rituale. Den Teufel mit dem Beelzebub austreiben? Den einen spirituellen Unsinn durch den anderen ersetzen? Nein!

Denn erstens weil ich niemanden zum Hexenkult bekehren. Und zweitens ist allgemein bekannt, daß gerade die Satansjünger mit Amuletten, Talismanen und Ritualen arbeiten. Sie sind also diesbezüglich nicht nur sensibilisiert, sondern auch verletzlich. Die Überschrift für das folgende Kapitel könnte also heißen: »Den Teufel mit seinen eigenen Waffen schlagen.« Und so will ich das auch verstanden wissen.

Sogar »vernünftige« Leute werden schlau genug sein, meine Mittel zu benutzen. Denn auch wer nicht an die Wirkung gewisser Rituale oder Amulette glaubt, weiß genau, daß die Satansjünger es dennoch tun. Sie fürchten die weißen Hexen wie die Pest. Und sind damit besiegbar.

Amulette und Talismane im Kampf gegen Satanismus

Die erste und wichtigste Regel im Kampf gegen das Böse läßt sich in einem einzigen Satz zusammenfassen: nie und nimmer Angst haben. Wer Angst hat und sie außerdem noch zeigt, wird verletzlich.

Stellen Sie sich also »das Böse« oder »den Teufel« – und auch und vor allem die Macht der Satansjünger – wie einen wütenden und angriffslustigen Hund vor. Wenn ein bösartiger Hund Ihren Angstschweiß riecht oder wenn er gar Ihre Fluchtbewegungen wahrnimmt, die Sie aus lauter Angst unternehmen, dann wird er Sie zweifellos zu packen versuchen. Wenn Sie aber diesem Hund selbstbewußt gegenübertreten, festen Schrittes, ihm in die Augen schauen, ihn vielleicht anbrüllen mit Kommandos wie »Platz!« oder »Sitz!«, dann haben Sie schon so gut wie gewonnen. Die Bestie wird irritiert von ihrem Vorhaben ablassen.

Sie können außerdem noch bestimmte Utensilien benutzen, auf die Hunde reagieren. Eine Leine vielleicht. Oder einen Prügel. Oder ein gewisses Parfüm. Allein die Anwesenheit dieser Utensilien verursacht eine schützende Wirkung. Nicht nur deshalb, weil Sie sich stärker fühlen mit diesen Sachen, sondern vor allem auch wegen der Angst, die damit bei Ihrem Gegner – in diesem Fall bei einem Hund – hervorgerufen wird. Sie drehen den Spieß um und machen den Angreifer zum Angegriffenen.

Das ist die Basis, von der wir Hexen ausgehen. Und wir haben Erfolg damit. Seit Jahrhunderten. Die direkte Bedrohung geht nämlich erst einmal von Menschen aus, in diesem Fall von Satansjüngern, und die kennen diese Hexenmittel auch. Und sie fürchten sie »wie der Teufel das Weihwasser«.

Womit wir schon beim Thema wären. Ja, warum nicht Weihwasser? Geweihtes Wasser, das ein christlicher Priester nach seinen Ritualen besprochen und gesegnet hat? Weihwasser zum Besprenkeln des Körpers und der Wohnung, Weihwasser zum Gurgeln und zum Zähneputzen? Für den, der daran glaubt, ist das bestimmt eine Lösung. Fürs erste. Für mich aber nicht. Weil ich von den christlichen Ritualen nichts halte.

Und was ist mit dem Kreuz? Die Macht des Kreuzzeichens hat bei Christen – und um die geht es ja wohl zunächst in unserem Kulturkreis – bestimmt eine große Wirkung. Auch im Kampf gegen Satan. Ich möchte nur nochmals darauf hinweisen, wie wir Hexen die Macht des Kreuzes einschätzen: Das Symbol des Leidens, und darum geht es, verschafft uns, am

Körper getragen (!), neues Leiden. Leidenstalismane oder -amulette ziehen Leid an. Das habe ich schon vorne erwähnt. Aus meiner Erfahrung aber weiß ich, daß das Kreuz an der Wand oder im Auto durchaus schützende Funktion hat. Ich würde es mir aber nie um den Hals oder um das Handgelenk legen.

Wichtiger als das Kreuz ist in der Hexenkultur das Symbol des Schwertes. »Nimm das Schwert in die Hand und schone keinen deiner Feinde.« Eine alte Grundregel, nicht nur bei Hexen. Das Schwert ist das A und O in der Magie. Vor allem als Bildnis.

Bei den Indianern spielt die Schlange eine große Rolle. Ihr Bild vermittelt Gefahr und Kampfbereitschaft. In erster Linie gegen das Böse, in welcher Form auch immer es auf uns zukommt. Die Schlange als Symbol der Macht – vergleichbar mit dem Schwert. Macht, die zum Beispiel von den mexikanischen Indianern auch auf die sogenannten Mojobohnen übertragen wird, die bei Neumond einzuweihen und zu besprechen sind.

Macht gibt uns auch das hebräische Amulett des Königs Salomon (die Schutzglyphe, siehe nächste Seite). Bei der Einweihung dieses Amulettes muß vorher der Raum der Zeremonie mit Salbei ausgeräuchert werden. Einweihungen dieser Art geschehen grundsätzlich nur zu Sonnenaufgang unter Beachtung der Stellung der Planeten. Die Regeln sind zu kompliziert für den Hausgebrauch. Wenden Sie sich daher unbedingt an eine Hexe oder einen Magier.

Hier die wichtigsten Amulette im Kampf gegen Satan als Skizze. Wer sie selbst nachfertigen will, kann ohne persönliche Gefahr aktiv werden. Oft genügen Zeichnungen auf dauerhaftem Papier, besser sind Holz- und Metallarbeiten, die sich am Körper tragen lassen. Die Muster sollten aber unbedingt

Schutzglyphe

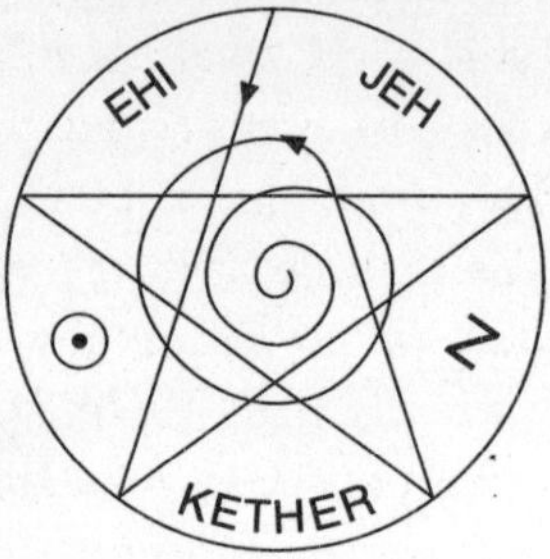

Sprengglyphe

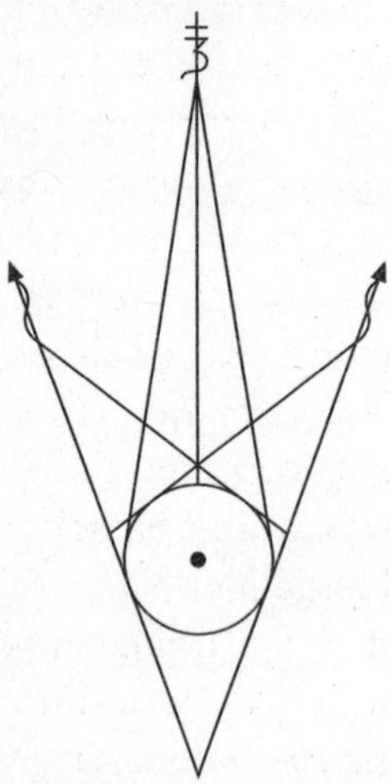

Sator-Formel

Vorderseite

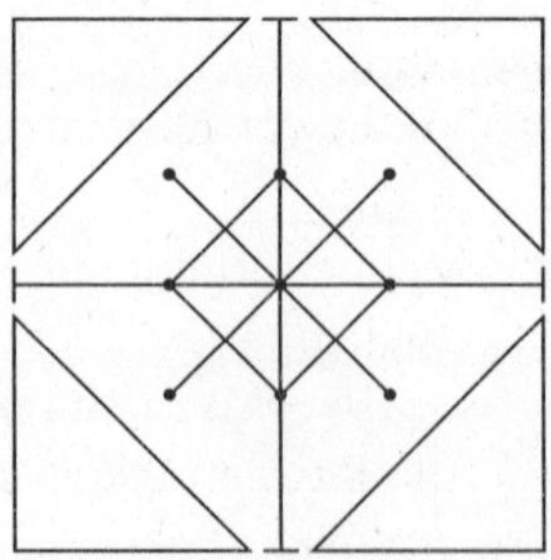

Rückseite

Die Schutzglyphe und die Sprengglyphe stammen aus:
Det Morson, »Praxis der weißen und schwarzen Magie« (Verlag Paul Hartmann), die Sator-Formel aus: Karl Spiesberger, »Magneten des Glücks« (Verlag Richard Schikowski).

genau eingehalten werden, denn sie haben nachweislich magische Kräfte.
Diese Amulette zeichnen Sie auf ein kleines Stück Pergament, ungefähr so groß wie ein Fünfmarkstück, und zwar mit einem schwarzen Stift. Während Sie das tun, verbrennen Sie zwei gelbe Kerzen und zwei weiße, machen Sie eine Protectionräucherung, und stellen Sie eine Schale mit geweihtem Wasser auf. Ich halte das Salomonamulett (die Schutzglyphe) für das wirksamste. Zeichnen Sie es also haargenau ab, und versuchen Sie nicht, selbst kreativ zu werden. Es gilt nämlich immer noch der alte Grundsatz: »Für die Magie fühlen sich viele berufen, aber nur wenige sind auserwählt.« Salomon war und ist auserwählt.

Wer sich nicht nur vor Satan schützen will, sondern sogar in die mißliche Lage gekommen ist, sich von ihm befreien zu müssen, soll bitte folgende Grundregeln beachten: Die in der Skizze dargestellten Amulette sind immer um den Hals zu tragen, und zwar in der Höhe des Herzens. Vorher muß das Amulett gründlich gereinigt werden, in einem Fluß oder einem See, außerdem soll es mit Salz geputzt werden. Wer keine Möglichkeit zu dieser Einweihung des Amulettes hat, soll es mit der Milch von drei (!) Kokosnüssen saubermachen. Soweit die Regeln unserer Religion. Wer das Ganze feierlich macht, mit einem Salzbad und einer schönen Salbeiräucherung, hat eigentlich nichts mehr zu befürchten.

Doch ein paar Punkte sollten Sie dennoch dringend beachten. Ein Amulett oder ein Talisman gegen Satanismus darf nur bei zunehmendem Mond angefertigt werden, am besten, wenn der Mond im Krebs oder im Löwen steht. Der beste Zeitpunkt für diese Verrichtung ist die Stunde des Sonnenaufgangs. Wenn das nicht machbar ist, dann wenigstens im Lauf des hellichten Tages. Niemals in der Dunkelheit!

Mein grundsätzlicher Tip für alle, die Probleme mit Satanismus bekommen haben: Beten Sie! Zu wem auch immer. Zu den Christen-, Voodoo- oder Hexengöttern. Wie es Ihnen beliebt. Meditieren Sie. Kommen Sie auf sich selbst zurück, konzentrieren Sie sich darauf. Wie die Indianer, die den ganzen Tag Gebete murmeln. Entspannen Sie sich und werden Sie locker. Gönnen Sie sich selbst etwas Gutes. Ein schönes Essen, einen Spaziergang, einen Kurzurlaub übers Wochenende. Oder auch ein schönes weißmagisches Schutz- oder Befreiungsritual, ganz langsam und ausführlich in allen Punkten. Satan und seine Helfer sind nur so stark, wie Sie es in Ihrem persönlichen Fall zulassen. Sie werden sich wundern, wie wenig Macht der Teufel und seine Jünger über Sie haben, nämlich gar keine.

Kerzen und Öle, um dem Teufel heimzuleuchten

Ich kann es nicht oft genug erwähnen und muß es auch in diesem Zusammenhang wieder tun: Wer mit Amuletten und Talismanen, auch mit Ölen und Kerzen gegen finstere Mächte arbeiten will, muß an die Macht dieser Gegenstände glauben. Es geht hier also nicht um Verfahren, die wie auf Knopfdruck für jedermann im Kampf gegen das Böse anwendbar sind, sondern es geht um Hilfsmittel und um Verfahren, die wir Hexen erfolgreich in diesen Fällen anwenden. Es ist also für den Anfänger grundsätzlich immer besser, in einem Gespräch mit einer Hexe oder einem Magier den Problemkreis zu definieren und die Lösungswege individuell zu besprechen. Es kann nämlich durchaus auch sein, daß ein Polizist, ein Familienmitglied, ein Arzt oder auch ein Psychiater hinzugezogen werden muß.

Dennoch hier ein paar Sätze zum Thema Kerzen. Wir verwenden zum Beispiel eine schwarze Kerze, wenn wir den Teufel anziehen wollen, um ihn dann entschlossen wegzuschicken. Noch besser eignet sich eine sogenannte reversible Kerze für diesen Zweck. Eine reversible Kerze ist außen schwarz und innen weiß. Verbinden Sie das Abbrennen der Kerze unbedingt mit einem Gebet oder einer Meditation, vielleicht auch mit einem Ritual.

Die Kerze wird vor dem Abbrennen mit Olibanum oder Yellow Dog eingerieben, das sind spezielle Mischungen, die Sie in jedem Hexenladen kaufen können. Weiße Kerzen reiben wir vor dem Abbrennen auch mit Healingöl ein, »healing« wie heilend.

Die Zeremonie beginnt ausschließlich bei Neumond. Sie kann zwischen drei und sieben Tagen dauern, je nachdem, wie Sie sich fühlen oder wie Sie es mit Ihrem spirituellen Berater abgesprochen haben. Eine rituell zu verwendende Kerze darf man grundsätzlich nie ausblasen, sondern man muß die Flamme immer ersticken. Die bereits angebrannte Kerze bitte kein zweites Mal verwenden; grundsätzlich ist es von Übel, wenn Sie bei Ritualen mit den »Zutaten« sparen. Vergraben Sie die Reste einer bereits angebrannten Kerze, verwenden Sie eine neue. Jeden Tag. Das erhöht nach unserem Glauben die Wirksamkeit.

Die Öle, die Sie zum Schutz gegen böse Einflüsse verwenden können, am Körper oder auch als Tinktur für Ihre Kerze, haben allesamt recht beruhigende Zusammensetzungen. Denn Ruhe ist das Wichtigste, was Sie brauchen, wenn Sie das Gefühl haben, vom Bösen befallen zu sein. Sie brauchen diese Ruhe zur Konzentration und zur Meditation, aber auch zum

Gebet. Es geht im einzelnen um Black-Art-Öl (Valerianwurzel), Protectionöl, Buddhaöl, Jezabelöl, Witchöl, Bewitchingöl und das bereits erwähnte Healingöl. Diese Öle, zum Beispiel über die Haut aufgenommen, erhöhen nicht nur deutlich Ihr Wohlbefinden, sie dienen auch zur Abschreckung von Satansjüngern. Denn die kennen die Wirkung dieser Essenzen ganz genau am Geruch. Und nachdem sie den von ihnen bevorzugten so gegensätzlich sind, sogar im Sinne der schwarzen Macht kontraproduktiv, tun sie sich schwerer mit Leuten, die nach den oben genannten Ölen riechen. Ihre Macht läßt nach; und das spüren sie. Die Öle können Sie in jedem Hexenladen als fertige Mischung erwerben. Vom Selbermischen rate ich dringend ab. Die Gründe dafür habe ich vorne schon mal genannt.

Schutz- und Befreiungsrituale

Ich stelle Ihnen jetzt drei Hexenrituale vor, die wir seit langer Zeit im Kampf gegen das Böse und gegen den Teufel erfolgreich einsetzen. Halten Sie sich bitte genau an die Anweisungen, wenn Sie sie nachmachen wollen. Und verwenden Sie nur beste Zutaten von einer seriösen Hexe; kaufen Sie diese Zutaten in ihrem Laden. Billigöle und -wurzeln aus der Esoterikabteilung einer »erleuchteten« Buchhandlung oder gar eines Kaufhauses sind oft chemisch hergestellt, täuschen Duft, Farbe und Wirkung oft genug nur vor.

Bei allen Ritualen, das habe ich schon erwähnt, geht es in erster Linie um die konzentrierte Beschäftigung mit dem jeweiligen Thema, weswegen das Ritual gemacht wird. Und um die Geisteskraft, die Sie aufzubringen bereit oder imstande sind. Rituale im Kampf gegen böse Mächte sind absichtlich umständlich und verlangen großen Zeitaufwand und hohe Konzentration.

1. Ritual

Dieses Ritual schützt Sie vor Schwarzer Magie allgemein und vor allem auch vor den Angriffen von negativen Menschen, die mit Magie schädlich und aggressiv umgehen. Wir unterscheiden hier zwei Arten: die visuelle oder auch geistige Schwarze Magie – und auf der anderen Seite die materielle. »Materiell« deshalb, weil hier Puppen verwendet werden oder auch Gegenstände der betreffenden Person, der geschadet werden soll. Die materielle Schwarze Magie ist die weitaus schlimmere. Auch die Satansjünger bedienen sich ihrer Kraft. Ein spezielles Amulett schützt Sie davor; seine Herstellung ist bereits ein Teil des Rituals.

Man zeichnet auf einem Stück echtem Pergament (vielleicht so groß wie ein Fünfmarkstück) eine Hand, die eine Schlange hält. Mit einer High-John-Wurzel und drei Mojobohnen rüsten Sie sich für den Tag der Einweihung dieses Amuletts. Es sollte ein Morgen bei Neumond sein, am besten dann, wenn der Mond in der Waage oder im Skorpion steht. Bauen Sie einen kleinen Altar, drapieren Sie die Wurzel und die Bohnen um die Zeichnung, stellen Sie zwei weiße Kerzen auf, die Sie zuvor mit Healingöl eingerieben haben. Eine reversible Kerze haben Sie zuvor mit Reversibleöl eingerieben, zünden Sie die Kerzen an, und machen Sie zusätzlich eine Räucherung mit Sandelholz oder Olibanum oder auch Yellow Dog. Während Sie das alles langsam und bewußt tun, beten Sie oder meditieren Sie, bitten Sie um den Schutz vor schlechten Einflüssen. Bitten Sie nicht nur um Schutz für sich selbst, sondern auch für Familienangehörige und Freunde. Wer christlich orientiert ist, tut gut daran, den Erzengel Michael anzusprechen, direkt in einem Gebet. Auch alle anderen dürfen sich an den Erzengel wenden.

Nach dem Gebet sind die Zutaten eingeweiht und das eigentliche Ritual beendet. Sie nehmen jetzt ein gelbes Tuch aus Seide, wickeln alle geweihten Gegenstände damit ein und legen das kleine Paket für drei Nächte unter Ihr Kopfkissen. Danach tragen Sie es stets am Körper, und zwar links, wo das Herz sitzt. Seine schützende Wirkung ist in Hexenkreisen sozusagen amtlich.

2. *Ritual*

Zum Schutz gegen Schwarze oder auch satanische Magie können wir auch mit einem schwarzen Stein arbeiten. Vielleicht ist es ein Hämatit, ein schwarzer Turmalin oder auch eine sogenannte Apachenträne – das spielt keine Rolle. Nur schwarz muß er sein. Wir nehmen ein Stück weißes Seidentuch und einen Faden schwarzes Garn. Eine schwarze Kerze wird direkt vor dem Stein angezündet, und zwei reversible Kerzen rechts und links davon.

Dazu machen wir eine Räucherung von Dragon's Blood und Asoefedida (arab. Gummiblatt). Dieses Ritual unternehmen wir am ersten Tag im Neumond, am besten eine Stunde vor dem Sonnenuntergang. Dann muß der Stein besprochen werden. Finden Sie persönliche Worte oder verwenden Sie – sinngemäß oder wortwörtlich – diese hier: »Schwarzer Stein, bitte hilf mir zusammen mit meinen Schutzgeistern, mich vor bösen Einwirkungen zu schützen. Begleite mich bitte ein Leben lang in Frieden, und verhindere Angriffe, die mit Magie zu tun haben. Beschütze mich allzeit und wo immer ich bin.«

Wir Hexen gehen davon aus, daß die Kraft der Steine und Mineralien noch lange nicht endgültig erforscht ist. Der schwarze Stein als Beschützer vor Schwarzer Magie hat sich laut unseren Überlieferungen bewährt.

Dieses Ritual darf grundsätzlich nur unter freiem Himmel stattfinden. Und zwar bei einem kleinen Feuer, das gleichzeitig auch als Räucherung dient. Sie verbrennen nämlich auch die oben genannten Kräuter darin. Ein Teil der verbleibenden Asche wird am Platz des Rituals verstreut, um den Platz herum und auch um die Bäume und Pflanzen, ein anderer Teil (die Menge bestimmen Sie) kommt zusammen mit dem schwarzen Stein in das Seidentuch, das Sie dann mit dem schwarzen Faden zubinden. Dieses Päckchen tragen Sie ständig mit sich.

3. Ritual

Das dritte Ritual, das ich Ihnen jetzt vorstelle, ist das umfangreichste und auch komplizierteste. Sie dürfen es nur machen, wenn Sie sich wohl fühlen und absolut frei von negativen Schwingungen sind. Denn dieses Ritual ist ein Rundumschlag. Es wendet sich gegen grundsätzlich alles, was negativ ist und was schaden kann. Gegen Menschen, die mit Schwarzer Magie arbeiten, geistig oder materiell, gegen Dämonen, Kobolde, böse Geister von Verstorbenen, auch gegen niedere Astralkörper. Alles Faktoren, die in meiner Hexenwelt eine große Rolle spielen.

Wir brauchen eine High-John-Wurzel, Salbeiblätter, Weidenblätter von einem Baum, Olibanum, eine Jezabel- und eine Protectionräucherung. Das alles wird vermischt zu einer erweiterten Räucherungsmasse und zur Räucherung vorbereitet.

Dann brauchen wir zwei weiße Kerzen, zwei reversible Kerzen, reversibles Öl, Healingöl, ein weißes Seidentuch, drei Mojobohnen, jede Menge Kieselsteine von einem Fluß,

Asoefedidapulver, ein weißes und ein schwarzes Wollknäuel, außerdem noch ungefähr drei Meter schwarzen Zwirn. Schwarz und Weiß spielt in all diesen Ritualen eine große Rolle, das haben Sie sicher schon gemerkt.

Nun reibe ich das weiße Wollknäuel ein mit Healingöl, das schwarze mit Asoefedidapulver. Aus den Kieselsteinen lege ich einen magischen Kreis mit ungefähr eineinhalb Meter Durchmesser. In diesem Kreis, nach allen Himmelsrichtungen gleichmäßig verteilt, entzünde ich die Kerzen. Ich fange im Norden mit einer weißen Kerze an; die anderen verteile ich in abwechselnder Reihenfolge, aber im großen und ganzen beliebig. Eine Schale mit klarem Wasser, möglichst aus einer natürlichen Quelle, stelle ich neben die Räucherungswaren. Nun habe ich alle vier Elemente versammelt: Feuer, Wasser, Erde, Luft.

Das Ritual wird nun mit einem feierlichen Gebet eröffnet, zu Gott, zur Göttin, zu den Göttern, je nachdem, woran und an wen Sie glauben. Ich bitte um die Erlaubnis, das Ritual machen zu dürfen. Dieses Gebet verlangt absolute Konzentration. Es ist wichtiger als alles andere.

Wenn ich nun durch das Gebet oder durch die Meditation, egal, wie Sie das nennen wollen, Entspannung erreicht habe, nehme ich das schwarze Wollknäuel und spreche alles hinein, was mir Sorgen macht. Ängste, Sorgen, negative Gefühle – einfach alles. Ich vergesse nichts, das ist wichtig! Ich sage dem Knäuel auch Namen von Personen, die mir geschadet haben oder die mir schaden wollen. Dann bestreue ich dieses Knäuel mit Asoefedida, umwickle es fest mit dem schwarzen Zwirn und lege es außerhalb des magischen Kreises einfach auf den Boden. Ich trenne mich von ihm.

Das weiße Knäuel bespreche ich mit allem Guten. Mit meinen Bitten um Schutz und Begleitung, mit dem Wunsch nach

Gesundheit und Frieden. Nicht nur für mich, sondern auch für meine Verwandten und Freunde. Dann wickle ich dieses weiße Wollknäuel in das weiße Seidentuch und lege es links von mir auf den Boden, innerhalb des Kreises.

Inzwischen brennt die Räucherung. Ich hole das schwarze Knäuel und verbrenne es darin. Die Asche kommt in ein schwarzes Tuch und ich werfe das Bündel in einen Fluß, der von mir wegfließt. Ich verabschiede mich von allem Negativen. Mit der festen Überzeugung, daß es nie mehr zu mir zurückkommt. Mein Freund, der Fluß hat es mitgenommen. Außerdem habe ich das weiße Knäuel, alles Gute. Und das ist jetzt mein Talisman. Ich trage ihn stets bei mir oder in meiner Nähe.

Ein Schutzritual für einen Freund

Es passiert leider ziemlich oft, daß Opfer des Satanskults viel zu schwach sind, vielleicht sogar uninteressiert, selbst irgend etwas gegen ihre Situation zu unternehmen. Weil sie vielleicht zu phlegmatisch sind, zu eingeschüchtert oder weil sie sich schon so gut wie aufgegeben haben, sich in ihr dunkles Schicksal gefügt haben. Solche Personen sind oft depressiv, und es ist sehr schwer, mit ihnen zu arbeiten. Sei es nun in praktischen oder auch in rituellen und spirituellen Dingen.

Daher nun ein Ritual, mit dem sie einem Freund, einem Bekannten, einem Familienmitglied helfen können. Auch wenn es sich wieder mal ein bißchen nach Patentrezept anhört – man nehme dies und das, rühre das Ganze zu einem sämigen Teig und schiebe es drei Stunden in den Backofen –, möchte ich noch einmal ausdrücklich darauf hinweisen, daß die Erfahrungen unserer Kultur gerade auf diesem Gebiet nicht von der Hand zu weisen sind. Sofern Sie das Ritual mit Leben erfüllen und es nicht einfach mechanisch praktizieren. Aber das gilt ja für alle Rituale.

Nun gut. Wir besorgen uns also ein Foto der betroffenen Person, der das Ritual helfen soll. Dazu vier weiße und drei hellblaue Kerzen. Wir machen uns eine Räucherungsmischung aus Protection, Salbei und Sonne. Das sind bekannte Namen von Räucherungen; die einzelnen Zutaten jetzt akribisch aufzuführen macht wenig Sinn. Sie können diese drei Räucherungen in jedem Hexen- oder Magierladen fertig kaufen. Dann brauchen wir noch drei Öle, die wir ebenfalls vermischen: Protection, Buddha und Isis. Dazu eine Schale Wasser, weiße Magnetsteine oder weiße Muscheln, ein blaues, ein gelbes und ein weißes Tuch.

Wir sprechen ein Gebet, zu Gott, zu den Göttern, zu wem Sie wollen, an wen Sie glauben. Danken Sie, daß Sie dieses Ritual ausführen dürfen, und bitten Sie um gutes Gelingen.

In diesem Zusammenhang möchte ich an unsere Schutzengel erinnern. Wir unterscheiden zwischen unserem physischen, emotionalen und unserem spirituellen Schutzengel. Es gibt tausend Beweise für die Existenz unserer Schutzengel; und ich bin es müde, eine Diskussion zu führen, die sich schon längst erledigt hat. Es gibt Engel – auch über die Grenzen des Glaubens hinaus, es gibt sie zum Anfassen und zum Anschauen. Wer in dieses Thema weiter einsteigen will, dem empfehle ich das sehr anschaulich geschriebene Buch »Die Engel Deines Lebens« von Jean-Marie Paffenhof (Silberschnur Verlag).

Sie erfahren in diesem Buch auch, wie Sie mit Engeln Kontakt aufnehmen können. Mit Ihren eigenen Schutzengeln; oder, wie in diesem Fall vielleicht angebrachter, mit den Schutzengeln Ihres Kindes, Freundes, Bekannten, Familienmitgliedes, dem Sie bei seinen Satanismusproblemen helfen wollen. Es gibt spezielle Gebete und »Rufzeichen«. Doch ein allgemeines Gebet um Aufmerksamkeit der Engel erfüllt durchaus auch seinen Zweck. Denn die Schutzengel sind für diese Fälle – Schutz gegen Satanismus – eigentlich von ihrer Bestimmung her zuständig.

Zurück zu unserem Ritual. Sie beten also, denken fest an das Heil der zu helfenden Person und verrichten dabei ſolgende Handlungen: Sie ziehen einen Kreis mit Steinen oder ritzen ihn mit einem Stöckchen in die Erde ein. Auf jeden Fall sollten Sie sich durch diesen Kreis schützen. Innerhalb dieses Kreises errichten Sie einen kleinen Altar. Ein Tischchen oder auch einfach nur ein schönes Tuch auf dem Boden. Auf diesen Altar legen Sie in die Mitte das Foto und bedecken es mit den Magnetsteinen oder mit den Muscheln. Die Kerzen und die Steine reiben Sie mit einer Ölmischung ein. In die weißen Kerzen ritzen Sie den Namens der betreffenden Person ein und stellen sie rechts und links von dem Foto auf. Über das Foto, also optisch oberhalb des Kopfes, kommen die blauen Kerzen.

Sie entzünden die Kerzen und die Räucherungsmischung, Sie beten, singen, meditieren, denken auf jeden Fall fest an das Problem. Tun Sie das, solange Sie sich gut konzentrieren können und solange Sie es für nötig halten.

Dann bedanken Sie sich bei Ihrem Gott, Ihren Göttern oder Engeln dafür, daß Sie das Ritual ausüben durften. Kerzen- und sonstige Reste wickeln Sie in ein gelbes Tuch ein und vergraben sie an einem friedlichen Ort. Am besten am Wasser, an einem Fluß oder einem See.

Die Steine oder Muscheln, die auf dem Foto lagen, sind jetzt der Grundstock für ein Schutzamulett. Nehmen Sie ein paar davon, wickeln Sie sie in ein blaues Tuch ein, und binden Sie das Tuch zusammen. Die übriggebliebenen Steine oder Muscheln kommen in ein weißes Tuch und werden ebenfalls feierlich eingegraben.

Rationale Menschen können dieses und andere Rituale durchaus mit der klassischen Psychotherapiesitzung vergleichen. Es geht um Entspannung, Meditation, darum, gewisse Dinge auszusprechen, die vorher vielleicht im dunkeln lagen. Nur kommt bei Hexenritualen noch das direkte Element des Erlebens dazu. Und das in Verbindung mit heilbringenden Kräutern, Räucherungen, Ölen, Steinen.

Nun kann es schwierig werden. Denn die betreffende Person sollte das Amulett annehmen und bei sich tragen. Ich muß davon ausgehen, daß auch Satansjünger um dieses Ritual wissen und daher vor dem daraus resultierenden Amulett Angst haben. Mit gutem Recht übrigens.

Ist der »Patient« schon weit in schwarze Kulthandlungen verstrickt, wird er sich weigern, das Amulett zu tragen. Oder aber es sind seine Kollegen von der schwarzen Zunft, die ihn daran hindern. Auf jeden Fall können jetzt Probleme auftauchen. Können, müssen aber nicht.

Falls es wirklich problematisch wird, greifen Sie zu einem Trick. Beim nächsten Besuch bei Ihrem Sorgenkind verstecken Sie das Amulett in seiner Wohnung. An einem Ort, der sicher ist, wo nicht so oft geputzt wird (vielleicht hinter einer Bücherwand oder in einer leeren Vase), wo das Amulett auf jeden Fall eine Zeitlang ungestört wirken kann. Seien Sie ruhig ein bißchen erfinderisch. Und seien Sie ruhig mal eine kleine raffinierte Hexe. Im Kampf gegen den Teufel ist uns jedes Mittel recht.

Es versteht sich von selbst, daß Sie nach der Ausübung eines Schutzrituals für einen Dritten sich noch lange nicht zurücklehnen und Däumchen drehen dürfen. Wiederholen Sie das Ritual mehrmals, falls es nötig wird, und bleiben Sie auch in praktischen Dingen immer am Ball. Begleiten Sie Ihren Freund auf dem Weg zur Polizei, zur Beratungsstelle, zum Psychologen.

Es ist durchaus möglich, daß Ihre Aktivitäten bis zu dem schwarzen Zirkel vordringen. Weil Ihr Kind oder Ihr Freund davon erzählt; oder weil einfach Auswirkungen sichtbar werden.

Lassen Sie sich dadurch nicht entmutigen. Auch dann nicht, wenn Sie bedroht werden. Mit Schmähbriefen oder anonymen Anrufen oder auf welche Art auch immer. Schützen Sie sich mit Ritualen, Amuletten und mit gesundem Menschenverstand. Richten Sie sich auf viele Rückschläge ein. Satanismus ist eine Droge. Eine Psychodroge. Davon loszukommen oder jemand anderen davon loszureißen, erfordert Geduld, Geduld und noch mal Geduld.

Hexenzauber und Humbug?

Ich möchte Ihnen jetzt noch ein fünftes Ritual vorstellen, besonders all jenen, die mit den ersten vier nichts anfangen konnten, das Ganze vielleicht sogar als antiquierten Unsinn abtun. Bei diesem fünften Ritual geht es darum, Gott ganz in sich aufzunehmen.

Ein Gehilfe bringt einem Ritualmeister von rechts einen Teller mit Brot, ein anderer von links ein Gefäß mit Wein. Beide Küchengegenstände plus Inhalt sind verdeckt. Nach einem dreimaligen Glockenzeichen wechseln beide Gehilfen ihre Position, die Tücher abgenommen, die Gefäße geöffnet. Der Ritualmeister kniet sich hin, streckt beide Gefäße von sich weg nach oben. Er bespricht beide Gefäße mit Worten, die das Brot in Menschenfleisch und den Wein in Menschenblut verwandeln sollen. Feierliche Glocken erklingen, alles schweigt. Anschließend verteilt er sowohl Fleisch als auch Blut an eine hungrige Gruppe von Leuten, die dem Ritual beiwohnen.

Ist das Kannibalismus? Nein. Hier geht es um die sogenannte »Heilige Kommunion« der Katholiken, die jeden Sonntag und auch öfter vor aller Augen ritualisiert und zelebriert wird. Zumindest in unserem westlichen Kulturkreis. Auch ein Ritual, ein staatlich anerkanntes noch dazu.

Der Weg in die Freiheit, »vernünftig« gesehen

Es ist mir durchaus bewußt, daß ich mit den bereits beschriebenen Amuletten, Kerzen, Ölen und Ritualen im Kampf gegen den Satanismus etliche Kritiker, Skeptiker und auch Spötter auf den Plan gerufen habe. Die »Vernunft« oder »der gesunde Menschenverstand« verbietet diesen Menschen, sich auf solche Dinge einzulassen. Auf Wahrheiten unserer Hexenreligion, die wir erfolgreich praktiziert haben und immer noch praktizieren.

Die Freiheit des Glaubens ist mir heilig. Nur dann nicht, wenn dieser Glaube den Menschen mehr schadet als nützt. Wie immer die Philosophie oder die Religion aussehen mag. Es gibt auch ein paar Tips im Kampf gegen den Teufelskult, die jeder kennen sollte, der mit diesem Problem konfrontiert ist. Ich gebe diese Tips nicht zur Besänftigung all derer, die meine Kultur kritisieren. Auch nicht zur Rechtfertigung nach dem Motto »erst beschreibt diese Sandra komische Rituale, und dann wird sie auf einmal wieder vernünftig«. Nein, das habe ich nicht nötig, ich muß mich nicht rechtfertigen. Nur vor mir selbst und vor meinen Göttern.

Das Phänomen Satanismus ist nicht mit der sogenannten Vernunft zu fassen. Hier passiert wirklich etwas zwischen Himmel und Erde, was uns Respekt einflößen sollte. Meine

Empfehlungen für Amulette und Rituale sind richtig und wichtig. Aus meiner Sicht. Aus der Sicht einer Hexe.

Die folgenden Hinweise sind genauso wichtig und richtig. Ich denke dabei nicht an ein Entweder-oder-Verfahren, sondern ich bin der festen Überzeugung, daß meine Hexenrituale und -amulette mit den nun folgenden Hinweisen für »vernünftige« Menschen durchaus kombinierbar sind, daß sie sich ergänzen und hilfreich sein können.

Wie gesagt: das ist keine Verbeugung vor Spöttern, die mit meiner Kultur nichts anfangen können. Und schon gar kein Versuch, mich bei sogenannten vernünftigen Menschen beliebt zu machen. Wo die Weisheit wirklich sitzt, muß sich noch herausstellen. Ob in einer vernunftbezogenen – wobei ich das Wort Vernunft durchaus nicht immer als positiv verstanden wissen will – oder in einer spirituellen Handlung. Das werden wir erst nach unserem Tod wissen.

Nun kommen also praktische Hinweise im Kampf gegen den Teufel und seinen Kult. Ich gebe sie auch für all die Opfer, die ich kennengelernt habe und in der Hoffnung auf Schadensbegrenzung für Mitmenschen, die noch in einem Anfangsstadium der Auseinandersetzung mit Satanismus stehen. In der Absicht, ihnen damit zu helfen. Um nichts anderes geht es.

Wie Sie erkennen, ob Ihr Kind mit Satanismus zu tun hat

Die Opfer Satans und der Satanisten sind meist sehr jung. Es handelt sich um die Kinder, die höchstens 12 oder 13 Jahre alt sind. In diesem Alter kann man noch keine streng logischen und faktenbezogenen Gespräche führen, rational dies oder das berichten, sondern benützt eine fast schon bildhafte Sprache. Also sollten Eltern und Freunde nicht so sehr auf die Worte des Kindes hören, sondern auf äußerliche Merkmale achten. Was nicht heißen soll, daß nicht auch Erzählungen Merkmale sein können.

Deutlicher aber sind andere Anhaltspunkte. Wenn das Kind zum Beispiel auf einmal ein spontanes und seltsam wirkendes Interessc an Sex an den Tag legt. Wenn es mit seinen Schulleistungen auf einmal auffällig nachläßt oder auch zulegt (es kann ja zur Ehre des Teufels sein). Wenn es mit anderen Menschen nicht mehr klarkommt, sich verschließt, seine Geschwister und/oder bisherigen Freunde nur noch anfeindet. Deutliche Indizien sind auch Störungen im Selbstwertgefühl: »Ich bin immer schmutzig, ich muß mich andauernd waschen, ich bin nichts wert, ich habe dauernd irgendwelche Schmerzen, ich bin traurig.« Ständige Traurigkeit, Eß- und Schlafstörungen, Bettnässen, Wut und Hilflosigkeit, seltsame Ausbrüche in beiden Richtungen, dazu vielleicht sogar der Versuch, von zu Hause wegzulaufen – all das können Hinweise darauf sein, daß dieser junge Mensch in Kontakt mit Satanisten gekommen ist. Wenn er zudem auch noch kleine Schnittwunden am Arm hat, sich nur noch schwarz kleidet, fremde Amulette und Schmuckstücke trägt, dann sollten Sie hellhörig werden. Spätestens dann.

Gehen Sie davon aus, daß Satanisten bei rituellen Vergewaltigungen darauf bedacht sind, zu ihrem eigenen Schutz keine äußerlichen Spuren zu hinterlassen. Ein Arzt wird Ihnen also nur »keinen Befund« bestätigen können. Und das Kind, das sich Ihnen anvertraut hat, wird sich als Lügner vorkommen. Es weiß ja gar nicht, ob es das Ganze wirklich erlebt oder auch nur träumt. Und seine Ausdrucksmöglichkeiten sind unzureichend.

Verschwinden auf einmal auffallend häufig Gegenstände aus Ihrer Wohnung? Es gibt viele satanische Gruppen, die ihre Mitglieder dazu anhalten, etwas zu stehlen. Der Sinn hinter dem Auftrag liegt darin, das neue Mitglied mitschuldig und damit mundtot zu machen.

Benützt Ihr Kind von heute auf morgen brutale Worte, drückt es sich ordinär aus? Neigt es dazu, etwas zu zerstören, sein Zimmer zu verwüsten? Hört es andauernd Black-Metal-Musik mit gewaltverherrlichenden Texten? Tut es geheimnisvoll, bevor es mit neuen Freunden loszieht? Kritzelt es des öfteren die Zahlenkombination »666« auf Schmierzettel oder auch Schulhefte?

Alles Hinweise darauf, daß der Teufel seine Finger im Spiel haben könnte. Aber nur Hinweise, mehr nicht. Wägen Sie also sensibel ab, geraten Sie auf keinen Fall in Panik.

Wie Sie helfen können

Genau zuhören, wenn Ihr Sohn oder Ihre Tochter das Gespräch mit Ihnen gesucht hat, nicht unterbrechen, und wenn die Erzählung noch so utopisch erscheint. Nehmen Sie Worte nicht für bare Münze, sondern glauben Sie an das Gefühl, das Ihnen diese Worte vermitteln. Abwimmelnde Floskeln wie »Das hast du nur geträumt« oder »Du hast wohl schon wieder mal zu lange vor der Glotze gehockt« können fatale Folgen haben. Lassen Sie das Kind einfach lossprudeln. Sonst zieht es sich in sein Innerstes zurück und ist wieder allein.

Hier zeigt sich wieder einmal, wie wichtig ein freundschaftliches Vertrauensverhältnis zwischen Eltern und Kindern ist, hier kann es Leben retten. Das Leben Ihres Kindes.

Doch zuhören allein genügt nicht. Machen Sie heimlich Notizen. Über Verhaltensänderungen, über Namen und Orte, die das Kind erwähnt. Tragen Sie alles an Fakten zusammen, was Sie erhaschen können. Auch auf Nachfrage.

Drängen Sie Ihr Kind nie zu einem Gespräch, aber machen Sie deutlich, daß Sie stets zu so einem Gespräch bereit sind.

Und machen Sie hin und wieder ruhig einen kleinen Test. Gehen Sie zum Beispiel im Rahmen eines Familienausfluges mit ihrem Kind in eine Kirche oder auf einen Friedhof, bei einem kleinen Zwischenstopp während der Fahrradtour vielleicht. Oder zu dem Zweck, neue Blümchen auf das Grab der Oma zu setzen, alles harmonisch ausgeglichen. Beobachten Sie die Reaktion Ihres Kindes.

Eine ausführlichere Abhandlung dieses Themas finden Sie in dem Werk »Schwarzbuch Satanismus« (Verlag Knaur) von Guido und Michael Grandt, das ich schon einmal genannt habe. Ich empfehle dieses Buch allen ganz dringend, die immer noch der Meinung sind, daß Satanismus nichts weiter als ein Hobby für eine verschwindend kleine Minderheit von überkandidelten und reizsüchtigen Möchtegernesoterikern ist.

Was Sie auf keinen Fall tun sollten

Das Gefährlichste, was Sie tun können, ist die aggressive Annäherung an Ihr Kind. Wenn Sie ihm also Vorwürfe machen, es beschimpfen. »Hättest du damals bloß auf Papa gehört und wärst nicht auf diese komische Party gegangen!« Oder: »Warum ausgerechnet du, andere Jugendliche machen so was doch auch nicht.« So etwas kann fatale Folgen haben.

Jetzt hat sich Ihr Kind endlich geäußert und damit Vertrauen bewiesen, und dann das!

Die Flucht in Phantasien ist nur eine persönliche Antwort auf die real existierende Welt. Dem einen ist diese Welt zu leistungsbetont, dem anderen ist sie zu langweilig. Flucht bleibt Flucht. Und wenn Sie jetzt mit Vorwürfen reagieren, ist Ihr Kind gleich wieder weg. Die Fluchtwege kennt es ja bereits.

Auch sollten Sie sich dringend davor hüten, Abscheu oder gar Ekel zu zeigen, wenn Ihr Kind Ihnen Sachen erzählt, die es mitgemacht hat. Es können Tieropfer dabei sein oder sexuelle Handlungen, über die jeder Mensch nur entsetzt und mit Grausen den Kopf schütteln kann. Wahrscheinlich ist Ihr Kind selbst sexuell mißbraucht worden. Satansjünger sind aus kulturellen Gründen, gerade weil der Abscheu gegenüber Kindsmißbrauch bei uns zu Recht sehr hoch ist, daran interessiert, möglichst junge und sexuell total unerfahrene Kinder in ihr Treiben mit einzubeziehen. Was auch damit zu tun hat, daß sie die Kinder prägen wollen, von Anfang an. Bitte bewahren Sie die Fassung, wenn Ihnen Ihr Kind so etwas erzählt. Denken Sie immer daran, daß es nur ein Opfer ist. Auch dann, wenn es von Satanisten in die Täterrolle gedrängt wurde.

Was ebenfalls ganz wichtig ist: Gehen Sie auf keinen Fall unüberlegt oder voller Wut gegen die »neuen Freunde« Ihres Kindes vor. Versuchen Sie statt dessen so unauffällig wie möglich deren vollständige Namen und Adressen herauszubekommen. Notieren Sie alles haargenau.

Es ist wichtig, daß die Satanskinder auf keinen Fall erfahren, daß Sie gegen sie aktiv sind. Das ist wichtig für die Sicherheit Ihres Kindes und auch für Ihre eigene, für das Wohl Ihrer ganzen Familie. Daher sollte auch Ihr Kind in der Anfangsphase Ihrer privaten Ermittlungen nicht wissen, in welche Richtung Sie arbeiten.

Die Reaktionen der Satanisten könnten nämlich lästig bis gefährlich werden. Lästig dann, wenn Sie anonyme Drohanrufe bekommen, wenn anonyme Post an Sie oder an Ihr Kind gerichtet ist, wenn tote Tiere unter Ihrem Fußabstreifer deponiert werden, wenn Ihr Haus mit Runen, dem Symbol »666« oder mit Zeichen allgemein verschmiert wird. Das kostet alles Zeit, Geld, Nerven und psychische Kraft. Richtig gefährlich wird es, wenn Ihr Kind getreu dem Motto »Tod dem Verräter« verfolgt wird. Das kann mit einfachen Nachrichten wie »Wir kriegen Dich doch, jede Flucht ist sinnlos« anfangen und mit Selbstmord und Mord enden, sogar mit Ritualmord. Denken Sie daran, daß Ihr Kind solche Nachrichten absolut ernst nimmt und die Verfolgung spürt, auf Schritt und Tritt. Auch dann, wenn sie real gesehen gar nicht stattfindet. Angstpsychosen sind das mindeste, was dabei herauskommt. Diese verstärken Sie mit einem Satz wie »Komm, bilde Dir doch keinen Unsinn ein« bis ins Unerträgliche. Denn Ihr Kind wird sich sofort wieder mißverstanden fühlen und sich verschließen.

Auch wenn ich in diesem Kapitel »vernünftig« bleiben wollte, Sie nicht mit meinem »Hexenkram« behelligen wollte, dennoch ein Hinweis, der in diese Richtung geht: Ein Schutzamulett, so wie vorhin beschrieben, bietet in solchen Verfolgungssituationen, ob nun echten oder eingebildeten, wirksame Überlebenshilfe. Nicht nur am Anfang des Loslösungsprozesses.

Tips für selbst Betroffene

Da ich weiß, daß unter meinen Lesern sehr viele Jugendliche sind, und da ich leider davon ausgehen muß, daß etliche von ihnen schon Begegnungen mit Satanismus hatten, da ich weiterhin davon ausgehe, daß sie sich davon befreien wollen (sonst würden sie dieses Buch nicht in Händen halten), möchte ich mich nun an sie wenden:

Wann immer etwas nach Schwarzer Magie riecht, wann immer jemand in Deiner Klasse scheinbar besonders interessant ist, weil er sich angeblich mit so etwas beschäftigt – Finger weg! Je früher desto besser. Nie einer Einladung Folge leisten, bei der Du nicht weißt, wo das Ganze stattfindet und wer alles da ist. Friedhofsbesuche und Tischerücken sind keine Partygags, Schwarze Messen schon zweimal nicht.

Wer schon in den Satanistenkreis geraten ist und aussteigen will, sollte diesen Schritt nie panisch oder unüberlegt tun. Er muß so passieren, daß im Vorfeld nicht der geringste Verdacht innerhalb der neuen »Gemeinde« auf Dich fällt, er muß absolut überlegt sein, auch im Hinblick auf eventuelle Folgen. So ein Kunststück kriegst Du nicht alleine fertig, versuche es gar nicht erst! Dazu müßtest Du übermenschliche Kräfte haben.

Also wende Dich unbedingt (!!!) an eine Person, der Du vertrauen kannst. Das können im besten Fall Deine Eltern sein, Dein bester Freund, ein Lehrer in der Schule, ein Onkel oder eine Tante. Am besten jemand, der so etwas wie ein Ideal oder vielleicht sogar ein Idol für Dich ist. Jemand, der es verdient hat, daß man zu ihm oder ihr aufschaut. Und wer das ist, das kannst nur Du entscheiden.

Freilich ist so eine Kontaktaufnahme nicht leicht. Denn

sicher hast Du in der jüngsten Vergangenheit Dinge gemacht, die diese Person bestimmt nicht gutheißen kann. Vielleicht hast Du diese eventuelle Vertrauensperson sogar beleidigt und beschimpft. Zumindest hast Du dich von ihr zurückgezogen. So ein Gespräch kann dann zum Beispiel folgendermaßen anfangen: »Ich weiß, ich war in der letzten Zeit eklig zu Dir/Ihnen, ich habe Dich/Sie vernachlässigt oder sogar gemieden, aber ich brauche jetzt dringend Hilfe. Und dann wird auch klar, warum ich so und so war…«

Organisationen, die helfen

Eltern, Freunde, Lehrer, Betroffene – sie alle sind im Fall Satanismus in einer überaus anstrengenden Ausnahmesituation. Darum ist jede Hilfe von außen wichtig. Und man sollte keine Scheu haben, um diese Hilfe zu bitten.

Die Polizei, das habe ich schon geschrieben, kommt erst dann, wenn nachweislich etwas passiert ist. Sie kann Einzeltatbestände herausgreifen. Es gibt Paragraphen gegen Sachbeschädigung (Runen am Haus), Nötigung, sexuellen Mißbrauch von Minderjährigen. Einen Paragraphen gegen Satanismus gibt es nicht. Außerdem sind die einfachen Beamten – nichts gegen ihre Arbeit, sie ist wichtig und richtig – mit so einer Sache zumeist überfordert. In großen Städten aber gibt es sogenannte »Opferberatungsstellen« mit speziell geschulten Beamten, die oft weiterhelfen können.

Die Kirchen verweisen in der Regel auf ihre Sektenbeauftragten. Holen Sie sich bei Ihrem Dorf- oder Stadtpfarrer dessen Telefonnummer. So etwas kann auch ein engagierter Lehrer, der dem jugendlichen Opfer nahesteht, für Sie erledigen.

Ein richtiger Spezialist in Sachen ritueller Mißbrauch und Satanismus ist die Organisation Patrick Felsner & Thorsten Becker, S.P.ORG. – Consulting, zu erreichen unter Telefon 04131/121245.

Der Wildwasser e.V. hat mehrere Filialen: in Berlin (030/7865017), in Stuttgart (0711/296432) und in Oldenburg (0441/16656). Auch hier kennt man das Phänomen Satanismus.

Das Kinderschutzzentrum (Hamburg: 040/4910007; München: 089/555356) befaßt sich in erster Linie mit dem Thema sexueller Mißbrauch, ebenso Distel e.V. in Essen (0201/776777). Die Beratungsstelle des Deutschen Kinderschutzbundes (als Informationsquelle und Schaltstelle sehr gut!) sitzt in Frankfurt (069/598187).

Was im Kampf gegen Satan grundsätzlich gilt

Holen Sie sich alle Informationen, die Ihnen hilfreich erscheinen. Aber gehen Sie immer davon aus, daß Sie Ihren »Fall« nicht delegieren können. Außer wenn schon alles zu spät ist. Dann erledigt die Polizei die traurigen Ermittlungsarbeiten. Und auch die führen oft nicht zu einem befriedigenden Ergebnis. Wenn man überhaupt in so einer Situation von »befriedigenden« Ergebnissen sprechen kann.

Niemand außer Ihnen selbst kann helfen. Sie allein haben von Ihrem Gott oder Ihren Göttern diese auf den ersten Blick unmöglich lösbare Aufgabe bekommen. Besiegen Sie Satan und seine Apostel, wo immer er auch sein mag. Ob in der Kultur, in der Einbildung oder tatsächlich irgendwo als Geistwesen zwischen Himmel, Hölle und Erde. Das spielt in diesem Kampf fürs erste keine Rolle.

Was außerdem noch grundsätzlich gilt: Satanismus ist nur ein Zweig der Magie, ein gefährlicher noch dazu, aber er füllt nur einen Bruchteil dessen aus, was das weite Feld der Magie zu bieten hat. Sie sollten sich also Ihr Interesse an überirdischen Dingen, soweit verhanden, durch die bloße Existenz des Satanismus nicht vermiesen lassen. Wer ein Spanienliebhaber ist, wird auch trotz der barbarischen Stierkämpfe immer wieder in dieses herrliche Urlaubsland fahren. Das ist eine Frage der Gewichtung. Und wer an magischen Dingen interessiert ist, läßt sich diese Interesse nicht deswegen austreiben, weil es hier, wie überall, auch Schattenseiten gibt. Die Magie ist zu interessant und faszinierend, um sie wegen des Satanismus gleich in Bausch und Bogen zu verdammen. Folgen Sie mir im nächsten Kapitel also ins Wunderland der Magie.

Ihr persönlicher Weg in die Magie

Träume, die ersten Anzeichen für eine spirituelle Begabung

Es gibt natürlich keinen unfehlbaren Test, um den Nachweis für eventuelle eigene vorhandene magische Veranlagungen zu erbringen. Dennoch existieren etliche Hinweise und Indizien, auf die man unbedingt achten sollte.

Zu diesen Indizien gehört zweifellos der große Bereich der Träume. Wir alle träumen und das jede Nacht. Doch nur selten können wir uns an unsere Träume erinnern. Sie verfliegen kurz nach dem Aufwachen, lösen sich quasi in nichts auf. Zumindest was die Erinnerung betrifft.

In Wirklichkeit aber wird jeder Traum von unserem Unterbewußtsein gespeichert, und sei er auch noch so banal. Viele Wissenschaftler gehen sogar soweit, daß sie die Bedeutung von Träumen mit der des tatsächlich Erlebten gleichsetzen. Wenn Sie also träumen, daß Sie einen Freund treffen, so hat das für Ihr Unterbewußtsein genau die gleiche Bedeutung, als hätten Sie diesen Freund tatsächlich getroffen.

Richtig auffällig aber wird es meiner Meinung nach erst, wenn Sie seherische Träume haben. Das heißt, Sie träumen von einem Treffen mit einem lange vermißten Freund, und wenig später steht er dann wirklich vor Ihnen. Oder aber Sie träumen von einem ganz bestimmten Glücks- oder Unglücksfall, der dann auch kurz darauf tatsächlich eintritt.

Noch interessanter sind Träume aus einem anderen Leben. Sie sehen sich in einer fremden Zeit, vielleicht sogar in einem fremden Kulturkreis, und Sie vollbringen gar nicht unbedingt irgendwelche großartigen Taten, sondern Sie sind einfach nur da. Sie riechen, schmecken, hören, sehen und fühlen. Nur eben in einer anderen Zeit und in einer anderen Welt. Diese Träume sind meist so intensiv, daß sie in Ihrem Unterbewußtsein in Farbe erscheinen.

Womit wir bei einem wesentlichen Punkt wären. Denn nur die farbigen Träume sind wichtig für Ihren weiteren Werdegang. Alles andere, was das Gehirn sozusagen zur Verarbeitung und zur Selbstbeschäftigung während des Schlafes produziert, ist nicht von wesentlicher Bedeutung. Es kann ja sein, daß Sie vor dem Schlafengehen zuviel gegessen haben, zuviel getrunken, zuviel in den Fernsehapparat gestiert oder ein aufwühlendes Buch gelesen haben. Oder Sie hatten eine Auseinandersetzung mit einem Arbeitskollegen oder einem Familienmitglied. All das spiegelt sich auch in Ihrem Unterbewußtsein wider, wird noch einmal durchlebt, um die Verarbeitung zu erleichtern. Trotzdem haben diese Träume keinerlei Hinweisgehalt auf eventuell vorhandene spirituelle Fähigkeiten. Sie kommen bei uns auch meist nur in Schwarzweiß an.

Bei Träumen aus einer vergangenen Epoche aber sollten wir aufhorchen. Als ich 18 war, träumte ich immer wieder von mir selbst als einer böhmischen Prinzessin aus alten Tagen. Als ich das meinem Vater erzählte, erklärte er mich kurzerhand für verrückt. Damit war für ihn das Thema erledigt. Für mich zunächst auch. Doch später wollte ich es genau wissen und recherchierte nach. Diese Prinzessin hat tatsächlich gelebt; und ich hatte noch nie in meinem Leben zuvor von ihr gehört oder gelesen.

Auch Vorausahnungen sind Hinweise auf eine spirituelle Begabung. Besonders Warnungen vor Unheil. Das Problem ist nur, daß wir sowohl diese wie auch andere Träume in der Regel sehr schnell vergessen. Wie man trainiert, solche Träume zu behalten und für sich zu nutzen, zeigt uns die sogenannte »Silva-Mind«-Methode. Über diese Methode gibt es einiges an brauchbarer Literatur. Und sie ist auch gar nicht so schwer zu erlernen. Es ist nur etwas Geduld vonnöten. Ich empfehle das Buch »Silva Mind Control« von José Silva und Philip Miele (Heyne Verlag).

Die Kunst der Traumdeutung

Nun gibt es Träume, die verschlüsselt sind. Sie sagen uns nicht direkt, was passieren kann oder wird, sondern sie verwirren uns mit Symbolen und Gleichnissen. Fast jeder kennt den Traum des Fliegens oder des Abstürzens. Wobei man im ersten von einem Wohlgefühl, im zweiten von einer Angstsituation ausgehen kann. Sehr bekannt ist auch der Traum, in dem man einen oder mehrere Zähne verliert. Hier sagt man im allgemeinen, daß es wohl um Verlustängste gehen muß. Daß man Angst hat, etwas oder jemanden zu verlieren.

Eine Flut von schlauen Büchern will uns nun darüber aufklären, was wir unter diesem oder jenem Traumsymbol zu verstehen haben. Wovon ich erst einmal überhaupt nichts halte. Denn ich gehe davon aus, daß es viel sinnvoller ist, zur Traumdeutung tief in sich hineinzuhorchen, zu erforschen, welches Gefühl ich bei welchem Traum hatte und was die einzelnen Bilder für mich persönlich bedeuten könnten.

So kann eine Schlange durchaus eine hinterlistige Person sein, andererseits aber auch im mystischen Sinn eine Art Wächter oder aber, wie oft und gern behauptet, ein Penissymbol. Vom erotischen Traum bis zur Warnung vor einem falschen Freund ist also alles drin. Und nur der Träumende selbst kann entscheiden, welcher Deutung er den Vorzug gibt.

Symbole, Farben, Gerüche – all das kann und muß individuell ausgelegt werden. Sie können für mich etwas anderes darstellen als für Sie. Dennoch entwickeln sich im Lauf eines langen Träumerlebens gewisse Schemata, die dann praktisch das eigene Buch der Traumdeutung schreiben.

Für mich zum Beispiel ist es immer wieder schön, wenn ich träume, daß ich eine Treppe hochsteige. Ich verbinde das mit einem positiven Signal. Und die Erfahrung hat mir gezeigt, daß es tatsächlich so ist. Gehe ich aber im Traum eine Treppe hinunter, dann geschieht etwas Negatives. Auch das hat sich bewahrheitet. Die Symbolkraft dieses einfachen Beispiels liegt natürlich auf der Hand. Trotzdem kann es bei Ihnen natürlich genau umgekehrt sein.

Bevor meine Mutter starb, sah ich im Traum einen riesigen Vogel. Seit dieser Zeit sehe ich den Riesenvogel als Todesboten. Doch für jemand anderen mag er durchaus ein Symbol dafür sein, daß man Flügel verliehen bekommt, daß man abheben kann in höhere Sphären.

Je tiefer Sie in sich hineinhorchen, um so geübter werden Sie im Bereich Ihrer ganz persönlichen Traumdeutung.

Intuition und Vorahnung

Auch außerhalb der Träume fühlen und ahnen wir. Liebe und Sympathie auf den ersten Blick können zwar oft trügerisch sein, sind mit ein bißchen Training aber sichere Wegweiser. Viel Unterbewußtes spielt dabei mit, vom Geruch (siehe auch das Kapitel über Öle) bis hin zur Kraft der Aura, mit der jeder Mitmensch auf uns wirkt. Zwischen sieben und neun Metern ist die Aura eines jeden erfühlbar, spürbar. Doch auch diesen Sinn muß man trainieren, bis man sich auf ihn verlassen kann. Denn wir werden oft durch Äußerlichkeiten getäuscht. Vielleicht erinnert uns irgend etwas an unserem Gegenüber an jemand anderen? Wissen wir es? Nur in den seltensten Fällen. Und wenn wir es wissen, laufen wir vielleicht doppelt Gefahr, bereits mit jemand anderem erlebte Gefühle blind zu projizieren. Deshalb macht auch hier nur die Übung den Meister.

Die Kraft der Selffulfilling Prophecies

Bereits im Zusammenhang mit Talismanen und Amuletten haben wir erfahren, das jeder Gegenstand nur die Kraft hat, die wir ihm individuell und selbstverantwortlich geben. Wenn für den einen Freitag der Dreizehnte ein Unglückstag ist, kann er für den anderen dennoch ein Glückstag sein. Es kommt ganz darauf an, was wir hineindeuten. Selffulfilling Prophecies, also Prophezeiungen, die sich in sich selbst erfüllen, können ebenfalls ein Hinweis auf überirdische Begabungen sein. Wer sich ständig sagt, daß er dies oder jenes nicht schafft, ja gar nicht schaffen kann, der wird auch versagen.

Der Umkehrschluß gilt aber genauso. Wer visualisiert, sich positiv polt, sich genau ausmalt, wie dies oder jenes eintrifft, der kann damit durchaus erfolgreicher und glücklicher leben. Stellen Sie sich also ganz genau vor, wie dieses oder jenes Ereignis auf sie zukommt, wer Ihnen wann und unter welchen Umständen die gute Nachricht überbringt, wie Sie in diesem Moment angezogen sind, was Sie gerade machen, wenn der Glücksbote kommt, was er wortwörtlich zu Ihnen sagt und was Sie wortwörtlich darauf antworten, wie Sie reagieren. Fühlen Sie die Situation, hören und riechen Sie das begleitende Umfeld. Auch dafür brauchen wir Geduld und Übung.

Die Tür zur Magie

Doch selbst wenn Sie seherische Träume haben, die Sie vielleicht sogar richtig zu deuten gelernt haben, und auch wenn Sie nach einer gewissen Übungszeit sogar visualisieren können, also positiv mit dem Phänomen Selffulfilling Prophecies umgehen können, so heißt das nicht automatisch, daß Sie auch zur Magie berufen sind.

Dennoch können Sie es unter diesen Voraussetzungen wagen, Schritt für Schritt nach vorne zu gehen. Inwieweit Sie sich dann weiterbilden, entscheiden Sie ganz allein. Je nach geistiger Gesundheit und Interesse. Es gibt keine Spielregeln und feste Lern- und Verhaltensmuster. Nur eines gilt: Stillstand ist Tod. Wer nicht bereit ist, ständig dazuzulernen, ständig an sich zu arbeiten, kann das Ganze vergessen. Das gilt heute für den Maurermeister genauso wie für den spirituell begabten Magier.

Horchen Sie immer wieder in sich hinein. Und bestimmen

Sie damit Ihre ganz eigene Vorgehensweise. Und hetzen Sie bitte nicht von Seminar zu Seminar, das ist Unsinn. Sie verlieren auf diesem Weg nicht nur viel Geld, sondern werden unnötig irritiert und im schlimmsten Fall sogar fehlgeleitet. Nicht überall, wo Esoterik draufsteht, ist auch Esoterik drin.

Und nun willkommen im Reich der Magie!

Magie? Welche Magie?

Ich muß noch einmal ausdrücklich auf folgenden Punkt zurückkommen: Es gibt keine reine Weiße Magie, und es gibt auch keine reine Schwarze Magie. Die Welt der Magie ist ein einziges zusammenhängendes Feld. Und jedes magische Mittel kann sowohl im positiven als auch im negativen Sinn angewendet werden. Entscheidend ist immer die Absicht, die dahinter steckt. Nutzen und Mißbrauch können eng beieinanderliegen. Bedenken Sie: Mit einem Messer kann man sowohl Brot schneiden als auch jemanden verletzen.

Wenn Sie sich also mit Magie beschäftigen, beschäftigen Sie sich mit ihr als Einheit. Eine wichtige Ausklammerung muß ich jedoch vornehmen. Satanismus ist der Mißbrauch der Schwarzen Magie zur Verherrlichung einer finsteren Macht, also vom Ansatz her und besonders in den Folgen von vornherein als negativ einzustufen. Sie werden von mir deshalb auch keinerlei praktische Hinweise dazu bekommen. Zumal es in vielen Fällen als erwiesen gilt, daß Hobby- oder Billigsatanisten am Werk sind, die mit einer magischen Ummantelung oder einem magischen Alibi nichts weiter tun, als ihren perversen Neigungen zu frönen. Worauf ich schon hingewiesen habe.

Wer darf sich mit Magie beschäftigen, und wer läßt besser die Finger davon?

Es gibt keine allgemeingültige Antwort auf diese Frage. Am sinnvollsten ist es, sich persönlich beraten zu lassen von einer Person, die schon in das Reich der Magie eingetaucht ist.

Dennoch gibt es ein paar Richtlinien, die ganz gute Indizien darstellen können.

So empfehle ich grundsätzlich allen Interessierten unter 25, erst einmal die Finger von dem Ganzen zu lassen. Denn eine gewisse innere Reife und Stabilität gehören auf jeden Fall dazu. Ebenso natürlich große Sensibilität. Doch übersensible Menschen warne ich auch ganz dringend davor, sich mit Magie zu beschäftigen. Es könnte passieren, daß sie den Bezug zur Realität verlieren, sich fanatisch irgendwo festbeißen und nicht mehr aus der Thematik herausfinden. Sie werden lebensuntüchtig.

Wer Magie zweckgebunden erlernen will, beispielsweise um Liebe, Geld oder Macht zu erlangen, wer Magie ausschließlich zu seinem eigenen Nutzen und Profit einsetzen will und sich nur deshalb damit beschäftigen möchte, fällt auch durch den Raster. Das ist nämlich die falsche Voraussetzung, um sich an so ein großes Feld heranzuwagen. Die Magie ist erst einmal eine Wissenschaft um ihrer selbst willen. Sie will gelernt und verstanden sein, nicht ausgenützt. Wer nicht bereit ist, viel zu lesen und zu lernen, ist hier falsch.

Wenn Sie wissen wollen, ob Sie auf magische Impulse ansprechen, machen Sie ein paar kleine einfache Atem- und Konzentrationsübungen. Ich empfehle hierzu das Buch von Franz Bardon »Der Weg zum wahren Adepten« (Bauer-Verlag) und auch ein paar leichte Rituale aus meinem Buch – jawohl, ausnahmsweise auch mal Eigenwerbung – »Sandra, Ich, die Hexe« (Goldmann Verlag). Bei diesen Ritualen geht's ums Verknallt- und Verliebtsein, um den Kampf junger Leute in Schule, Studium und Beruf. Sie können damit selbst ihre Antennen einmal gefahrlos ausfahren und antesten.

Ein probates Mittel ist es auch, seine telepathischen Fähigkeiten auszuloten. Versuchen Sie mit einer Person Ihres Vertrauens mental Kontakt aufzunehmen. Was anfangs am leichtesten mit einem Spiegel (»Spiegelarbeit«) passiert. Stellen Sie den Spiegel in Brusthöhe vor sich auf, versuchen Sie zu senden und zu empfangen. Konzentrieren Sie sich auf die bestimmte Person, schauen Sie Ihrem Spiegelbild tief in die Augen, konzentrieren Sie sich damit gleichzeitig auch auf sich selbst.

Es ist Unsinn, in diesem ersten Kontakt mit Ihren vielleicht vorhandenen magischen Fähigkeiten großartige Weisheiten senden zu wollen. Sie müssen weder eine Religion interpretieren noch das Universum neu erfinden. Denken Sie einfache Dinge zu Beginn dieser Übung, und diese immer wieder. »Komm, laß uns heute zusammen auf ein Konzert gehen« oder »Wenn du nachher vorbeikommst, bring bitte Katzenfutter mit« oder ähnliches. Testen Sie, ob das funktioniert. Und werden Sie nicht müde, diese Übung immer wieder zu praktizieren. Bis sie endlich zum gewünschten Erfolg führt.

Ich habe auf diesem Weg des öfteren meine Tochter gebeten, mich anzurufen. Was sie dann auch getan hat. Sehr praktisch für mich, denn meine Tochter lebt in Los Angeles. So kann man also auch Telefongebühren sparen.

Ein sicherer Hinweis auf Ihre Magietauglichkeit sind zweifellos auch Ihre Kabbalawerte. Wer in dieser alten jüdischen Wissenschaft der Numerologie die Meisterzahlen 11 oder 22 hat, sollte auf jeden Fall ein paar Experimente wagen. Wer dagegen mit der 33 behaftet ist, neigt zur Übersensibilität und sollte sich das Wissen um die Magie nicht antun. Wenn Sie Ihre Zahlen nicht kennen, hilft Ihnen sicher eine Hexe oder ein Magier. Außerdem gibt es gute Kabbalaliteratur. Ich empfehle das neu erschienene Buch von Helyn Hitchcock über Numerologie (Goldmann Verlag).

Wer in die Magie einsteigen will, darf keine Angst haben. Und muß bereit sein zu lernen. Lernen, lernen und nochmals lernen. Als erstes gilt es, den eigenen Mikrokosmos zu erfahren, also den eigenen Körper. Was kann ich, was kann ich nicht, was will ich. Kann ich mich entspannen, kann ich visualisieren? Das ist eigentlich nichts anderes als die Lehre der Yogis. Auch Yoga ist Magie.

Außerdem muß man bereit sein, verzichten zu können. Magie ist nicht teilbar, auch nicht mit einem geliebten Menschen. Das kann so weit gehen, daß eine Trennung ins Haus steht, wenn Sie ins Reich der Magie eintauchen.

Sie müssen auch darauf verzichten, mit Ihrem neu erworbenen Wissen schnatternd durch die Welt zu rennen, es jedem aufdrängen zu wollen oder vielleicht sogar damit hausieren zu gehen. Magisch gebildete Personen missionieren nicht, sie antworten nur auf Nachfrage und nur zu dem ganz speziell gefragten Punkt. Magie ist im übrigen auch nicht der Stoff für ein Kaffeekränzchen.

Vorsicht Falle!

Ich weiß, daß ich jetzt vielleicht manchem angehenden Möchtegern-Magietalent ein bißchen den Wind aus den Segeln genommen habe. Sich mit Magie zu beschäftigen, ist weder schick noch leicht. Die Wissenschaft der Magie muß genauso erlernt werden wie die Wissenschaft der Medizin. Oder die der Physik oder anderer Bereiche.

Natürlich locken da links und rechts vom Wegesrand all die wohlfeilen Versuchungen. Der Esoterikboom macht's möglich. Wer aber glaubt, seinen Weg abkürzen zu können, hat schon bei dem Gedanken daran verloren.

Ich warne dringend – und ich wiederhole das Wort nochmals: dringend! – vor irgendwelchen Spielchen wie Séancen mit Tischerücken, Friedhofsbesuchen um Mitternacht in Sektlaune und ähnlichem Unsinn. Denn alles, was man tut, und sei es auch noch so laienhaft und vielleicht sogar lächerlich, hat irgendeine Wirkung. Man kann nämlich nie wissen, was oder wen man anzieht, welchen Dämon, welchen negativen Astralkörper, welchen guten oder schlechten Geist. Das können Kräfte sein, die man oft sein ganzes Leben lang nicht mehr los wird.

Das gilt natürlich besonders für Personen, die psychisch nicht gefestigt sind. Und auch für Menschen, die Psychopharmaka einnehmen müssen. Nichts gegen diese Medikamente, sie sind in vielen Fällen sicher nützlich und auch lebensrettend, aber Psychopharmaka und Magie schließen einander aus. Weil falsche Bilder entstehen können, die bis jetzt auf keinem noch so ausführlichen Beipackzettel beschrieben sind.

Ebenso sollten alle Menschen, die alkohol-, tabletten- oder drogensüchtig sind, unbedingt die Finger von der Wissenschaft der Magie lassen. Bevor sie sich auf dieses Feld begeben, sollte zweifelsfrei feststehen, daß sie von ihrer Abhängigkeit geheilt sind. Genauso wie jeder Mensch, der einen Berg besteigen will, erst einmal seinen Beinbruch kurieren lassen muß.

Wenn bei Ihren magischen Versuchen etwas schiefgeht

Es ist sehr wichtig, daß Sie die Ergebnisse Ihrer spirituellen Übungen sorgfältig unter die Lupe nehmen und vielleicht sogar dokumentieren. Die Wissenschaft der Magie ist nämlich so komplex, daß eigentlich nichts schiefgehen *darf*. Denn es wird jedesmal Energie freigesetzt, die auf die eine oder andere Art garantiert wirksam wird. Energie bewirkt immer etwas, auch im Anfangsstadium, wenn die eingesetzte Energie noch nicht so gebündelt und zielgerichtet wirksam werden kann. Gerade hier liegt die Gefahrenquelle. Darum möchte ich in den folgenden Kapiteln eine Art Anleitung zur Pannenhilfe geben:

Der Umgang mit negativen Träumen

Es gibt sehr viele Menschen, die grundsätzlich nur negative Träume haben. Oftmals sind das bezeichnenderweise gerade diejenigen, die im Leben außerordentlich tüchtig und erfolgreich sind, die auf den ersten Blick fast beneidenswert wirken. Sie irritieren uns durch ihr selbstsicheres Auftreten, durch ihre zur Schau getragene Souveränität. Wenn diese aber nicht wirklich von innen kommt, sondern nur angelerntes oder im Lauf der Jahre angewöhntes Verhalten ist, brodeln im Unterbewußtsein jede Menge Ängste. Und die erfahren dann in der Traumwelt ihre Realisierung – denn irgendwo müssen sie ja hin.

Weit verbreitet sind zum Beispiel die sogenannten Versagensträume. Ein erfolgreicher Betriebsleiter erlebt in der Nacht immer wieder die Situation, wie er in einem entscheidenden Moment versagt. Wie er Mitarbeiter schlecht behandelt, wie er für sich oder andere falsche Entscheidungen trifft oder ähnliches.

Allgemeine und vielseitig deutbare Versagensängste sehen im Traum oft so aus, daß man einen langen Gang entlangläuft, eine Tür erreichen will oder unter Zeitdruck vielleicht sogar erreichen muß, und diese Tür immer weiter in die Ferne rückt. Die Palette der Bilder und Gleichnisse ist breit gefächert; jeder von uns kennt vergleichbare Angstträume.

Der Umgang mit Angstträumen dieser Art ist radikal einfach: Man muß diese Träume löschen, richtiggehend canceln. Was etwas anderes ist als verdrängen. Man löscht einen Traum nicht in der Form aus, daß man sich vornimmt, nicht mehr an ihn zu denken. Sondern man schaut ihn sich genau an, durchdenkt ihn noch einmal in all seinen Phasen und verabschiedet sich dann von ihm. Bewußt und entschlossen.

Sie können solche Träume auch ins Positive umdrehen. Jeder Mensch braucht Licht und Schatten, Plus und Minus. Solange Sie sich Ihren Minusanteil lediglich im Traum holen, ist ja in Ihrem Alltagsleben noch nichts verloren. Außer daß Sie vielleicht mal wieder schlecht geschlafen haben.

Grundsätzlich müssen Sie davon ausgehen, daß eine längere Beschäftigung mit solchen Träumen das Negative direkt anziehen muß. Je länger Sie zögern, sich von Ihrem Angsttraum zu verabschieden, um so eher laufen Sie Gefahr, tatsächlich mit einem Versagen oder einem Verlust konfrontiert zu werden.

Dennoch gibt es Träume, die wir auch in ihrem ganzen negativen Umfang ernst nehmen müssen. Nämlich dann, wenn der Traum konkret vor etwas warnt. Wenn er über das Stadium der Allgemeinheit hinaustritt und in Einzelheiten deutlich wird.

Der berühmteste Traum dieser Art widerfuhr laut Bibel Joseph von Nazareth, dem Vater oder Ziehvater von Jesus. Er erhielt die Nachricht, daß sein Baby in Gefahr sei und daß er mit seiner Familie nach Ägypten auswandern solle. Tatsächlich war es ein weiser Entschluß von Joseph, dieser Warnung Beachtung zu schenken. Denn wie wir alle wissen, hat der damals in Galiläa regierende König Herodes aus Angst um seinen Thron angeordnet, alle männlichen Kleinkinder unter zwei Jahren töten zu lassen. Sterndeuter hatten ihm berichtet, daß »ein neuer König der Juden« geboren worden sei. Laut Überlieferung nahm Joseph diesen warnenden Traum so ernst, daß er keine Sekunde lang zögerte und sich mit seiner Familie mitten in der Nacht auf den Weg machte. Womit er seinem Kind das Leben rettete.

Was ganz wichtig ist bei Warnträumen: Geraten Sie nie in Panik, entwickeln Sie niemals Angst. Wer Angst hat – das gilt in vielen Bereichen – ist besonders gefährdet. Handeln Sie also ruhig und überlegt. Prüfen Sie zuerst, ob Ihnen Ihr Unterbewußtsein hier nicht vielleicht einen Streich gespielt hat, indem es Ihnen einen unverdauten Roman oder einen unverdauten Film zur Wiedervorlage anbietet. Erst wenn das ausgeschlossen ist, setzen Sie sich mit Ihrem Traum ernsthaft auseinander. Und ergreifen Sie Vorsichts- und Schutzmaßnahmen.

Wenn Sie des öfteren im Traum Warnungen erhalten, die

dann ganz und gar nicht negative Ereignisse nach sich führen, sondern im Gegenteil sogar positive, ist es an der Zeit, Ihr persönliches Traumdeutungssystem zu überprüfen. Kann es denn nicht sein, daß Sie immer das Gegenteil von dem träumen, was dann tatsächlich eintritt? Aber sicher doch!

Warnungen können Sie übrigens nicht nur im Traum erfahren, sondern auch beim Visualisieren. Als ich vor acht Jahren einmal kurzfristig für eine Fernsehsendung nach Prag mußte, war es mir unmöglich, in der ganzen Hektik ein Ticket für den Rückflug zu besorgen. Ein Bekannter bot sich an, mich in seinem Auto mit zurück nach München zu nehmen. Was mich erst einmal sehr gefreut hat. Bis ich dann, übrigens gewohnheitsgemäß, die ganze Reise visualisiert hatte. Ich stellte mir einen angenehmen Flug vor, eine schöne Ankunft, eine erfolgreiche Sendung und all das, was dazugehört. Es drängte sich aber immer wieder das Bild von einem zerstörten silbernen Auto in mein Unterbewußtsein, und ich wußte, daß ich selbst in dem Auto war. Irgendwie kam ich dann auf die Idee, meinen Bekannten, der mich mit zurück nach München nehmen wollte, nach seinem Auto zu fragen. Es war ein Volvo, silbermetallic. Ganz klar, daß ich mich weigerte, in dieses Auto einzusteigen. Mein Bekannter aber nahm meine Warnung nicht ernst und fuhr trotzdem mit diesem Auto. Auf dem Weg von Prag nach München erlitt er einen schweren Unfall. Gott sei Dank hat er ihn überlebt.

Fehler beim Visualisieren

Aber erst einmal wieder zurück zum Grundsätzlichen. Denn auch beim Visualisieren kann viel schiefgehen. Sie visualisieren eine bestimmte Situation, gehen diese Phase für Phase immer wieder durch, und dennoch haben Sie keinen Erfolg. Der verehrte und begehrte Mensch wendet sich Ihnen nicht zu, der erwünschte und visualisierte Geldsegen bleibt aus, die Besserung der Krankheit ist immer noch nicht in Sicht.

Darum hier ein paar fixe Regeln zum Visualisieren nach der bereits erwähnten Silva-Mind-Methode. Visualisieren Sie Ihr Ziel dreimal am Tag, morgens, mittags und abends, und das genau 21 Tage lang. Zwischen den einzelnen Handlungen müssen Sie aber immer wieder loslassen, das ist das Wichtigste. Wenn Sie rund um die Uhr nur an Ihren Wunsch denken, bauen Sie eine Mauer um sich auf und werden nicht mehr erreicht. Darum nochmals der Tip: Besorgen Sie sich Literatur über die Silva-Mind-Methode.

In dem erwähnten Buch von José Silva und Philip Miele werden Sie auch erfahren, daß Visualisieren grundsätzlich nur dann etwas bringt, wenn Sie es schaffen, sich in den Alphazustand zu versetzen, eine traum- oder tranceähnliche Phase. Auch hier werden viele Fehler gemacht. Denn viele Menschen gehen davon aus, daß der fanatische Wunsch oder das konzentrierte Herbeisehnen zum Visualisieren ausreicht. Das Gegenteil ist der Fall. Denn im Alphazustand sind wir gelöst und frei. Und daß das Unterbewußtsein stärker ist als jede Vernunft oder Konzentration, dürfte allgemein bekannt sein.

Ein weiterer weitverbreiteter Fehler beim Visualisieren ist auch der Griff nach den Sternen. Wenn Sie also etwas Utopisches visualisieren wollen. Vielleicht einen Lottogewinn oder daß sich ein Filmstar aus Amerika, den Sie noch nie im Leben persönlich getroffen haben und den Sie auch nie treffen werden, in Sie verliebt. Es wird auch nie eine Fee zur Tür hereinschweben und Ihnen drei Wünsche gewähren. Da können Sie visualisieren bis zum Umfallen.

Die Kunst der Magie bleibt – gerade für Neueinsteiger – erst einmal im Bereich des Machbaren und Möglichen. Visualisieren Sie real verwirklichbare Situationen. Erfolg im Beruf, Gehaltserhöhung vielleicht, Erfolg beim Liebeswerben, Erfolg bei einem anstehenden Prozeß, schnelle Heilung und Genesung.

Zum letztgenannten Punkt noch eine Geschichte, die mir persönlich widerfahren ist. Vor Jahren war ich in Marokko, um eine Reportage »Liebeszauber in Marrakesch« zu machen. Durch das Ungeschick unseres Führers landeten wir in einem schwarzmagischen Laden. Ich sah getrocknete Tierkadaver (die Tiere werden dort ritualgemäß bei lebendigem Leib getrocknet und konserviert), regte mich entsetzlich über diesen barbarischen Brauch auf, verließ den Laden so schnell ich konnte. Dennoch hatte das gesamte böse Ambiente auf mich als Hexe schon gewirkt. So schnell konnte ich gar nicht davonlaufen.

Es war Walpurgisnacht, der Vollmond stand im Skorpion, und ich an einer Art französischem Fenster mit Balkongitter. Das Gitter gab auf Druck nach und ich stürzte in die Tiefe. Doppelter Beckenbruch, sieben gebrochene Rippen. Ich wurde nach Deutschland geflogen in ein Krankenhaus, wo mir die Ärzte die schreckliche Mitteilung machten, daß ich wohl ein halbes Jahr oder länger in der Klinik bleiben müsse.

Im Krankenbett visualisierte ich immer wieder, daß meine Knochen schnell zusammenwachsen. Ich stellte mir einen Sekundenkleber vor, der in meinem Körper aktiv wird. Jeden

Tag. Nach vier Wochen konnte ich wieder an Krücken gehen, nach sechs Wochen war ich wieder ohne Krücken und zu Fuß unterwegs. Die Ärzte sprachen von einem Wunder. Von der Kunst des Visualisierens hatten sie anscheinend noch nie etwas gehört.

Dieser Erlebnisbericht soll zweierlei zeigen. Erstens, daß Visualisieren funktioniert. Und zweitens, daß es selbst für geübte Personen wie mich nur dann funktioniert, wenn man auf dem Teppich bleibt. Hätte ich versucht, eine Wundermedizin zu visualisieren, die mich innerhalb kürzester Zeit wieder gesund machen kann, hätte ich garantiert keinen Erfolg gehabt.

Der langen Rede kurzer Sinn: Wenn Sie beim Visualisieren keinen oder nicht den gewünschten Erfolg haben, vielleicht sogar Negatives in Kauf nehmen müssen, nehmen Sie sich noch einmal die Grundregeln dieser Technik vor und fangen Sie neu an.

Wenn Ihnen die Beschäftigung mit magischen Techniken nicht bekommt

Es kommt immer wieder vor, daß spirituell interessierte Menschen nach ihren ersten magischen Übungen unangenehme körperliche Reaktionen entwickeln. Gerade dann, wenn sie vielleicht Fehler gemacht haben. Das kann vom Kopfweh bis zum Magengeschwür reichen, je nachdem. Jeden erwischt es woanders, nämlich an seiner individuell schwächsten Stelle.

In solchen Fällen rate ich dringend zu einer sofortigen Unterbrechung oder Beendigung der Versuche. Grundsätzlich darf man sich nur mit Magie beschäftigen, wenn man körperlich absolut fit ist. Wer als Antwort auf seine Versuche körperliche Beschwerden bekommt, braucht dringend Erholung. Leiten Sie diese Erholungsphase mit Meditation und Gebeten ein, ziehen Sie sich aus dem Genre zeitweise oder ganz zurück.

Das gleiche gilt natürlich verstärkt, wenn Sie mentale Probleme bekommen. Wer Tag und Nacht nichts anderes mehr im Kopf hat als magische Experimente, wer darüber hinaus vielleicht seinen Beruf oder gar seine Familie vernachlässigt, sein ganzes soziales Umfeld nur noch nach der Beschäftigung mit Magie ausrichtet, ist schwer gefährdet. Im schlimmsten Fall sind Psychosen die Folge. Da muß man dringend zur Ruhe kommen, beten, meditieren. Und falls es wirklich zu einer Psychose gekommen ist, suchen Sie unbedingt einen Facharzt auf. Der Ausflug in das Reich der Magie ist für Psychotiker beendet. Jedes Weitermachen wäre lebensgefährlich.

Vergessen Sie aber nicht, daß ein zeitweiliges Chaos in Ihrem Leben durchaus auch nützlich und kreativ sein kann. Neuorientierungen, sowohl beruflich als auch in der Partnerschaft, sind nicht unbedingt von Übel. Jede Trennung ist eine neue Chance für einen Neubeginn, jede Herausforderung die Gelegenheit zur Weiterentwicklung. Das Chaos darf aber nicht soweit gehen, daß es Ihre bürgerliche Existenz bedroht. Eine Gratwanderung, gewiß, aber wenn Sie sich auf Ihre Intuition verlassen, immer wieder Pausen einlegen bei Ihren Übungen und Ihren jeweiligen Standpunkt immer wieder überprüfen, werden Sie diese Gratwanderung meistern.

Wenn Sie aussteigen wollen

Nehmen wir einmal an, Sie wollen aus dem ganzen Prozedere aussteigen. Vielleicht wünschen Sie sich sogar, Sie hätten nie damit angefangen, sich mit dieser Materie zu beschäftigen. Sie finden alles auf einmal lächerlich oder schädlich. Obwohl Sie anfangs gewisse spirituelle Neigungen an sich entdeckt haben und Ihre Fähigkeiten entwickeln wollten.

Oder aber Sie müssen aussteigen. Weil Ihr Körper oder Ihr Geist nicht mehr mitspielt, rebelliert. In beiden Fällen ist es sehr wichtig, daß Sie nicht hektisch alles von sich werfen, daß Sie nicht verdrängen und vergessen wollen.

Denken Sie an die berühmte letzte Zigarette in vielen erfolgreichen Raucherentwöhnungskuren. Man soll diese Zigarette bewußt und mit viel Genuß rauchen, um sich dann vom Nikotin zu verabschieden. Ohne Selbstkasteiung, ohne Wehmut. Sondern mit Vorfreude auf ein nikotinfreies Leben.

Was für den entzugswilligen Raucher gilt, gilt auch für den Aussteiger in Sachen Magie. Sehen Sie sich auf keinen Fall als jemanden an, der gescheitert ist. Nicht jeder kann auf jedem Feld gleich erfolgreich sein. Ein abgebrochenes Studium ist ja auch kein Beinbruch – und um nichts anderes geht es hier. Sie haben etwas versucht, und Sie haben gelernt, daß dieser Versuch für Sie nun zu Ende ist. Sie sind gereift. Und das ist erst einmal etwas sehr Schönes. Besser kein Arzt werden als ein schlechter. Und besser kein Magier werden als einer, der sich und anderen schadet. Selbstvorwürfe oder Versagensstatements bringen erstens nichts, ziehen zweitens nur negative Energie an und sind drittens allein vom logischen Denken her völlig fehl am Platz.

Gestalten Sie den Abschied aus Ihrer magischen Lern- und

Lebensphase selbstverantwortlich und feierlich, das hilft. Gönnen Sie sich ein letztes kleines Ritual, ein Abschiedsritual.

Es gibt dafür keine Regeln. Trotzdem hier ein Hinweis, wie aus meiner Sicht so ein Ritual vielleicht aussehen könnte: Gehen Sie bei zunehmendem Mond ins Freie, bauen Sie einen kleinen Altar mit allen vier Elementen auf (Kerzen für Feuer, Erde, eine Wasserschale, an der frischen Luft sind Sie sowieso), nehmen Sie viele weiße Kerzen (weiß für Reinigung), zwei blaue und eine grüne, bauen Sie auf diesem Altar alles auf, was Sie in der letzten Zeit in Sachen Magie beschäftigt hat. Ihre Bücher, Ihre Amulette, Ihre Öle, Ihre Räucherungen, einfach alles. Bedanken Sie sich bei Ihrem Gott oder Ihren Göttern, daß Sie dieses Ritual machen dürfen. Und bedanken Sie sich auch für alles, was Sie auf Ihrem Ausflug in die Welt der Magie erfahren und gelernt haben. Legen Sie auch dieses Buch dazu. Das, das Sie gerade in Händen halten. Und nun packen Sie all diese Dinge in eine Kiste und verabschieden sich. Ohne Wut, ohne Trauer und ohne das Gefühl, irgendwie versagt zu haben. Schließen Sie den Karton oder die Kiste. Was Sie nun damit machen, ob Sie sie verbrennen, vergraben oder einfach in den Keller stellen, das ist ohne jede Bedeutung. Denn die Dinge, die sich darin befinden, haben für Sie keinen Wert mehr. Sie haben sich ja feierlich und bewußt davon verabschiedet.

Freuen Sie sich darauf, daß Sie jetzt wieder Kapazitäten für andere Lebensbereiche frei haben, und füllen Sie im Lauf der nächsten Zeit, nach einer kleinen Erholungspause, die entstandene Lücke in Ihrem Leben mit einer anderen sinnvollen Beschäftigung aus. Und wie wir schon aus der Bibel wissen: Wer suchet, der findet.

Franz Bardon, der Lehrmeister für Einsteiger

Wenden wir uns nun wieder all jenen zu, die sich entschlossen haben, ihre spirituellen Fähigkeiten auszubauen und auf dem Gebiet der Magie weiterzuarbeiten. Wann immer Leute zu mir kommen, einen konkreten Rat haben wollen, prüfe ich natürlich zuerst, ob es irgendwelche Gründe gibt, die gegen eine Beschäftigung mit magischen Dingen sprechen. Die Kriterien dazu habe ich schon erwähnt: geistige Unreife, körperliche oder seelische Probleme, Sucht jeder Art, Einnahme von Psychopharmaka.

Wenn es in dieser Hinsicht keine Bedenken gibt, verweise ich in der Regel auf den Magier Franz Bardon. Er ist meiner Ansicht nach der beste Lehrer, den es in solchen Fällen geben kann.

Bardon wurde am 1.12.1909 in Troppau/Mähren geboren; am 10.7.1958 starb er in einem kommunistischen Konzentrationslager bei Brünn im heutigen Tschechien. Die offizielle Todesursache wird mit »Lungenentzündung« angegeben, wir müssen aber davon ausgehen, daß die Kommunisten mit ihrer anfangs fanatisch ausgeübten Religion des Atheismus den Magier gefoltert, wenn nicht gar umgebracht haben. Denn alles, was irgendwie nach Spiritualismus oder Glaubensgemeinschaft aussah, wurde unnachgiebig verfolgt und bekämpft.

Franz Bardon war ein »braver« Magier. Er hatte zwar von Crowley und seinen Experimenten gehört, lehnte ihn und seine Kunst aber entschlossen ab. Was übrigens auf Gegenseitigkeit beruhte.

Bardon führte ein gutbürgerliches Leben als Büroangestellter. Solange ihn die kommunistischen Machthaber unbehelligt ließen, verbrachte er jede freie Minute im Dienst der Magie. Wobei er davon ausging, daß Weiße, Graue und Schwarze Magie eine Einheit sind, daß Magie und Mystik gleichgesetzt werden müssen und daß einzig und allein die eigenen Energien und Gedanken der Schlüssel zu allem sind. Womit er vielen heutigen Psychologen schon damals meilenweit voraus war.

Auch hat er früh genug erkannt, daß es in jeder Wissenschaft Gutes und Böses gibt, auch in der Magie. Und daß es immer auf einen selbst ankommt, was man damit macht oder auch nur erreichen will. Nehmen wir als Beispiel doch nur die heute so oft diskutierte Gentechnik: Der Versuch, Krankheitsgene kaltzustellen oder umzudrehen, ist sicherlich lobenswert; geklonte Kälber oder gar Menschen hingegen sehen wir als unmoralisch und verwerflich an.

Doch so wenig sich die bekannten und rational erscheinenden Wissenschaftszweige in Gut und Böse unterteilen lassen, so wenig funktioniert das auch bei der Magie. Was möglich ist, wird gemacht. Das ethische Vorzeichen spielt dabei keine Rolle. So wird aus der Atomkraft eine Atombombe, aus Schädlingsbekämpfungsmitteln werden chemische Waffen, aus Sprengpulver wird tödliches Schießpulver und aus Weißer Magie unter Umständen Schwarze oder sogar satanische.

Auch Bardon sah diese Zusammenhänge und konzentrierte sich daher ganz und gar auf den weißen Zweig der Magie. Mit anderen Gebieten wollte er nichts zu tun haben, das war ihm zu gefährlich. Was grundsätzlich lobenswert erscheint. Doch dadurch, daß er mit schwarzen Praktiken nicht vertraut war, konnte er sich auch nicht vor ihnen schützen. Oder hat er vielleicht sogar innerhalb der weißen Abteilung einen Fehler gemacht? Wir wissen nur, daß irgend etwas schiefgelaufen sein muß in seiner Laufbahn, denn sonst hätte er sich doch vor den kommunistischen Eiferern in Sicherheit bringen können.

Natürlich haben die roten Machthaber versucht, alle Zeugnisse religiöser oder spiritueller Aktivitäten zu vernichten. Oftmals haben sie nicht nur deren Spuren verwischt, sondern auch konkret falsche Fährten gelegt, um Interessierten die Recherche zu erschweren. Trotzdem sind vier Bücher von Bardon authentisch überliefert: »Die wahre Kabbala«, »Frabato« (in Romanform), »Die Praxis der magischen Evokation« und das wichtigste, ich habe es schon genannt: »Der Weg zum wahren Adepten«.

Bardon, übrigens erst seit etwa zehn Jahren richtig in unseren Kreisen anerkannt, war ein großer Kabbalaforscher. Er hat sogar die schwierigsten Formeln dieser hohen Kunst geknackt, erklärt und sogar weiterentwickelt. Was ihm letztlich den Tod gebracht hat. Denn die Beschäftigung mit dieser alten jüdischen Kunst war streng verboten. Außerdem arbeitete er mit Tarot, doch nicht so intensiv wie Crowley. Und er erlangte verblüffende Fähigkeiten im Visualisieren. Er wandte seine Fähigkeiten dazu an, um gewise Dinge im Leben zu erreichen, sowohl für sich als auch für seine Loge, eine Freimaurerverbindung. Dort war er Meister vom Stuhl, also der oberste Logenchef. Was zwangsläufig bedeuten muß, daß er die Kunst der ganz hohen Magie beherrschte und damit auch hohe Geister anrufen konnte.

Spektakuläre Übungen und Praktiken von Bardon sind nicht bekannt. Doch ich finde seinen Ansatz absolut weiß und weise. Er beschränkt sich nämlich fürs erste und ausführlich auf den Mikrokosmos jedes einzelnen Menschen, auf den Körper. Und bietet jede Menge Übungen an, die dem Kennenlernen des eigenen Körpers und der daraus folgenden Körperbeherrschung dienlich sind. Es sind Übungen, die sich mit den

Elementen gleichschalten lassen, sowohl im Makro- als auch im Mikrokosmos. Dabei stehen Übungen mit den Ohren und mit der Lunge für das Element Luft, Übungen mit dem Blutkreislauf für Wasser, mit den Füßen berühren wir das Element Erde, das Element Feuer finden wir in den Augen, und das bei uns anerkannte fünfte Element ist Akasha, die Summe aus allem, die Gesamtheit. Diese Einteilung zur Erklärung ist nur grob; Bardon unterscheidet noch in vielen Nuancen und deutet sehr differenziert.

Alle diese Übungen sind gebündelt und nur im Zusammenhang wirksam. Es gibt regelrechte Lehrabschnitte. Trotzdem sollten wir hier einmal eine dieser Übungen im Detail unter die Lupe nehmen. Damit Sie sich vorstellen können, wie Bardon arbeitet und lehrt.

Nehmen wir eine Lektion aus dem Gebiet der Telepathie, der Gedankenübertragung. Bardon setzt Telepathie mit Suggestion gleich. Darum geht er folgendermaßen vor: Er setzt sich auf einen Stuhl und entspannt Körper und Geist total, bis er in einer Art Schwebezustand ist, irgendwo zwischen Traum und Trance. Wie das geht, hat er uns schon in einer seiner vorigen Lektionen beigebracht. Ich zähle immer langsam rückwärts von zehn bis eins, versuche den Pulsschlag zu verlangsamen. Sitzen ist dabei immer sinnvoller als liegen, denn im Liegen schläft man unweigerlich ein bei dieser Art Entspannung. Im entspannten Zustand stellt man sich nun die Person vor, die man erreichen will. Erst den gesamten Körper dieser Person, dann sozusagen in Großaufnahme das Gesicht, dann nur noch die Augen. Zum Schluß ist der grobstoffliche Körper der Zielperson völlig verschwunden und das Bild zeigt nur noch den Geist des Adressaten. Nun projiziere ich meine Gedanken in diesen Geist. Ich muß mich gar nicht als Absender zu erkennen geben; ich muß auch gar nicht telepathieren, daß hier überhaupt jemand versucht, Gedanken zu übertragen. Es macht durchaus Sinn, daß die Zielperson der Meinung ist, die Idee komme von ihr selbst.

Nehmen wir an, Sie möchten gerne von einem alten Freund angerufen werden, nur so zum Beispiel. Wenn dann im Lauf der nächsten Zeit das Telefon klingelt, und Ihr Freund meldet sich mit einem fröhlichen »Ich hatte kürzlich einfach so die spontane Idee, dich wieder mal anzurufen«, dann wissen Sie, daß – zumindest für dieses Mal – die Übung von Erfolg gekrönt war.

Bardons Lehrschritte sind letztlich auch Praktiken, die uns der Kunst des Visualisierens näherbringen. Bardon sagt, daß grundsätzlich jeder diese Übungen machen und erfolgreich nachempfinden kann. Er sagt aber auch, daß dazu »Wille, Ausdauer und fast übermenschliche Kräfte« vonnöten sind.

Ich bin der festen Überzeugung, daß jeder, der sich mit dem Thema Magie beschäftigen will, zur Einleitung diese Techniken lernen sollte. Die alten Römer hatten mit ihrem »mens sana in corpore sano«, ein gesunder Geist wohnt nur in einem gesunden Körper, absolut recht. Und einen gesunden Geist brauchen wir, wenn wir magisch tätig werden wollen.

Es ist also laut Bardon wenig bis gar nicht erfolgversprechend, buchstabengetreu beliebige Rituale nachzumachen, ohne vorher seine körperlichen und geistigen Fähigkeiten zu überprüfen, zu erweitern und sie schließlich auch gekonnt einsetzen zu können. Sicher stimmt dieses Statement, zumindest im Ansatz. Doch andererseits bin ich auch der Meinung, daß auch die Einübung von Ritualen dabei helfen kann, spirituelle Fähigkeiten zu entdecken und zu fördern. Nicht jedes Ritual ist dazu geeignet; doch mit den hier in diesem Buch vorgestellten können Sie gefahrlos experimentieren.

Doch wenn Sie sich ernsthaft mit der Magie auseinandersetzen wollen, kommen Sie an Bardon nicht vorbei. Wem die Übungen zu umständlich oder zu anstrengend sind, der kann daraus den Schluß ziehen, daß es überflüssig ist, sich weiterhin mit spirituellen Dingen zu beschäftigen. Zumindest nicht mit dem Ziel, Hexe oder Magier werden zu wollen. Denn Sie handeln sich sonst aufgrund ständiger Mißerfolge nur Frust ein. Und im schlimmsten Fall machen Sie vielleicht sogar Fehler, die Ihnen und Ihrem Umfeld schaden können.

Gehen Sie also ruhig und gelassen an die Arbeit; entwickeln Sie keine Hast. Wer einmal schreiben will, muß erst einmal das Alphabet und die Grammatikregeln lernen. Und wer magisch tätig sein will, muß ebenfalls erst einmal grundsätzliche Dinge wissen. Kein Dach hält ohne Fundament, es gibt kein Brot ohne Getreide. Oder, um es mit Modersohn zu sagen: »Versuche nicht, Stufen zu überspringen. Wer einen weiten Weg hat, rennt nicht.«

Magie im Alltag – Berichte aus meiner Hexenküche

Um Beispiele zu geben, wie Magie im Alltag eingesetzt und wirksam werden kann, finden Sie auf den folgenden Seiten nun ein paar Geschichten, quasi aus dem Nähkästchen geplaudert. Es geht um konkrete Fälle, die ich in meiner Beratungstätigkeit im Zusammenhang mit Weißer, Grauer, Schwarzer und auch satanischer Magie erlebt habe. Um Menschen, denen ich helfen konnte. In drei der vier Beispiele war ich aktiv dabei; einen kenne ich als nächster Zuschauer. Sie wissen ja, daß ich mich weigere, selbst schwarzmagische oder gar satanische Praktiken anzuwenden. Das ist mit meiner Auffassung von Moral nicht vereinbar. Darum ist das Beispiel zum Themenkreis satanische Magie auch von der Gegnerseite beschrieben.

Sämtliche Namen in den folgenden Kapiteln wurden geändert. Denn wir Hexen unterliegen natürlich, ähnlich wie ein Arzt, der Schweigepflicht. Diese Pflicht haben sich seriöse Hexen und Magier selbst auferlegt. Und sie wird konsequent erfüllt. Das ist eine Frage der Ehre. Darum habe ich in den nun geschilderten Begebenheiten auch einzelne Begleitumstände abgeändert, die aber für das Wirken der magischen Kräfte nicht von Belang sind. Ich will nur nicht, daß sich jemand wiedererkennt. Oder, noch schlimmer, daß jemand von anderen wiedererkannt wird.

Es ist ja nicht so, daß sich jeder Mensch, der spirituell interessiert ist, rund um die Uhr mit magischen Dingen beschäftigt. Die meisten, die davon ausgehen, »daß da doch noch irgendwas sein muß zwischen Himmel und Erde«, wenden sich erst in konkreten Notlagen an eine Hexe oder an einen Magier. Auch Christen fangen erst in der Stunde der Not zu beten an; ansonsten erfüllen sie oftmals ihre religiösen »Pflichten« sehr nachlässig und mit halbem Herzen, wenn überhaupt.

Ähnlich ist es bei Klienten, die an die Kunst von uns Hexen glauben. Sie kommen zu mir, wenn irgend etwas in ihrem Leben nicht in Ordnung ist, wenn sie Hilfe brauchen. Die meisten tauchen nach vollbrachter Tat dann wieder ganz normal in ihren Alltag ein. Eine weitere Beschäftigung mit magischen Dingen wird für sie erst dann wieder interessant, wenn wieder Not am Mann oder an der Frau ist. Eine Haltung, die ich respektieren muß.

Weiße Magie gegen Aggressionen

Walter S. weiß nicht mehr, wie es weitergehen soll. Er ist total verzweifelt. Seine Frau verändert sich zusehends, ihr Zustand wird immer schlimmer. Vor drei Jahren hat es angefangen mit diesen fürchterlichen Wutausbrüchen und Aggressionen; und es ist im Lauf der Zeit immer schlimmer geworden. Walter S. hat drei Mädchen im Alter zwischen fünf und neun Jahren, er hat es zu etwas gebracht, lebt mit seiner Familie in einem schönen Haus, ungefähr 200 Kilometer von München entfernt. Trotzdem hat er keinen Grund zur Freude. Seine Frau treibt ihn buchstäblich zum Wahnsinn. Er hält die

Situation so, wie sie sich jetzt zugespitzt hat, nicht mehr lange aus.

Frau S., nennen wir sie Helga, schreit ihn an, beschimpft ihn, verdächtigt ihn grundlos der Untreue. Sie schimpft außerdem ständig mit den Kindern, beschuldigt sie irgendwelcher Verfehlungen, die frei erfunden sind. Daß sie außerdem noch Kleinigkeiten zu Weltkatastrophen aufbauscht, versteht sich in diesem Zusammenhang fast von selbst. Die Kinder bekommen schon Angstzustände, wenn sie ihre Mutter nur sehen.

Am schlimmsten sind die tätlichen Übergriffe. Helga S. schlägt ihre Kinder, attackiert ihren Mann, und einmal hat sie ihm sogar mit einer abgeschlagenen Flasche die Hand aufgeschnitten. Außerdem verkommt das ganze Haus. Helga, einst eine tüchtige Hausfrau, läßt alles stehen und liegen, ist über alle Maßen unordentlich, läßt auch sich selbst gehen, verwahrlost zusehends. Aber das nur am Rande; denn für Walter geht es in dieser Situation in erster Linie darum, daß er Angst um die Kinder und auch um sich selbst hat. Daß die Ehe wohl gescheitert ist, damit hat er sich schon fast abgefunden. Daß seine Frau zu allem Übel auch noch sehr viel Geld verbraucht, im Monat bis zu 15 000 Mark, und die ganze Familie damit in existentielle Schwierigkeiten bringt, setzt dem Ganzen noch die Krone auf.

Herr S. will gegensteuern. Darum schaltet er auch alle möglichen Behörden ein. Zuerst die Familienberatung, dann eine Sozialarbeiterin, zum Schluß dann, als die Angriffe auf ihn und die Kinder immer gefährlicher werden, sogar die Polizei. Doch Helga ist eine perfekte Schauspielerin. Immer wenn jemand amtlicherseits vorbeikommt, spielt sie die treusorgende Ehefrau und Mutter. Da ist sie dann auf einmal ausgeglichen und charmant. Nicht selten hat Walter das Gefühl, daß die Behördenvertreter ihn für einen maßlosen Übertreiber oder gar Lügner halten müssen. Er ist am Ende und bittet mich um Hilfe.

Ich begann damit, erst einmal Herrn S. zu beruhigen, denn er war völlig aufgelöst. Dann wandte ich mich der Kabbala zu. Während ich Numerologie betreibe, visualisiere ich meistens die ganze Situation. Die Ergebnisse meiner Bemühungen waren nicht gerade ermutigend: Helga hatte psychische Störungen, die sie wohl von ihrer Mutter geerbt hat. Außerdem nahm sie Drogen, zumindest hin und wieder. Kokain oder ein Amphetamin, auch Speed genannt. Sie hatte außerdem einen jüngeren Liebhaber, den ich genau erkennen und beschreiben konnte. Später hat sich dann herausgestellt, daß meine Beschreibung stimmte.

Ein Berg von Problemen, der da auf mich zukam, und eine anstrengende Geschichte. Ich wollte schon fast kneifen, aber den Kindern zuliebe habe ich mich auf den Fall der Familie S. eingelassen. Natürlich kann ich keine psychischen Krankheiten heilen, dazu braucht es die Kunst der Medizin, einen Neurologen und später vielleicht sogar einen Psychiater. Aber ich kann jemanden, der sich so verhält wie Helga S., fürs erste ruhigstellen, damit eine Heilung überhaupt eingeleitet werden kann.

Ich entschied mich für weißen Voodoo. Daher bastelte ich eine kleine Puppe aus weißem Naturleinen, füllte sie mit Kamille, Salbei und Maiskolbenkernen. Auf die Puppe schrieb ich den Namen und das Geburtsdatum von Helga. Ich zog einen Kreis um die Puppe, reinigte die Kreislinien sorgfältig mit Salz, rieb sie ein mit Healingöl und Kamilleblättern. Dann stellte ich mir eine Räucherung zusammen, vermischte sie mit Healing- und Buddhaöl.

Auf einem kleinen Altar stellte ich etliche weiße Kerzen auf, legte die Puppe darauf und ein paar gesundheitsfördernde Bergkristalle. Dann machte ich das Räucherungsritual. Schließlich nahm ich die Puppe, visualisierte Helga S., streichelte die Puppe und sprach ihr gut zu: »Alle lieben dich, du mußt dich nicht so unmöglich aufführen, es gibt keinen Grund, komm zur Ruhe« und so weiter. Das wiederholte ich dreimal. Ich schickte dabei auch alles Böse zurück in die Erde. Ich mußte die Prozedur drei bis sechs Monate lang ständig wiederholen, ich durfte jetzt nicht damit aufhören. Unter Umständen kann so etwas auch länger dauern.

Schon nach relativ kurzer Zeit kam Walter S. wieder zu mir und berichtete erleichtert, daß seine Frau sich wieder um das Haus kümmerte, daß sie sogar schon wieder im Garten arbeitete und daß sie vor allem wieder zugänglich war und mit den Kindern friedlich und freundlich umging. Das Ritual, das ich mir vom Grundstock her in Westafrika bei einem Voodoopriester abgeschaut und dann ein bißchen modifiziert habe, hatte anscheinend seine Wirkung schon getan.

Dieses Beispiel aus meiner Praxis ist relativ frisch, deswegen gibt es noch kein richtiges und perfektes Happy-End. Wir müssen erst abwarten, ob die beruhigungsfördernde Wirkung anhält. Danach werde ich entscheiden, wann der richtige Zeitpunkt gekommen ist, daß sich Helga S. in nervenärztliche und psychiatrische Behandlung begeben kann. Ich möchte, daß sie selbst auf die Idee kommt. Ob ich ihr diese Idee telepathieren kann, weiß ich noch nicht. Das kommt auf Helgas Gesundheitszustand an. Auf jeden Fall schöpfen jetzt alle Beteiligten wieder berechtigte Hoffnung. Dank der Kunst der Weißen Magie.

Graue Magie für Liebeskranke

Das Hauptthema in meiner Beratungstätigkeit ist die Last mit der Liebe; überwiegend geht es um die Probleme in Herzensangelegenheiten. Einer der beiden Partner entwickelt sich weiter, lernt jemand anderen kennen, gestaltet sein Leben um – der andere bleibt auf der Strecke, fühlt sich verlassen, gedemütigt und verletzt. Das Thema Liebe und Beziehung hat natürlich auch noch viele andere Spielarten, von denen jeder von uns schon die meisten am eigenen Leib durchleiden mußte. Aber im folgenden Fall geht es um die soeben beschriebene Version.

Paula H. lebt seit fünf Jahren mit ihrem Partner in einer relativ harmonischen Beziehung. Nun, so ganz harmonisch ist sie wohl nicht, denn sie ist im Lauf der Zeit immer schlapper geworden, man lebt so nebeneinanderher, und Sex, na ja, darüber reden die beiden lieber nicht. Auf jeden Fall waren sie anfangs wesentlich intensiver und häufiger bei der Sache. Inzwischen ist die Sache mit dem Sex zu einer Art Pflichtübung geworden. Und lästige Pflichten vergißt man ja auch mal ganz gern. Ganz normale Abnützungserscheinungen, zunächst kein Grund zur Sorge.

Bis Paula herausfindet, daß da eine andere Frau im Spiel ist. Ihr Partner geht also fremd. Paula fällt der Himmel auf den Kopf, sie schwankt zwischen Wut, Verzweiflung, Eifersucht und Depression. Sie bittet mich um ein Ritual, das ihren Liebsten wieder zurückbringt.

Ich werde nie einem Klienten oder einer Klientin ein Ritual aufdrängen; der Wunsch dazu muß immer vom Betroffenen selbst kommen. Aber dann kann ich auch noch nicht frohgelaunt loslegen. Ich muß nämlich erst alle Begleitumstände prüfen, und dazu brauche ich jede Menge Informationen.

Sind die beiden wirklich füreinander bestimmt? Ist es nicht besser, wenn sie sich trennen, wenn Paula die neue Freundin ihres Partners als Wink von oben versteht und ihre Chance nutzt? Ist ihr Partner bei der neuen Freundin nicht viel besser aufgehoben? Oder haben die beiden tatsächlich nur eine oberflächliche Bettgeschichte miteinander, aus Lust am Abenteuer, wie Paula meint?

All diese Überlegungen muß ich in mein Handeln mit einbeziehen. Denn jede Partnerzusammenführung verläßt den Bereich der Weißen Magie und wird grau. Denn es ist Besitzdenken mit im Spiel, vielleicht auch der Wunsch nach Manipulation und Macht über den Abtrünnigen. Eventuell sogar der Gedanke an Rache am Nebenbuhler.

Außerdem stelle ich mich, wenn ich jetzt für Paula H. in ihrem Sinne aktiv werde, gegen die kosmischen Kräfte. Schließlich kommt es ja nicht von ungefähr, daß Paulas Partner sich einer anderen zugewandt hat. Und daß ebendiese andere gerade im richtigen Moment am richtigen Platz war.

Paula bekommt von mir also zunächst ein ganzes Bündel guter Ratschläge, die noch nichts mit Magie zu tun haben, sondern einfach mit Lebenserfahrung. Ratschläge, die auch ein guter Freund oder eine gute Freundin in solchen Fällen geben sollte: Mach kein Drama, Paula, jammere und heule nicht herum, schon gar nicht vor deinem Partner. Setze ihm weder Ultimaten noch mache ihm Druck auf eine andere Art. Laß ihn vorläufig seiner Wege gehen. Schimpf nie über die andere, mach sie nie schlecht vor Dritten und schon gar nicht vor deinem Partner. Sei statt dessen netter und attraktiver als je zuvor. Mach dich schick, lege dir vielleicht neue Kleidung und eine neue Frisur zu, kauf dir attraktive Dessous, reib dich mit verführerischen Ölen ein und sei so zuvorkommend zu deinem Mann, wie du es unter diesen Umtänden nur kannst. Er soll sich freuen, wenn er dich sieht. Er soll sehen, was er im Zweifelsfall aufgeben muß. Wenn er aber nur ein heulendes und giftig keifendes Bündel zu Hause vorfindet, und das mehrmals die Woche, kommt er schließlich gar nicht mehr. Dann fällt ihm die Trennung leicht. Also reiß dich zusammen, Paula, jetzt geht's ans Eingemachte!

Im Fall Paula H. mußte ich dann doch magisch aktiv werden, über den Strauß von bunten und wichtigen Ratschlägen hinaus. Ich entschloß mich nach reiflicher Prüfung zu einem graumagischen Ritual, einem ägyptischen Liebesritual für Isis.

Wieder kommt die kleine Puppe ins Spiel, aus Ton, Stroh oder Stoff, auf die ich Namen und Geburtstag meines Klienten schreibe. Die weiteren Zutaten sind Rosenblätter, echtes Zimt- und echtes Vanilleöl, ein Foto von Paulas Partner, etliche weiße Kerzen und ein kleiner Tisch, den ich als Altar nutzen kann. Ich ziehe einen Kreis um diesen Altar, reinige die Kreislinien mit Salz, reibe ihn mit dem Öl und den Rosenblättern ein. Dann mache ich eine Attraction-Räucherung aus Salbei und Mandragora (Alraune) oder auch eine Cleopatra-Jezabel-Räucherung, um Paulas weibliche Energie zu reaktivieren. Ich lege die Puppe auf das Foto ihres untreuen Partners, drücke Puppe und Foto fest zusammen und beschwöre meine Götter, daß sie die beiden wieder zusammenkommen lassen sollen, weil sie meiner Meinung nach zusammengehören. Das Ganze insgesamt dreimal, innerhalb von drei Monaten. Und zwar in der Form, daß ich jeweils sieben Tage vor dem Vollmond anfange und dann am Vollmond das Ritual das letzte Mal mache. Es geht also insgesamt um 21 Ausübungen dieses Rituals.

Ich bin mir gar nicht sicher, ob Paula überhaupt verstanden hat, daß es hier nicht um Weiße, sondern um Graue Magie geht. Ich glaube, es war ihr auch egal. Sie wollte einzig und allein ihre Beziehung retten. An etwas anderes konnte sie ohnehin nicht mehr denken, so konfus war sie. Aber sie hat auf mich gehört, und das war ihr Glück. Denn Paula und ihr Herzallerliebster haben sich wieder zusammengerauft. Und wenn sie nicht gestorben sind, dann turteln sie noch heute.

Rache ist süß – und schwarzmagisch

Schwarze Magie ist nicht mein Fall. Ich weigere mich, damit zu arbeiten. Das habe ich schon des öfteren in diesem Buch betont; und ich betone es an dieser Stelle wieder. Trotzdem kann ich beim Bericht der Fallbeispiele auch zum Thema Schwarze Magie etwas beisteuern, weil ich hier unmittelbarer Zeuge einer schwarzmagischen Handlung und ihrer Wirkung geworden bin.

Es war in meiner Lehr- und Wanderzeit in Westafrika, als ein junger Mann namens Mamadu zu einer Hexe kam und sich schrecklich über seinen älteren Bruder beklagte. Betrogen sei er worden, der arme Mamadu, und zwar von ebendiesem älteren Bruder. Der soll nämlich ein Papier gefälscht haben, aus dem ursprünglich hervorging, daß er, Mamadu, das Erbe seines Vaters antreten solle. Es ging dabei um etwas Land, Vieh und Hühner. Sogar ein alter, kaputter Mercedes war dabei, und diesen Verlust konnte Mamadu besonders schwer akzeptieren. Alles hat der böse ältere Bruder gekriegt, dieser Fälscher, und das mußte jetzt gerächt werden.

Die Hexe hörte sich den jungen, rachsüchtigen Mann an, ganz gelassen und ruhig. Wie selbstverständlich trank sie dann eine grüne Flüssigkeit. Wie ich später erfuhr, war das eine halluzinogene Kokablättermischung. Dann versank sie in Trance. Aus der Trance heraus entschied sie, daß Mamadu die Wahrheit gesagt hatte und daß sein Wunsch nach Rache berechtigt war.

An Neumond startete sie dann ihr Ritual. Die Hexe hatte eine Kette um den Hals, an dem lauter Schädel von Kleintieren hingen, von Ratten und Mäusen, Katzen, Hunden und vielen mehr. Sie zog um sich einen Kreis; Mamadu mußte außerhalb des Kreises bleiben, sie ging hinein. Dort fing sie dann zu singen und zu trommeln an, rief ihre Götter, tanzte, trank Alkohol und rauchte Zigaretten, führte sich auf wie eine Furie, spuckte und fluchte. Über drei Stunden hat dieses Ritual gedauert, und es war penetrant bis unheimlich.

Dann kam ein schwarzes Huhn ins Spiel und Mamadu durfte in den Kreis treten. Was die beiden mit dem Huhn gemacht haben, möchte ich an dieser Stelle nicht schildern. Ich will nicht, daß irgend jemand gefährliche schwarzmagische Anregungen bekommt.

Wie auch immer: Das Ritual hat gewirkt. Der böse Bruder fühlte sich schlecht und schlechter. Erst körperlich, dann auch seelisch. Schließlich gestand er Mamadu sein fälscherisches Treiben und bat ihn um Verzeihung. Und das Erbe kam in die richtigen Hände.

Ende gut, alles gut? Heiligt der Zweck nicht die Mittel? Schließlich hat die Schwarze Magie hier ja etwas Gutes bewirkt. Sie hat der Wahrheit und der Gerechtigkeit zum Durchbruch verholfen. Warum sollen wir sie also nicht anwenden?

Das fragen mich auch viele Klienten, die aus Westafrika stammen. Sie sind als Asylbewerber hier in Deutschland oder manchmal auch als Touristen, sie nennen mich »Mama Sandra« (jede Hexe heißt in Westafrika »Mama«) und bitten mich oft um Rituale. Daß ich ein bißchen Malinke, eine westafrikanische Sprache, spreche, macht mich in ihren Augen besonders vertrauenswürdig. Um so enttäuschter sind sie dann, wenn ich mich weigere, einen Beamten zu verfluchen, der ihren Asylantrag abgelehnt hat, oder einen Nebenbuhler, der mit der Herzdame durchgebrannt ist.

Mama Sandra gibt praktische Tips, hilft auch mal bei juristischen Problemen, unterstützt mit positiven Gedanken und Schwingungen, reicht auch mal ein Schutzamulett oder einen Talisman weiter, aber Mama Sandra macht keine Schwarze Magie, basta. Auch dann nicht, wenn es um ein erstrebenswertes Ziel geht. Weil niemand perfekt ist und weil der allerkleinste Fehler schlimmste Folgen für meinen Klienten haben kann. Und auch für Mama Sandra.

Satanismus, der Weg durch die Hölle

Zum Thema satanische Magie habe ich schon einige Beispiele aufgeführt; die meisten davon sind aus meiner eigenen Praxis, eines haben wir von einem vertrauenswürdigen Polizisten erzählt bekommen und in dieses Buch aufgenommen. Natürlich erst, nachdem wir den Fall nachrecherchiert hatten.

Es gibt keinen einzigen Fall, mit dem belegt werden kann, daß Satanismus etwas Positives für den Ausübenden bewirkt hat. Selbst begabteste Magier wie Aleister Crowley haben sich und anderen damit nur geschadet. Kein Wunder, daß Crowley dann dem Metier abgeschworen hat.

Auch in der heutigen Zeit gibt es niemanden, der wohlwollend oder zustimmend zum Thema satanische Magie sprechen kann oder will. Wer nämlich zuviel plaudert, wird von seiner Sekte mit drakonischen Strafen belegt. Und wer tief drinsteckt, sich wohl fühlt dabei, vielleicht sogar Erfolge erzielt, wird sich hüten, Reklame dafür zu machen. Denn meistens hat sich so ein Mensch schon längst mit seinem Treiben strafbar gemacht. Satanische Magie ist und bleibt schon vom Ansatz her menschenverachtend. Daher kommt sie für mich in keiner Form in Frage.

Es sind die Aussteiger, auf deren Berichte wir uns stützen müssen, die hilfesuchenden Opfer. Ein Opfer wie Petra G., die wohl nie wieder ein normales Leben führen kann. Ihr Weg verlief ähnlich wie der des kleinen Andreas, von dem wir schon berichtet haben: Einladung zur Party, erste Ekelprüfungen, Schwarze Messen und Rituale, Tieropfer, sexuelle Übergriffe und sexualmagische Rituale, die im Fall Petras wohl hauptsächlich als Rechtfertigung für hemmungslose perverse Triebe dienten, welche der Logen- oder Sektenmeister an ihr ausleben wollte. Petra ließ im Drogenrausch alles über sich ergehen, handelte wie eine ferngesteuerte Puppe. Bei jedem Treffen gab es einen obskuren Trank, dessen Zusammensetzung nur der Chef kannte. Natürlich waren Drogen in diesem Gebräu, aber wahrscheinlich auch Menschenblut. Ein Mitglied des Clubs war nämlich Arzt. Und der konnte aus seinem Krankenhaus Blutkonserven verschwinden lassen.

Petra weiß zuviel, wird heute noch verfolgt. Und wenn sie nicht verfolgt wird, dann hat sie trotzdem Angst. Sie leidet unter einem regelrechten Verfolgungswahn. Petra ist eingeschüchtert, gehemmt, fix und fertig, leidet an Sprachstörungen. Und das Jahre nach ihrer Mitgliedschaft bei ihrem Teufelsclub. Sie braucht täglich Psychopharmaka. Niemand muß Petra mehr etwas von der Hölle erzählen. Sie kennt sie nämlich schon.

Ein Nachwort

Weiße Magie, Graue, Schwarze und satanische, so unterschiedlich im Ansatz und differenziert anwendbar, und dennoch eine Einheit. Mehr als grobe Anrisse und flüchtige Einblicke kann und will dieses Buch nicht bieten. Deshalb habe ich auch oft auf weiterführende Literatur hingewiesen.

Daß ich darüber hinaus deutlich machen konnte, wie skeptisch ich der Schwarzen Magie und wie ablehnend ich satanischen Praktiken gegenüberstehe, war mir ein besonderes Bedürfnis. Bewußt habe ich dabei auch meinen Gefühlen freien Lauf gelassen. Anders hätte ich diese Themen gar nicht bearbeiten können.

Im Gegensatz zu meinen Büchern »Ich, die Hexe« und »Hexenrituale« bin ich dieses Mal immer wieder völlig bewußt einem Symptom entgegengetreten, das ich als Reaktion auf meine ersten beiden Werke kennenlernen mußte, der sogenannten »Knopfdruckmentalität«.

Knopfdruckmentalität bedeutet: Ich habe Kopfschmerzen, also nehme ich dieses oder jenes Mittel, und schon – wie per Knopfdruck – sind die Schmerzen weg. Ich habe Liebeskummer, also vergrabe ich bei Vollmond drei Haare unter einer Linde und spreche eine genau vorgegebene Formel im Licht von drei roten und drei violetten Kerzen (das ist nur ein frei erfundenes Beispiel ohne jede Wirkung!) – und, hokuspokus, ist all mein Liebeskummer wie weggeblasen. Per Knopfdruck.

Die meisten Anfragen auf meine ersten Bücher sahen nämlich wie folgt aus: »Hallo Sandra, muß ich jetzt zu Ihrem Ritual auf Seite soundsoviel selbstangemischtes Come-to-me-Öl nehmen oder kann ich auch fertiges verwenden?« Oder: »Was mache ich, wenn ich kein Foto von meinem Schwarm bekommen kann? In Ihrem Ritual Nummer soundsoviel steht doch, daß ich ein Foto auf den Altar legen muß.« Mir wurde klar, daß viele meiner Leser an Äußerlichkeiten kleben und ihnen Knopfdruckwirkung zuschreiben.

Daher in diesem Buch immer wieder der Hinweis darauf, daß Magie individuell von innen kommen muß. Daß man sie nicht kaufen kann wie eine Kopfschmerztablette, ein Esoterikbuch oder einen Erleuchtungskurs. Daß man sie sich erarbeiten muß, jeden Tag aufs neue, und daß das nicht nur anstrengend sein kann, sondern auch gewisse Gefahren in sich birgt. Wenn ich unternehmungslustige Hobbymagier damit verschreckt habe, so liegt das durchaus in meiner Absicht.

Ein weiterer Unterschied zu meinen anderen beiden Büchern fällt auf: Ich bin ausführlicher geworden im psychologischen Unter- und Überbau, habe mir ausgedehnte historische und ethische Exkursionen geleistet. Was nicht zuletzt mit der intensiven Arbeit mit meinem Co-Autor zu tun hat. Anders als mit einem reinen Ghostwriter, dessen Arbeit auf das Zuhören und Aufzeichnen beschränkt ist, habe ich mit Arno Frank Eser gemeinsam Gedankenzüge und ganze Kapitel entwickelt, sie ausgebaut und verfeinert, diskutiert, alles wieder in Frage gestellt und dann dennoch einen Konsens gefunden. Es war nicht nur eine Arbeit für uns zwei, sondern auch ein Lern- und Reifeprozeß, für den ich dankbar bin, und den sicher auch unsere Leser für sich nutzen können.

Wichtig war mir dieses Mal auch, noch mehr als in meinen beiden vorhergegangenen Werken, das Werben um Toleranz. Auch wenn wir Hexen inzwischen weitestgehend rehabilitiert sind, von hochgestellten Persönlichkeiten und sogar Behörden um Unterstützung gebeten werden, drängt uns ein Großteil der Bevölkerung immer noch in die Spinnerecke. Die Hexe im Ansehen der Allgemeinheit ist zwar nicht mehr böse oder gar gefährlich, aber doch leicht verschroben, wenn nicht gar verrückt. Die Anerkennung als magische Kulturgemeinschaft läßt noch auf sich warten. Oft wiederkehrende Vergleiche der Hexenkultur mit anderen Kultur- und Religionsgemeinschaften sollen daher bei der Bildung von Toleranzfähigkeit behilflich sein.

Deshalb zum Schluß ein wunderbares Beispiel dessen, was Toleranz wirklich leisten muß, getreu dem Motto »Die besseren Worte sind Taten«. Gandhi hat es uns geschenkt; und es ist in dem berühmten Film über sein Leben festgehalten:

Als Gandhi schon sehr schwach und krank war, das Ende seines Lebens vor Augen, pilgerten viele zu ihm, um noch ein letztes Wort oder einen letzten Rat von ihm zu bekommen. Auch ein hinduistischer Soldat kam zu ihm, der von großen Gewissensbissen geplagt wurde, weil er einst im Krieg einen Moslem töten mußte. Er hat sogar die Familie des Getöteten besucht, sah das Elend der Witwe und der vielen Kinder. Er bat um Verzeihung, daß er den Vater und Ernährer getötet hat, töten mußte, aber er fand immer noch keinen innerlichen Frieden. Gandhi sagte ihm: »Nimm einen der Söhne dieser Familie in dein hinduistisches Haus auf, kleide und ernähre ihn wie deinen eigenen Sohn – und erziehe ihn zum Moslem.«

Die Götter mögen Sie beschützen!

Sandra, im Jahr 1999

Falls Sie zu Sandra Kontakt aufnehmen möchten, wenden Sie sich bitte an folgende Adresse:

SANDRAS HEXENLADEN
Baierbrunnerstraße 2
81379 München
Telefon 0 89 / 78 65 41

ARKANA
GOLDMANN

Tarot-Bücher von Hajo Banzhaf

Der Crowley-Tarot 21500
als Set mit einem Crowley-Tarotkarten-Deck: 21537

Das Tarot-Handbuch 21503

Tarot-Deutungsbeispiele 21502

Tarot als Wegbegleiter 21501

Goldmann • Der Taschenbuch-Verlag

« Il n'y a pas de mots pour dire le désir, pas de mots courants qui ne servent à le trafiquer, à le masquer, à l'apaiser ou à le détruire. »

Camille Laurens

Une voie forcément singulière

Ils se sourient du coin des yeux, leurs mains se frôlent, on devine à leurs regards que leurs corps ne se sont pas lassés l'un de l'autre. Ils sont ensemble depuis sept ans, douze ans, vingt ans ou plus. On les appelle les amoureux au long cours, les couples amants, les couples qui durent… Certains les surnomment « les chanceux » avec de l'envie dans la voix. Chanceux, ils le sont, sans pourtant rien devoir à la chance, mais tout à leur vigilance, leur générosité, leur intuition, leur élégance. Leur point commun ? Ils ont décidé, un jour, au tout début de leur histoire ou à mi-chemin, de faire toute la place à leur amour. Dans leur vie quotidienne, dans leur chair, dans leur cœur, dans leur tête.

Le désir ne s'apprend pas, il se pressent, se ressent, se devine, se laisse approcher sans se laisser apprivoiser. Contrairement à ce que l'on nous fait croire, on ne peut ni le maîtriser, ni le programmer. Tant pis pour les gestionnaires de l'amour, tant mieux pour les généreux et les rêveurs ! Rester amoureux, faire durer le désir ne se décrète pas. Le désir est cette part de vie en soi qui nous échappe, qui n'en fait qu'à sa tête. Il emprunte de préférence les chemins de traverses et parfois les impasses, et nous perd pour mieux nous retrouver. Comme il existe la voie du thé ou la voie du Samouraï, on pourrait dire qu'il existe une voie du désir. Imaginez un petit chemin qui serpente au creux de l'intimité de chaque couple et qui mène on ne sait où… Peu importe la destination finale, seul compte le plaisir de cheminer ensemble, de se laisser surprendre par le paysage, de faire halte pour se nourrir ou se désaltérer avant de reprendre la route. Parfois en marchant du même pas en se tenant la main, parfois en se séparant pour mieux reprendre son souffle. Certains chemins peuvent se dérouler sur des milliers de kilomètres, d'autres se perdent dans les broussailles au bout de quelques pas…

Qu'est-ce que le désir ? En paraphrasant Crowfoot, le chef amérindien, qui évoquait la vie, on pourrait dire qu'il est « l'éclat d'une luciole dans la nuit, le souffle d'un bison en hiver, la petite ombre qui court dans l'herbe et se perd au coucher du soleil. » Fragile, fugace, inoubliable.

charnel de l'autre, ou de ces jeunes hommes ou jeunes femmes dont la seule source de plaisir réside dans l'érotisation de leur apparence.

De la révolution à la consommation

La révolution sexuelle de Mai 68 n'aurait-elle pas tenu ses belles promesses ? « Jouir sans entraves » ne serait donc pas le sésame ultime pour le Nirvana ? Le doute est permis, car si les entraves (la morale, la culpabilité, la domination masculine) faisaient certes obstacle au plaisir, elles ont été balayées depuis au moins deux décennies. Le sexe fait vendre les magazines, la pornographie s'est invitée dans la publicité, la mode et les clips musicaux, le corps n'a jamais été aussi exhibé, érotisé ni consommé. Pour être désirable, il faut, nous disent les images des magazines féminins, être jeune, mince et ferme. Les hommes n'échappent désormais plus à ce tyrannique triptyque – et ce n'est pas une victoire de l'égalité des sexes ! Mais avoir un corps parfait ne suffit pas, encore faut-il être compétent. Les livres qui promettent de « le rendre fou de désir » ou de « la conduire au septième ciel » se multiplient sur les rayonnages des librairies, et Internet propose du sexe à la carte. On peut désormais assouvir sa pulsion grâce à un simple clic et sans jamais toucher son (ou sa) partenaire. La consommation est diversifiée et généralisée. Tant et si bien que les psys, consternés et inquiets, en viennent à estimer que les ados sont aujourd'hui éduqués par les « hardeurs » et les « hardeuses ».

Et le désir dans tout ça ? C'est le grand perdant. Dissous, volatilisé, métamorphosé en envie ou en besoin. Le sexe n'est plus forcément lié à lui. Et, à la place de la liberté escomptée, c'est un grand désarroi que de nombreux hommes et femmes ont trouvé.

« Le sexe physique, visible, autorisé, délimité, domesticable, compréhensible est donc devenu un objet de consommation, un mécanisme utilisable et non le moyen d'émancipation individuelle qu'il est, déclare la psychanalyste Catherine Blanc[3]. Mais il est très intéressant de noter que le désir et la liberté à laquelle il conduit restent suspects. Dans ma pratique, qu'est-ce que je constate ? Que la libération sexuelle proclamée collectivement, placardée publiquement, n'a pas abouti à la résolution des difficultés individuelles liées à la pratique de la sexualité. Pire, elle a agi comme un voile. Qu'il s'agisse d'une affiche publicitaire, d'un discours médiatique, d'un prêche médical, d'une parole affranchie ou d'une sexualité débridée, le résultat est le même que le foulard posé sur la tête des femmes. Sa principale fonction – pour ne pas dire la seule – est de masquer l'autonomie à laquelle le désir assumé conduit. » En février 2010, un hebdomadaire féminin[4] titrait en couverture : « Sexe ou shopping ? Ce

3 Catherine Blanc, *La sexualité des femmes n'est pas celle des magazines*, Pocket, Paris, 2009.

4 *Grazia* du 27 février 2010.

qu'on préfère vraiment ! » Il fallait y penser, il fallait oser. C'est chose faite.

Le règne de la norme

Que dire du discours sur la sexualité qui, au prétexte de rassurer ou d'informer, pose et impose de nouvelles normes, de nouvelles croyances et, au final, de nouveaux interdits, à propos de la fréquence des rapports sexuels, de ce qui est sain ou malsain, sexy ou repoussoir… Les recettes succèdent aux modes d'emploi. C'est ce que promet cet extrait d'une quatrième de couverture de l'un des livres pioché au hasard dans le rayon « sexualité » d'une librairie : « Voici un petit manuel qui vous aidera, Mesdemoiselles, à accéder plus sûrement au plaisir partagé. Les hommes, ces êtres étranges, ont des caractéristiques physiques et physiologiques qu'il vaut mieux connaître si on a l'intention de partager leur lit et d'en tirer quelques saines jouissances. Une mystérieuse "experte du sexe", forte des multiples rencontres et des délicieuses expériences qui émaillent sa vie de coquine insatiable, vous livre tous les petits et grands secrets indispensables pour devenir cette bête de sexe que vous rêvez d'être. » Le message est limpide : la sexualité est une technique à acquérir, une compétence qui s'enseigne, les secrets du désir et du plaisir peuvent donc s'apprendre auprès de ceux qui savent. Telle est la croyance la plus largement répandue aujourd'hui, celle qui fait aussi le plus de ravages. Manque de confiance en soi, angoisse des performances, inhibitions entraînant troubles du désir et du plaisir sont les conséquences directes de cette conception normative de la sexualité. Les invitations à explorer sa sensualité, les propositions pour intensifier sa relation amoureuse, les incitations à sortir des sentiers battus sont réduites à des injonctions à jouir. « Le matérialisme incite à considérer son partenaire comme le simple instrument de sa propre satisfaction, et le plaisir comme un bien quantifiable qu'il faut consommer au maximum grâce à des "techniques", écrit Gérard Leleu[5]. Sont quantifiés le nombre de positions, la durée de l'érection, le nombre d'orgasmes, la longueur des séquences, la fréquence des rapports sexuels, etc. Il s'agit de se situer dans la moyenne des statistiques ou, mieux, de les dépasser. »

Jamais, assurent les thérapeutes de couple et les sexologues, les hommes et les femmes n'ont été aussi perdus dans leur vie intime et autant demandeurs de conseils d'experts. Tel est l'effet pervers d'un discours normatif qui, sous couvert de libérer les fantasmes et de lever les inhibitions, incite à la consommation de masse et fait du désir le hochet d'une sexualité devenue un loisir comme un autre.

---

5 Gérard Leleu, *Le Traité du désir*, J'ai Lu, Paris, 2004.

LES ERRANCES DU DÉSIR

« Souvent le désir est condamné parce qu'on le confond avec la convoitise et l'attachement. À vouloir contenter toutes ses envies, toutes ses passions, l'homme s'en rend esclave ou bien sa répétition mène à l'exaspération et au dégoût. La joyeuse ronde des désirs qui s'appliquent au savoir, à la renommée, à la richesse et aux conquêtes amoureuses se mue en cercle infernal : après la griserie, la prison. »

Jacqueline Kelen[6]

6 Jacqueline Kelen, *Le Désir ou la brûlure du cœur*, La Table ronde, Paris, 2003.

Une quête initiatique

Qui veut faire durer le désir et déployer dans le temps le sentiment amoureux doit compter sur ses ressources et sur elles seules. Faire vivre le désir, le garder vivant en soi et dans le lien d'amour ne peut aller sans autonomie personnelle. Le désir n'a qu'une exigence : que l'on se mette à l'écoute de soi et de l'autre. Et que l'on ose suivre son désir singulier, là où il nous mène. Cela ne signifie pas qu'il faille se priver de l'aide d'un psy ou d'un thérapeute pour débroussailler son chemin. Mais l'essentiel est de ne pas céder à la pression du discours social qui voudrait garder sous contrôle l'individu jusque dans sa chambre à coucher ! Garder le désir vivant est à ce prix. Il repose sur notre capacité à le traiter comme un bel animal sauvage qui se meurt dès qu'on le met en cage…

Un défi stimulant

« Le couple est autonome lorsqu'il porte en lui le ferment de son équilibre : le partage, la tendresse, l'initiative, la surprise, l'érotisme, la réconciliation… C'est à ce prix qu'il peut vivre la longue durée et rester amoureux », estime Philippe Brenot[7], anthropologue et psychiatre. Cela signifie que tout est entre nos mains pour laisser de la place au désir ou le faire fuir. Nous portons la responsabilité de la

7 Philippe Brenot, *Inventer le couple*, Odile Jacob, coll. « Poche », Paris, 2003.

façon dont nous traitons l'amour – c'est ce que les couples apprennent lorsqu'ils suivent une thérapie. Le nouveau sens des responsabilités qui en découle ne leur fait plus prendre le poids du quotidien et l'usure du temps pour des fatalités. « En bout de course, il s'avère que le couple que vous formez avec votre conjoint vous ressemble, note la psychologue et thérapeute de couple, Martine Teillac[8]. (...) Au sein du couple, vous déposez l'être intime que vous êtes. Il n'y a rien à faire, vous êtes responsable de ce qu'il devient. » Les partenaires comprennent également que l'engagement amoureux connaît inévitablement des hauts et des bas et que le désir échappe à toutes les lois. Mais il leur échoit le plus précieux : leur créativité, leur sincérité et leur sensibilité pour inventer, au jour le jour, la meilleure façon d'être ensemble. Garder le désir vivant est impossible si on ne prend pas soin de sa relation, si on ne l'interroge pas, si on ne la dépoussière pas, si on ne se remet pas soi-même en question. Il n'est plus alors question de « sauvegarder son couple » ou de « préserver son intimité » comme s'il s'agissait de figer pour l'éternité un âge d'or, mais de faire sans cesse du nouveau, avec ses compétences, ses contradictions et ses ambivalences.

---

8 Martine Teillac, *Pour un couple durable. Vaincre et se libérer des crises du quotidien*, Solar, Paris, 2009.

L'imagination au pouvoir

Au pays du désir, il n'existe ni habitude ni certitude. Les plus frileux devront s'en accommoder ou se passer de lui. Les plus aventureux devront faire preuve de vigilance et d'humilité. Garder le désir vivant est comparable à une recherche permanente d'équilibre. À la sécurité succède le vertige, et inversement. Pourtant, rien n'est plus grisant ni plus enthousiasmant que d'avoir atteint et savouré le sentiment d'être au plus près, au plus brûlant de la vie – tant en soi que dans le lien amoureux. Certains couples s'offrent sans compter temps et attentions, d'autres flirtent avec le piment de l'infidélité, d'autres encore se séparent pour mieux se retrouver... Chaque couple qui dure en amour et en désir fabrique sa propre magie, garde ce qui procure émerveillement et étincelles et abandonne, sans regret, tout ce qui ternit, rétrécit et banalise son histoire. Tout au long de ce livre, nous vous proposerons des pistes à explorer, des expériences à tenter, des questions à vous poser ; ne les prenez pas pour argent comptant, laissez-les d'abord résonner en vous. Et ne choisissez de suivre que la voie que vous estimez juste pour vous. Au bout du chemin, ou en cours de route, vous ferez forcément face à votre désir. Aura-t-il une apparence familière ? Vous donnera-t-il une impression de « déjà-vu » ? Rien n'est moins sûr, et rien n'est moins souhaitable !

Pour construire ce livre, nous avons rencontré onze personnes, des femmes et des hommes, qui vivent en couple et s'interrogent sur la place du désir dans leur relation amoureuse. Sont-ils encore amoureux ? Comment peuvent-ils revivifier leur intimité ? Sur quels chapitres de leur histoire personnelle devraient-ils se pencher pour mieux comprendre ce qui les motive, les freine ou les égare ?

Ils nous ont confié avec sincérité et générosité leurs peurs, leurs doutes, leurs espoirs et leurs découvertes. Le psychanalyste Jean-Michel Hirt, qui a suivi avec attention leur cheminement et entendu leurs interrogations, nous livre le fruit de ses réflexions et de ses observations.

Récits de vies

témoignages

Emma, 38 ans
« J'assume trop de choses dans notre couple. »

Emma affiche l'assurance chaleureuse de ceux qui savent jouer de leur autorité sans perdre une once de leur charme. Ses sourires sont brefs et ses gestes témoignent d'une impatience qu'elle dit avoir de plus en plus de mal à contenir. Mariée depuis trois ans à Yvan, rencontré quatre ans auparavant lors d'un colloque, elle est également mère d'un petit Gaël de 3 ans. La vie du couple est entièrement organisée autour de leur fils. Oubliées les fêtes, les escapades en amoureux, les grasses matinées sensuelles interminables… Entre les nouvelles responsabilités professionnelles d'Emma, directrice d'un service juridique, et l'éducation de Gaël, les anciens amants bohèmes sont devenus des parents débordés et sous pression. Particulièrement Emma qui se plaint de devoir tout gérer et tout assumer dans le couple. Sans surprise, c'est leur intimité qui en pâtit.

J'ai du mal à l'admettre, mais je dois me rendre à l'évidence : je suis frustrée et aigrie. Je me sens pleine de colère, de reproches et j'ai de plus en plus souvent envie de claquer la porte et de partir très très loin. Jamais je n'aurais pensé que les choses iraient si vite. J'ai eu envie d'Yvan, et réciproquement, dès que je l'ai vu. Sa boîte et la mienne nous avaient envoyés assister à un colloque sur l'hygiène dentaire à Munich… À l'heure du déjeuner, j'ai vu un grand type maigre et blond, avec un catogan, s'avancer vers moi pour me prier de fuir très loin avec lui. Sa dégaine rock et sa nonchalance détonnaient vraiment dans ce parterre d'hommes tristes et sérieux qui relisaient fébrilement leurs notes sur le fluor et le blanchiment des dents ! Nous avons passé deux heures délicieuses à rire et à boire du thé vert sur la pelouse d'un parc. Le soir, nous partagions le même lit et nous ne nous sommes plus quittés. Sexuellement, ça a été fabuleux tout de suite. L'accord était là, parfait, les gestes, les peaux, les mots…

Quand j'y repense, j'en ai des frissons ; sa sensualité un peu paresseuse et ardente en même temps est un cocktail explosif, pour moi en tout cas. Yvan et moi avons passé trois ans à bosser mollement et à faire la fête ; nos copains nous appelaient « David et Cathy Guetta », « les rois de la nuit »… C'est dire si on ne pantouflait pas ! On faisait la fête et l'amour tout le temps, j'avais l'impression d'être dans une bulle de jeunesse éternelle, comme une adolescence qui ne prendrait jamais fin, c'était grisant. Et puis, un an avant la naissance de Gaël, ma DRH m'a proposé de seconder le directeur du service juridique, atteint d'un cancer, avec qui je m'entendais très bien. J'ai saisi ma chance et je me suis investie à fond dans le travail. Il paraît qu'en trois mois j'étais devenue méconnaissable. J'ai dû changer de look mais aussi d'hygiène de vie. Yvan me soutenait, il était fier de sa petite « wonder woman » comme il m'appelait, mais il ajoutait régulièrement (en riant, mais...) : « Attention, pas trop quand même, sérieux ou sexy, il faut choisir ! » Et puis, quelques mois plus tard, je suis tombée enceinte. Nous l'avions vaguement programmé, j'avais arrêté la pilule et on s'était dit : « On verra... » La naissance de Gaël a été comparable à une explosion atomique. Rien n'a été plus fort ni ne sera plus fort dans ma vie, je le sais. Un amour fou a jailli et puis en même temps la peur, une peur insensée pour lui... Contre toute attente, moi, la cool légendaire, j'ai commencé à stresser pour Gaël deux jours après sa naissance : j'étais obsédée par la mort subite du nourrisson. En rentrant de la maternité, j'ai installé, contre l'avis d'Yvan, le lit de Gaël dans notre chambre – il y est resté jusqu'à l'âge de 6 mois.

Yvan se levait pour donner les biberons de nuit, mais, à part ça, c'est moi qui assurais la marche de la maison et les soins du bébé.

Peut-être qu'inconsciemment j'ai fait barrage et que j'ai

voulu avoir Gaël pour moi toute seule, c'est possible. Mais je dois dire, à ma décharge, qu'Yvan ne s'est pas battu ! Il était passif, il se contentait de me dire : « Ne stresse pas autant ! » sur un ton de reproche qui, loin de m'aider, me faisait me sentir encore plus isolée. En plus de la maison, il y avait mon travail, et ce service juridique que je gérais seule et que je portais à bout de bras. Je ramenais des dossiers à la maison le soir et le week-end ; Yvan faisait la tête, il me reprochait de ne pas avoir le sens des priorités. C'est toujours le cas aujourd'hui : il n'a eu aucune des promotions dont il me parlait il y a trois ans, c'est son collègue qui a tout raflé. Yvan me dit que la vraie vie c'est l'amour, le sexe, la fête, le partage. C'est ce qu'il a envie de transmettre à Gaël, et non la compétition, le matérialisme ou la soumission à des valeurs en toc… Ce discours me met en rage parce que c'est grâce à mon salaire que nous partons en vacances, que nous mangeons bio, que nous vivons dans un grand appartement !

Pour être honnête, il y a des jours où je ne sais plus si je l'aime. Quant à éprouver du désir… J'ai l'impression d'avoir mûri et grandi, et que lui est resté l'ado rock et fêtard qui m'a fait craquer il y a sept ans mais qui aujourd'hui me laisse tout porter seule. Quand nous faisons l'amour – de moins en moins souvent –, j'ai toujours du plaisir, nos corps s'entendent instinctivement, nos peaux s'attirent, mais je ne le regarde plus avec envie ni avec fierté. J'ai la nostalgie de l'époque où nous nous promenions main dans la main, et où, quand il m'embrassait, je me disais : « C'est mon homme ! » Je lui en veux de me laisser m'éloigner de lui, de ne pas faire d'efforts pour notre couple. Il me dit que je suis la femme de sa vie, que c'est une période particulière à traverser, mais que tout redeviendra comme avant. Je n'ai pas cette vision de la vie, c'est un leurre : nous sommes des parents, nous avons vieilli, je ne veux pas que tout redevienne comme avant, je veux que nous soyons un couple amoureux et les meilleurs parents possibles pour Gaël. Quand j'essaie d'en parler à Yvan, il me dit que j'intellectualise trop, qu'il faut que je lâche prise… Je le trouve égoïste et pas très responsable, il me trouve trop rigide et trop exigeante. Difficile d'être amoureux et d'avoir du désir dans cette ambiance…

■ FOCUS

> La parentalité bouscule les repères et les habitudes de tout couple. En devenant parents, les amants changent de rôle. Pour concilier les deux versants de la vie du couple, des réajustements sont indispensables. Emma a conscience qu'il faut y travailler, mais Yvan pense qu'avec le temps « les choses redeviendront comme avant ».

> Avec le temps, les personnalités mûrissent, de nouveaux désirs apparaissent, l'ambition sociale d'Emma se heurte à l'hédonisme insouciant d'Yvan qu'elle finit par assimiler à de l'égoïsme et de l'irresponsabilité. Si le désir se nourrit des différences, il peut aussi s'éteindre lorsque celles-ci génèrent conflits et incompréhension.

> Pour se déployer, le désir a besoin de temps et d'espaces privilégiés. Coincé entre contraintes et obligations du quotidien, il s'étiole et la communication en est altérée. Les rencontres intimes s'espacent et la vie commune se transforme en routine.

> Emma se questionne sur son amour pour Yvan qu'elle met de plus en plus souvent en doute. Comme le désir, le sentiment amoureux connaît des fluctuations. Mais lorsque la rancœur, la colère ou le sentiment de solitude s'installent, la mésentente risque de perdurer.

Simon, 51 ans
« En amour, j'ai besoin d'une certaine légèreté. »

Simon n'est pas habitué à parler de lui, il mûrit longuement ses phrases par peur de tomber « dans la confession impudique ». Sportif, ce médecin généraliste qui a participé à des missions humanitaires en Croatie en 1992 se définit comme un « pragmatique idéaliste ». Déjà marié à deux reprises et père de trois fils de 20, 15 et 12 ans, il vit depuis huit mois en couple avec une femme de quinze ans sa cadette, elle-même mère d'une petite fille de 10 ans. Il espère que son nouveau couple ne tombera pas dans les pièges des précédents. S'avouant facilement séducteur et aussi facilement séduit, Simon reconnaît qu'il est souvent tenté et que la fidélité ne lui est pas facile. Pour lui, le désir est indissociable d'une certaine légèreté, il est persuadé que trop d'exclusivité et de sérieux finissent par l'étouffer. Une conception que n'ont pas partagée ses deux ex-femmes…

Quand j'ai annoncé à mon frère cadet que j'allais vivre avec Nathalie, il n'a pas pris de gants pour me dire que je faisais une bêtise et que j'allais encore une fois souffrir et faire souffrir. Sur le moment, je l'ai pris de haut, mais je me demande s'il n'est pas dans le vrai. Je sais que je vais tout faire pour que ma vie avec Nathalie se passe au mieux. Je suis amoureux d'elle ; contrairement à mes deux ex-femmes, la mission de sa vie n'est pas « Changeons Simon ! » Elle m'accepte comme je suis. Après mon deuxième divorce, j'ai vraiment pensé à entamer un travail sur moi. Je vivais mal ce nouvel échec, je me sentais coupable, irresponsable même… J'ai toujours fonctionné selon le même schéma : coup de foudre, relation passionnée, vie commune et, au bout de quatre ou cinq ans, disparition du désir. Je suis attiré par les femmes qui ont de fortes personnalités, qui « dégagent » ; mais les caractères entiers sont aussi des caractères autoritaires, et c'est là que le bât blesse. Dans ma vie de couple, j'ai besoin de sentir que celui que j'étais à 20 ans vit encore en moi, qu'il n'a pas totalement renoncé à l'insouciance ni à une certaine forme de folie.

J'aime pouvoir partir seul pour un week-end à la mer, sans avoir d'explications à donner ni de justifications à fournir ; j'aime l'idée que, si des copains m'appellent à l'autre bout du monde, je peux sauter dans un avion pour les rejoindre. Pour autant, je n'ai jamais eu l'impression de faillir à mes devoirs de père : mes fils et ma belle-fille peuvent compter sur moi, quoi qu'il arrive. Je suis un amoureux passionné, fidèle même si je m'autorise quelques « sorties de route » sans conséquences, mais j'ai besoin de ressentir une certaine liberté. Avec mes deux ex-femmes, les difficultés ont commencé à surgir lorsqu'elles ont voulu me contrôler, me poser des cadres, me « rééduquer » en quelque sorte. Quand j'ai commencé à sentir cette pression lorsque nous faisions l'amour, j'ai su que quelque chose s'était détérioré et que je ne pourrais pas faire marche arrière. Le désir, ce n'est pas juste une affaire de corps, de peau ou de sexe ; pour moi, c'est un état d'esprit. Si je sens qu'une femme fait l'amour pour me garder, pour avoir de l'emprise sur moi, pour se rassurer, mon désir retombe. Pour moi, le désir, c'est léger, fluide, capricieux… Il y a une dimension d'insécurité, de surprise, de danger même… C'est comme un jeu de cache-cache avec soi et avec l'autre, ce n'est pas le jeu du chat et de la souris !

Avec Nathalie, que je connais depuis deux ans, les choses sont simples. Elle a vécu pendant six ans avec un homme autoritaire qui souffrait d'une jalousie obsessionnelle. Leur histoire s'est terminée dans un tribunal. Aujourd'hui, elle cherche l'harmonie plus que tout. Elle dit que c'est sa quête existentielle. Elle fait du yoga, des retraites de méditation, elle a son monde à elle, son jardin secret. Je lui apporte de la sécurité et un certain équilibre, mais elle sait prendre soin d'elle et, surtout, elle a besoin de se réapproprier sa vie, ses goûts, ses habitudes. Selon moi, c'est la parfaite alchimie. Elle est tendre, attentionnée mais autonome, elle me prend comme je suis, elle respecte mon territoire personnel. Autre chose importante, elle ne veut plus d'enfant, elle souhaite se consacrer entièrement à l'éducation de Sarah. Et puis, avec mes deux plus jeunes fils qui viennent chez nous un week-end sur deux, la vie de famille est assez animée ! Avoir un enfant avec une femme, ça change beaucoup de choses. Je ne suis pas de ces hommes qui divisent le monde entre les mères et les maîtresses, mais quand même… Dès qu'on forme une famille, le couple amoureux s'affaiblit, c'est inévitable. J'en ai fait l'expérience par deux fois. L'homme ne vit pas la paternité de la même façon, il reste davantage lui-même ; en revanche, les femmes se transforment en mères, même les moins « popotes » d'entre elles. En devenant mères, mes deux ex-femmes ont changé leur façon de s'adresser à moi – elles prenaient le même ton que pour parler aux garçons ! La vie devient sérieuse et compliquée, tout est motif à discussion, à négociation et à conflit… C'est épuisant, le désir ne peut pas survivre à ça.

Je sais que j'ai une vision très noire du couple, mais les faits me donnent raison : autour de moi, je connaissais un seul couple qui tenait la route et j'ai appris il y a un mois que lui avait une liaison avec une collègue ! Pour l'instant, je suis dans le désir, je suis amoureux de Nathalie ; à la limite, je me sens même plus demandeur qu'elle, sans doute parce qu'elle est encore en convalescence de son ancienne histoire. Mon désir est au zénith, nous ne sommes pas envahis par la vie de famille, ma belle-fille est facile à vivre et adorable – quelque part, elle est la petite fille que j'aurais aimé avoir. Avec Nathalie, notre sexualité est spontanée et intense, nous faisons très souvent l'amour et nous ne sommes jamais dans la répétition. J'aime ses gestes, sa grâce, sa féminité de jeune fille…

C'est la première fois que je ressens une vraie légèreté dans la vie de couple. J'espère que le temps n'alourdira pas notre relation, que Nathalie restera telle qu'elle est et que je ne serai pas tenté d'aller voir ailleurs. À ce propos, c'est la première fois que je vis avec une femme qui n'est pas dans la rivalité avec les autres femmes – je pense qu'elle a tellement souffert de la jalousie de son ex qu'elle est immunisée contre le virus ! Avec mes ex, quand je croisais une belle femme, je me sentais sous surveillance, comme un enfant qui ne doit surtout pas être exposé à la tentation de faire des bêtises. Avec Nathalie, rien de tout cela. Elle a confiance en moi, et elle a une façon d'envisager les hommes – son père est d'origine italienne, ceci explique peut-être cela – qui fait qu'elle tient pour masculins un certain nombre de comportements qu'elle ne confond pas avec de la faiblesse ou de la dissimulation. Elle me dit par exemple : « Les hommes sont directement connectés à leur cerveau reptilien, ils ne peuvent pas empêcher leur regard de se diriger sur les fesses ou les seins des jolies filles, c'est comme ça ! » Je suis loin d'être macho, mais il me semble que les rapports entre hommes et femmes seraient moins compliqués et moins conflictuels si chacun reconnaissait les spécificités de l'autre sexe. Au fond, selon moi, le désir, c'est avant tout un espace de liberté dans sa tête pour se raconter des histoires. Nathalie me laisse cet espace, et le fait qu'elle occupe et cultive le sien est aussi un moteur de mon désir pour elle.

J'espère vraiment que le feu ne s'éteindra pas entre nous… Les différentes missions humanitaires que j'ai faites dans le passé m'ont amené à voir l'horreur et la mort de très près ; j'en suis ressorti avec une faim de vivre immense et aussi une certaine incapacité à me refuser un plaisir. En résumé, j'espère que je ne serai pas trop tenté d'aller voir ailleurs et de casser ce que je considère un peu comme mon couple de la dernière chance.

FOCUS

> Pour Simon, la vie de couple n'est possible que si chacun accepte l'autre tel qu'il est et renonce à le changer ou à le contraindre dans sa liberté. C'est également pour lui la condition *sine qua non* pour que le désir perdure. Mais ce postulat n'a pas résisté à l'épreuve de ses deux couples précédents.

> Le désir masculin tel que le définit et le vit Simon semble plus indépendant du sentiment amoureux que celui des femmes. D'où les malentendus et les conflits qui surgissent inévitablement dans le couple. Pour désirer sa femme, Simon a besoin de se sentir libre dans son regard et dans sa tête.

> Devenir parents peut également être un frein au désir dans le couple – surtout quand la maternité prend toute la place et que l'homme se sent infantilisé. Simon se sent moins menacé dans sa position de beau-père.

> Pour certains hommes, mais aussi pour certaines femmes, la fidélité ne va pas de soi. Elle implique un renoncement et l'acceptation de la frustration que tous ne sont pas prêts à accepter. Simon se demande s'il saura protéger son couple de ces tentations.

Inès, 45 ans et Antoine, 41 ans
« Nous avons trop de contraintes et pas assez de temps pour nous. »

Pieds nus, lovée dans un immense canapé, vêtue d'un jean et d'un débardeur blanc, Inès, 45 ans, photographe, est une grande brune aux cheveux courts qui ressemble à s'y méprendre à Jane Birkin. Divorcée depuis huit ans, Inès vit depuis six ans avec Antoine, 41 ans. Ensemble, ils ont un fils de 4 ans, Pablo. De son précédent mariage, Antoine, journaliste, a eu une fille, Clara, 13 ans. Inès a également eu un enfant de sa précédente union, Alexis, qui a 20 ans. Ce couple amoureux « comme au premier jour » vit dans un grand appartement bohème, où livres d'art et photos constituent l'essentiel de la décoration. « Cool », le mot qui revient souvent dans la bouche d'Inès et d'Antoine, semble être la devise de ce couple qui souffre pourtant de ne pas pouvoir passer plus de temps ensemble et qui redoute d'être rattrapé par la routine.

Inès

Il nous faudrait des journées de 20 heures et des nuits de 48 heures… Nous passons notre temps à courir, mais comment faire autrement avec trois enfants, un chat, un chien et deux boulots qui nous passionnent et dévorent notre temps ? Nous nous demandons souvent comment notre couple arrive à résister à toutes les obligations familiales et à toutes les contraintes sociales. Pour l'instant, non seulement nous tenons le coup, mais nous sommes toujours amoureux comme au premier jour. À chaque Nouvel An, nous trinquons en disant : « Que ça dure… » Ce qui est incroyable, c'est qu'avec Antoine nous ne nous disputons jamais ; bien sûr, on s'accroche, mais ça ne dure pas, on dénoue le conflit tout de suite. Au début de notre vie commune, nous nous sommes posé deux règles : on ne s'endort pas sur un conflit et on partage tout ce qui mine : les problèmes au boulot, le cafard, les soucis avec nos familles, nos frustrations, nos déceptions… Du coup, nous ne stockons rien de négatif. Quand le conflit éclate entre nous – car ça nous arrive, et heureusement ! – nous ne nous jetons pas de vieux dossiers à la figure, comme c'était le cas avec mon ex-mari.

Avec Antoine, nous sommes partenaires, jamais adversaires ; notre seul adversaire, c'est le manque de temps. De plus en plus souvent, nous sommes trop fatigués pour faire l'amour. Pourtant, après six ans de vie commune, le désir est toujours là. Ce qui a changé, c'est peut-être une certaine tendance à nous donner du plaisir en privilégiant nos valeurs sûres, nos classiques. Au début, avant l'arrivée de Pablo, nous étions un peu comme des explorateurs fous, on essayait des trucs, on « perdait » du temps en jouant, nous avions le temps pour ça. Aujourd'hui, les week-ends entiers au lit, c'est terminé. Antoine n'a plus ses parents, mon père vit en Espagne et ma mère n'est pas du tout disposée à jouer la grand-mère gâteau, ce qui veut dire que Pablo est tout le temps avec nous et que Clara est chez nous un week-end sur deux et presque toutes les vacances. Sans compter que, souvent, les week-ends sont pris par le travail. C'est quand même triste de consacrer plus de temps au travail qu'à l'amour, non ? Malgré tout, nous essayons de nous ménager des moments privilégiés, il nous arrive même de programmer notre réveil une heure plus tôt pour pouvoir faire l'amour, ou de nous retrouver entre midi et deux dans un hôtel… Je rêve de changer de vie, de quitter Paris et de prendre vraiment le temps de vivre. Malheureusement, Antoine n'est pas du tout tenté par le projet. Qui sait, avec le temps, il aura peut-être envie de se poser un peu ? J'espère seulement que notre couple n'y laissera pas trop de plumes…

Antoine

Je suis plus optimiste et plus confiant qu'Inès.

C'est vrai que nous n'avons pas beaucoup de temps pour

nous, mais nous profitons à fond de celui dont nous disposons. Nous avons des boulots très prenants mais qui nous passionnent et je suis sûr que cela contribue à alimenter notre vie amoureuse. Je ne me vois pas désirer une femme qui tournerait en rond dans la maison ou dont la seule passion serait le shopping ! Inès est une artiste, j'adore mon travail de journaliste : nous avons choisi de faire de nos passions notre profession. Je n'ai pas peur pour notre couple ; mon baromètre, c'est ce que je ressens pour Inès. Quand on se donne rendez-vous et que je la retrouve dans un café ou à l'hôtel, je suis ému et excité comme si je venais de la rencontrer. Sa nuque me bouleverse, ses poignets, l'odeur de sa peau presque transparente… J'arrête parce que je risque de tomber dans l'impudeur. Je suis tellement sûr de mon désir pour elle, c'est une évidence ! Nous avons bataillé pour vivre ensemble, j'ai dû passer outre le chantage au suicide de mon ex-femme ; Inès, je la voulais plus que tout au monde. C'est ça qui compte, la force de notre amour, de notre désir.

Bien sûr, six ans plus tard, nous avons pris certaines habitudes intimes, nous sommes peut-être moins créatifs, je connais ses fantasmes, elle connaît les miens, alors nous cédons certainement un peu trop à la facilité. Comme si on savait à l'avance sur quel bouton appuyer pour que se déclenche notre film préféré… Nous en avons discuté, Inès pense que c'est parce que nous n'avons pas assez de temps pour nous, elle a probablement raison. Nos week-ends « bulle » me manquent, mais nous ne pouvons pas tout avoir, je sais que, lorsque Pablo sera un peu plus grand, nous serons un peu moins collés tous les trois. Cela dit, on pourrait déjà avoir un peu plus de temps pour nous si Inès était moins possessive et anxieuse avec Pablo. Ma demi-sœur, qui est étudiante, pourrait le garder, mais Inès n'a pas assez confiance en elle. C'est un point de désaccord entre nous, mais ce n'est pas très important. Je vais peut-être la faire hurler, mais je pense quelque part que notre vie chahutée aiguise notre désir. On se croise, on se retrouve, on est un peu frustrés, en attente, je trouve ça excitant et profondément anti-routine. Mais bon, pour être tout à fait honnête, c'est vrai que notre intimité en pâtit un peu, la fatigue est assez incompatible avec un érotisme torride…

FOCUS

> Inès redoute que le manque de temps nuise à la qualité de leur intimité. Antoine ne partage que partiellement son point de vue : pour lui, les contraintes sont aussi un moteur du désir. Toutefois, il reconnaît que la course contre la montre génère une fatigue peu propice à une sexualité créative.

> Les leçons qu'Antoine et Inès ont tirées du passé leur permettent de prendre soin de leur couple en conscience. Leur mode de communication, qui privilégie le dialogue et le partenariat, évite que les non-dits et les reproches parasitent leur intimité et donc leur désir.

> Inès semble avoir du mal à éloigner son fils d'elle, pourtant elle reconnaît avoir besoin de davantage de disponibilité avec son compagnon. Mère et amoureuse, les deux rôles ne sont pas toujours faciles à concilier au quotidien !

> Le désir d'Antoine et d'Inès semble reposer sur une certitude : ils sont faits l'un pour l'autre. La confiance qu'ils ont dans leur amour leur permet de tenir bon ensemble, malgré les turbulences imposées par la vie professionnelle et la vie familiale. Mais tous deux se posent également la question : combien de temps pourront-ils tenir bon ?

Michel, 46 ans
« Depuis plusieurs mois, le désir est absent. »

Michel a le regard et le sourire un peu tristes de ceux qui se sentent coupables de ne pas être totalement heureux. Il y a treize ans, ce directeur commercial dans l'agroalimentaire s'est installé à Lyon, où vivait sa seconde femme, Isabelle. Il se plaît dans cette ville qui sait « bien vivre », même s'il regrette la lumière et la mer des calanques de son enfance marseillaise. Isabelle, de huit ans sa cadette, est professeur d'espagnol. Ils se sont rencontrés en Corse, lors d'un stage de plongée sous-marine, leur grande passion. Le coup de foudre a été immédiat : en deux mois, Michel a quitté sa femme et sa fille et s'est installé chez Isabelle. Un an plus tard, Ambre naissait. Au fil du temps, la famille d'Isabelle a pris de plus en plus de place, et les conflits se sont multipliés. Autre désaccord récurrent dans le couple : la possible reconversion de Michel dans la restauration.

Pendant un an, je me suis senti régulièrement très seul. C'est dur, la solitude dans le couple. Mais comme je ne veux ni dramatiser ni m'apitoyer sur mon sort, je serre les dents et je joue le jeu, avec le plus de sincérité possible. J'essaie de relativiser et de positiver tant que je peux. J'ai trop vu mes parents se déchirer toute leur vie, jusqu'à la mort de mon père il y a cinq ans. Dès l'adolescence, je me suis promis d'être le plus possible honnête avec moi-même et les autres. Je suis d'une nature plutôt patiente, à l'écoute, je me méfie de l'impulsivité et des décisions à chaud. Cette année, en grossissant le trait, je dirais que ma seule source de satisfaction et, quelque part, de sécurité affective, a été mes filles. J'ai un lien très fort avec Olivia, la fille de mon premier mariage, qui est en première année de médecine. Après des années de conflits (elle ne voulait plus entendre parler de moi, sa mère l'avait totalement conditionnée, mais j'ai tenu bon !), on s'est vraiment retrouvés il y a six ans. Avec Ambre, qui a 12 ans, j'ai aussi une relation très forte, on a le même humour et le même tempérament plutôt positif.

Heureusement que j'ai ces deux points d'ancrage affectif : mes filles donnent du sens à ma vie. Ce sens, je ne le trouve plus dans mon travail et, depuis quelque temps, je ne le trouve plus dans mon couple – ce qui est bien plus grave. Isabelle est présente à la maison, présente dans notre vie de famille, mais elle n'est pas totalement là. Dès que sa mère l'appelle, elle accourt dans la seconde. Si son frère a des problèmes d'argent, et c'est souvent le cas, nous devenons ses banquiers, si sa sœur tombe pour la énième fois amoureuse d'un cas pathologique et qu'elle a besoin d'un conseiller conjugal, Isabelle passe des heures avec elle au téléphone, et je ne parle pas des collègues et amis pour qui elle est mère Teresa... Moi, je n'ai droit qu'à des miettes, qu'à ce qui reste de son temps, de son énergie et de sa bonne humeur. Quand je lui dis que j'ai besoin de plus, elle me fait comprendre qu'elle trouve ma demande un peu infantile. Elle parle volontiers des devoirs familiaux, comme si elle était la gardienne des traditions. Elle ne se rend pas compte qu'en fait tout le monde use et abuse de sa légendaire générosité. Elle ne se rend pas compte non plus qu'elle cherche la reconnaissance et l'amour d'une mère qui ne lui donnera rien, tout simplement parce que c'est une femme froide et égocentrique. Mais je me garde bien de lui dire ce que je pense vraiment, ce serait la fin de notre couple ! C'est curieux, parce qu'avec mon ancienne femme j'étais dans le schéma inverse. Elle était très fusionnelle, et moi je me sentais rapidement étouffer. Cela dit, je n'ai pas l'impression d'être trop exigeant avec Isabelle, j'aimerais seulement qu'elle soit davantage impliquée et présente dans notre couple et moins « humanitaire tout terrain » à l'extérieur.

D'ailleurs, notre intimité suit les fluctuations de notre relation. Dans les périodes où tout va bien, c'est fabuleux. Nous retrouvons l'envie et l'appétit des premiers temps. Elle est gaie, détendue et, quand nous faisons l'amour, c'est toujours avec la même excitation et le même désir. J'adore faire l'amour avec elle, j'adore LUI faire l'amour. Elle a ce mélange de sensualité et de timidité qui me fait craquer. Avec d'autres femmes, par le passé, ça a pu être plus torride ou plus physique, mais, quand je fais l'amour avec Isabelle, il y a une émotion particulière, quelque chose qui ne s'arrête pas qu'au corps, je sens qu'il y a une profondeur, un vrai sens. Si je croyais à la réincarnation, je dirais qu'on s'est certainement aimés dans plusieurs vies passées. Quand je la touche, quand je respire son odeur, je sais que c'est elle. En revanche, durant les périodes où elle se consacre à sa famille ou lorsque les manœuvres de sa mère pour l'accaparer fonctionnent, c'est une autre femme, et moi, forcément je deviens un autre homme. C'est incroyable : elle change de visage, elle se ferme, elle semble plus vieille, plus ridée, c'est une véritable métamorphose ! Mais ce n'est qu'un détail, le pire, c'est que, pendant ces périodes, il n'y a plus qu'Ambre qui l'intéresse, elle n'est plus qu'une mère pour sa fille, une fille pour sa mère et une nounou-psy pour sa sœur ou son frère. Moi, dans tout ça, je n'existe plus en tant qu'homme, je suis juste le mari qu'elle consulte pour régler les problèmes et gérer les affaires courantes. Ça peut durer des semaines, voire des mois. C'est comme si une part d'elle n'avait pas grandi, comme si elle ne pouvait pas quitter vraiment sa famille.

Inutile de dire que, lorsqu'elle est dans ses grandes causes humanitaires, notre intimité est réduite à sa plus simple expression. Il y a deux ans, nous avons ainsi passé trois mois sans faire l'amour ! Quand je lui en ai parlé, elle m'a dit qu'elle ne comprenait pas comment je pouvais me livrer à de tels calculs d'apothicaire, que l'amour c'était le contraire de l'égoïsme et qu'on devait pouvoir accepter que l'autre n'aime pas exactement de la même façon que soi. En théorie, je suis tout à fait d'accord avec elle, mais, en pratique, elle n'écoute que ses besoins à elle, c'est ce qu'elle ne comprend pas. Depuis trois semaines, elle fait la tournée des médecins avec son père et sa mère. Cardiologue, urologue, gastro-entérologue… Ce n'est qu'un début. Tous les soirs, elle cuisine des petits plats pour ses parents et elle les leur livre prêts à congeler. Évidemment, je ne dis rien, je bouquine ou je regarde un film. Quelque part, cela m'arrange, je ne fais pas d'efforts inutiles pour la tirer de sa bulle. Mais, ce qui est le plus difficile pour moi dans ces moments, c'est d'avoir le sentiment que nous sommes des étrangers. Je la regarde et je ne reconnais pas la femme que j'aime, celle dont je suis amoureux, je ne la désire pas, je n'ai pas envie de rester près d'elle. Parfois, je me dis que c'est normal, que le désir ne peut pas être toujours là et que peut-être que ces parenthèses nous permettent de nous retrouver avec une certaine passion – ce qui, au bout de treize ans, me semble assez rare ! Mais il y a un autre dossier problématique dans notre relation…

Il y a trois ans, je lui ai parlé d'un projet qui me tient à cœur depuis longtemps : je souhaite ouvrir un bon restaurant bio. Elle s'est aussitôt fermée et a littéralement cassé le projet ! Pour elle, il s'agit d'un rêve d'enfant, d'une chimère, d'une fantaisie qui risque nous coûter matériellement très cher. Quand je lui ai dit que je ne supportais plus mon travail, elle m'a rétorqué que personne n'adorait son travail 24 heures sur 24. J'ai trouvé sa réaction très dure, surtout venant de quelqu'un qui dispense généreusement ses conseils à l'extérieur. J'ai arrêté de lui en parler et j'ai continué à avancer sur mon projet, dans mon coin. Les choses se sont calmées, mais ça a quand même jeté un froid entre nous. Quand j'étais au téléphone et que je ne lui disais pas avec qui je parlais, elle me lançait des regards accusateurs comme si j'étais en train de la tromper ou de comploter dans son dos… Finalement, j'ai abandonné le projet, car la conjoncture économique ne s'y prête pas vraiment, mais je n'en ai rien dit à Isabelle. Pas encore – c'est un peu comme si je lui rendais la monnaie de sa pièce. Notre salut pourrait venir d'Ambre qui commence à en avoir assez des ambiances plombées à cause de la famille de sa mère. Elle n'aime pas vraiment ses grands-parents, elle les trouve tristes et sévères. Le week-end dernier, Isabelle avait prévu de passer le dimanche après-midi avec ses parents qui, pour changer, « ne se sentaient pas très bien ». Ambre lui a dit : « Pourquoi tu ne n'installes pas une chambre chez eux, ils ne demandent que ça ! » Je n'ai rien dit, j'ai continué à lire, mais j'ai bien perçu de l'inquiétude et de la culpabilité dans la voix d'Isabelle quand elle a demandé, pas très assurée : « Pourquoi tu dis ça, Ambre ? » Ma fille lui a tranquillement répondu : « Parce que tu es leur infirmière, que tu leur obéis au doigt et à l'œil ! » Et elle a ajouté avec tout l'aplomb de ses 12 ans décomplexés : « Ne compte pas sur moi pour faire comme toi. Moi, je passerai tout mon temps avec mon mari et mes enfants, mais ne t'inquiète pas, je te rendrai aussi visite. » Isabelle en a été estomaquée ; elle n'a rien dit, elle est allée chez ses parents, mais elle n'y est restée que deux heures. Le soir, elle a ressorti la mallette des jeux de société qu'Ambre adore et nous avons passé une soirée « réconciliation ». J'attends le moment propice pour en parler avec elle. Avec l'âge, je suis devenu conscient que le désir amoureux n'est ni stable ni constant, mais il y a quand même des limites à ne pas dépasser.

FOCUS

> Michel souffre de ce qu'il vit comme étant une désertion affective de la part de sa femme. Cependant, marqué par les disputes du couple que formaient ses parents, il prend sur lui et « joue le jeu », selon ses mots. Si les gros conflits sont évités, le désaccord de fond demeure néanmoins.

> Dans le couple, le désir connaît des mouvements de flux et de reflux. Michel voit même dans les reflux une pause nécessaire au retour et à l'intensification du désir. Pour autant, il a du mal à assimiler les retraits réguliers d'Isabelle à un mouvement de reflux « naturel » et fécond du désir dans le couple.

> Posséder et cultiver son jardin personnel est nécessaire à la vitalité du couple. En revanche, les projets ou les relations qui sont sources de désaccords dans le couple devraient faire l'objet de discussions, voire de concessions. Les différences attisent le désir, pas les différends sur des questions fondamentales.

> La vie de couple est un espace où l'on continue à grandir et à avancer dans la connaissance de soi et de l'autre. Mais encore faut-il avoir coupé symboliquement le cordon avec sa propre famille. Une femme peut difficilement être une mère et une épouse si elle demeure éternellement la fille de sa mère.

Anne, 29 ans
« J'ai moins de désir sexuel que lui. »

Tous les après-midi, Anne fait une pause thé vert dans sa boutique-bazar qui mêle objets de décoration et vêtements ethniques. Cette très jolie brune aime ponctuer sa vie quotidienne de rituels hédonistes. Le bain à la rose du soir, le premier café du matin dégusté sur sa terrasse au milieu des citronniers et des orangers, et les dîners en amoureux avec Christophe, son compagnon depuis trois ans. Tous deux sont nés et vivent à Nice. Christophe, 39 ans, architecte, est père d'une petite fille de 8 ans, Daphné. Avec lui, Anne dit vivre l'amour tel qu'elle en rêvait depuis toujours. Seule ombre au tableau : Christophe n'a pas envie d'un autre enfant tandis que, chez Anne, ce désir commence à tourner à l'obsession. Du coup, Anne sent que son désir s'affaiblit dangereusement.

J'aime ma vie. J'ai conscience d'être privilégiée, il n'y a pas un matin où je me lève sans dire merci. J'ouvre mes volets, je vois la mer, je savoure ces premières minutes comme si je vivais une naissance. La reconnaissance, le goût du bonheur, je crois que j'ai toujours eu ça en moi. À 12 ans, je dressais déjà des listes de toutes les bonnes choses qui m'arrivaient et des belles choses que je voyais. Une pièce de cinq francs trouvée dans la rue, un chat noir dormant sur une branche d'oranger en fleur, Sonia, notre voisine rousse en robe rouge feu croisée dans la pénombre du couloir… J'ai toujours su voir le bon et le beau partout et en tous. Ma mère est très méfiante, très critique, pour elle la gentillesse cache de mauvaises intentions, la douceur est la plus redoutable des manipulations et, comme la vie dépend du regard que l'on porte sur elle, bien sûr, elle trouve toujours de quoi alimenter sa vision négative du monde et des gens. Ma sœur est exactement comme elle. Quand je leur ai annoncé que j'allais m'installer avec Christophe, toutes deux m'ont mise en garde : un architecte de dix ans mon aîné, déjà père d'une petite fille et dont l'ex-femme était médecin, cela ne leur disait rien de bon. Selon elles, j'étais la petite jeune de transition, celle avec qui on se change les idées mais avec qui on ne s'engage pas. Elles se trompent, évidemment, mais, de l'extérieur, c'est vrai que notre couple peut renvoyer cette image…

Christophe ne veut plus entendre parler de mariage, il ne veut pas d'enfant, il ne jure que par notre « nid d'amour ». La première fois que je l'ai vu, c'était dans ma boutique. Il cherchait un cadeau pour sa femme. Il était très élégant, plein d'assurance, mais il était nerveux, comme sous pression. Je lui ai demandé de me donner quelques indications sur sa femme pour que je puisse mieux orienter ma recherche avec lui. Et tout ce qu'il m'a dit c'est : « Elle est très exigeante sur la qualité, elle aime le très beau qui dure et ne se démode pas. » Je lui ai répondu qu'il pouvait toujours aller dérober un Matisse à Cimiez ! Ma petite plaisanterie l'a détendu et finalement je lui ai conseillé un basique haut de gamme : un sublime pashmina couleur ivoire. J'ai compris que je lui enlevais un sacré poids ! Ce jour-là, je n'ai rien senti entre nous, je l'ai trouvé bel homme, très classe, mais j'étais vraiment concentrée sur mon travail.

Quinze jours plus tard, il est revenu à la boutique, à l'heure du thé – ça, il ne le savait pas. Je l'ai invité à s'asseoir, et là, il s'est laissé tomber dans le fauteuil avec un tel soupir d'épuisement que nous avons éclaté de rire en même temps. Je lui ai servi un thé vert à la menthe et des petites cornes de gazelle. Il y avait un encens à l'ambre très doux qui brûlait, des bougies allumées et de la musique indienne en fond sonore… Je l'ai laissé boire son thé tranquillement, j'apprécie que les gens se sentent bien chez moi, je n'aime pas forcer les choses, je recherche l'harmonie en tout. Après quelques minutes, il m'a dit : « Vous devez être un peu sorcière, en ouvrant son paquet ma femme m'a déclaré qu'elle cherchait un pashmina de cette qualité et de cette couleur depuis des mois ! » Je lui ai dit qu'en effet j'étais un peu sorcière et que je tirais les cartes. Je ne sais pas ce qui m'a pris de lui dire ça spontanément, c'est quelque chose que je ne fais habituellement pas savoir, seuls mes amis les plus proches sont au courant et me sollicitent. Il m'a demandé si, à l'occasion, je pourrais les lui tirer, car il avait vraiment besoin d'y voir clair et surtout de voir ce que l'avenir lui réservait. Nous sommes convenus d'un rendez-vous, un dimanche matin dans ma boutique : il apporterait des brioches et du jus de fruit frais, je me chargerais du thé.

Entre nous, le courant est tout de suite passé de manière évidente et harmonieuse, il y avait une complicité de vrais copains et en même temps une tension due à l'attirance physique. Plus tard, il m'a dit qu'il avait eu envie de faire l'amour avec moi au milieu des coussins multicolores dès la première fois, qu'il avait eu envie de voir ma peau brune d'Indienne nue sur la soie safran… J'ai aimé sa façon de me dire son désir en me faisant voir une belle image. Je suis tellement sensible à la beauté et à la sensualité raffinée que s'il m'avait simplement dit : « J'ai tout de suite eu envie de toi », point à la ligne, je ne me serais pas sentie si rapidement proche de lui. Ce qui devait arriver arriva, je lui ai tiré les cartes et j'ai vu une rupture violente avec la personne qui partageait sa vie, j'ai également vu un accident dans son entourage proche (trois mois plus tard, son associé a eu un accident de ski assez sérieux, il est resté plusieurs mois dans un fauteuil roulant), mais j'ai également vu une belle rencontre placée sous le signe de la joie, de la générosité et de la confiance. J'ai annoncé tout cela sur un ton léger, comme si je ne croyais pas moi-même à ce que je disais. En fait, j'étais très gênée, j'avais l'impression qu'il était en train de se dire : « Elle se fait un tarot sur mesure, elle n'a pas froid aux yeux ! », du coup, je n'osais pas le regarder. Quand j'ai fini par croiser son regard, j'ai été bouleversée. Il avait les yeux brillants de larmes, il m'a tout raconté : son couple partait à vau-l'eau depuis trois ans, les conflits étaient incessants, sa femme avait eu une aventure, il lui avait pardonné mais quelque chose avait été définitivement cassé, leur fille Daphné faisait des cauchemars, elle se réveillait en pleurant la nuit et, pour finir, son père avait été diagnostiqué Alzheimer, ce que lui et ses deux frères cachaient encore à sa mère…

Ce matin-là, il ne s'est rien passé entre nous, même si la tension était très intense. J'avais envie de sentir ses mains sur moi, de poser ma bouche sur son cou, de passer ma main dans ses cheveux si noirs…

Nous avons décidé de nous revoir la semaine suivante, encore un dimanche. C'est là que tout a commencé, il est venu chez moi et nous avons fait l'amour pour la première fois. Jamais je n'ai ressenti quelque chose d'aussi fort. J'ai vraiment eu l'impression que je me désintégrais. Je n'avais jamais eu autant de plaisir. Nous avons fait l'amour toute la journée, en faisant de temps en temps des pauses thé et fruits. Christophe m'a dit ce jour-là que j'étais la femme qu'il n'osait pas espérer, qu'il ne laisserait pour rien au monde passer sa chance. Il a tenu parole. Le divorce a été prononcé l'année dernière. Ça a été l'enfer, sa femme a tout fait pour l'en empêcher. Mais cette bataille nous a encore soudés davantage. Je n'imagine plus ma vie sans Christophe, il y a des fois où j'ai vraiment l'impression de vivre une comédie romantique américaine.

Tous les jours, j'allume des bougies et de l'encens en suppliant le ciel de ne pas me retirer ce bonheur. Depuis l'année dernière, j'ajoute une demande : j'aimerais tant avoir un enfant de Christophe ! Un petit garçon, un beau bébé aux cheveux lisses et noirs et à la peau claire, comme son père. J'ai tendu plusieurs perches à Christophe, mais il a été très direct et très catégorique : il ne veut pas d'enfant pour l'instant, pas avant plusieurs années m'a-t-il dit. Quand j'ai entendu « plusieurs années », j'ai éclaté en sanglots. Je ne veux pas avoir un enfant à 40 ans, je veux être une mère jeune et énergique, je sens dans mon ventre et dans mon cœur que c'est maintenant ! Christophe reste inflexible, il me dit que nous avons la vie idéale et que nous devrions profiter au maximum de notre tête-à-tête amoureux, il me dit aussi que devenir parents change beaucoup de choses et qu'il n'a pas envie de revivre la paternité tout de suite. Je le comprends : il a une petite fille de 8 ans qui a déjà beaucoup souffert, il a vécu un divorce très difficile, il veut souffler, profiter de la vie. Il dit qu'il ne se lasse pas de moi, qu'il a toujours faim de moi et que, si c'était possible, il arrêterait de travailler pour faire l'amour toute la journée. Cela me touche et me trouble quand il me parle comme ça, parce que ce ne sont pas que des mots, son regard reflète son désir – c'est même un peu effrayant, cette intensité, parfois ! J'adore faire l'amour avec lui, les autres hommes n'existent plus pour moi, mais j'ai un désir pour lui qui dépasse le désir sexuel, ou plutôt qui ne fait pas du désir sexuel la colonne vertébrale de notre relation. Quand je lui dis en riant qu'il m'aime plus sexuellement que d'amour, il me répond que je dis n'importe quoi, que c'est lié, mais il reconnaît qu'entre nous la composante sexuelle est essentielle. Ce n'est pas mon ressenti : si demain, pour une raison ou une autre, il avait un accident, par exemple, et que la sexualité devenait impossible entre nous, je sais que je le supporterais. Pas lui.

Je suis sûre de la force et de la sincérité de son amour, mais parfois je me dis que ce n'est pas facile d'être la femme n° 2. Lui a mon exclusivité : avant lui, je n'ai jamais vécu en couple, je n'ai jamais présenté aucun de mes ex à ma famille, et si demain nous avions un enfant ensemble, ce serait mon premier. J'arrive un peu après la bataille : il a déjà été marié, il a eu un enfant… Quand il m'a dit qu'il ne voulait pas d'un deuxième enfant, brusquement je me suis sentie dans le rôle étriqué et un peu ingrat de la maîtresse. Comme si la femme légitime avait déjà tout raflé et que je doive me contenter des restes. Je sais que c'est très caricatural et injuste de présenter les choses sous cet angle, mais c'est ce que je ressens régulièrement. Je reconnais que, souvent, lorsque nous faisons l'amour, je me laisse désirer et aimer. Je suis moins présente qu'avant, comme si je ne voulais pas être réduite à ce rôle de maîtresse. Déjà, au départ, je suis sans doute moins physique et moins sexuelle que Christophe, mon désir peut être satisfait par un contact amoureux, des caresses, des massages et des baisers, je n'ai pas forcément besoin « d'aller jusqu'au bout ». Mais depuis qu'il m'a dit qu'il ne voulait pas d'enfant, je sens que mon désir a faibli, il y a un déséquilibre entre nous ; je veille à ce qu'il ne s'installe pas, mais je n'arrive pas à retrouver ma spontanéité d'avant.

FOCUS

> Chez Anne, le désir de maternité semble être en train de prendre la place du désir amoureux. Mal à l'aise dans le rôle exclusif de la maîtresse, elle se désinvestit progressivement de la relation amoureuse.

> Christophe, en revanche, semble puiser son désir dans sa relation amoureuse libre de toute responsabilité familiale. Sur ce point, leurs désirs sont totalement antagonistes.

> Anne semble très (trop ?) sensible aux jugements négatifs de sa famille sur son couple. Veut-elle un enfant pour leur donner tort, ou bien ce désir lui appartient-il vraiment ?

> Anne se dit moins physique, moins sexuellement désirante que son compagnon. Pour l'instant, ce décalage n'est pas générateur de conflit. Ce qui peut l'être, c'est, dans les échanges intimes, une certaine passivité teintée d'agressivité de la part d'Anne.

Maud, 44 ans
« Il me manque la transgression qui nourrissait notre désir. »

Rousse, toujours vêtue de noir, les yeux verts soulignés de khôl, passionnée et excessive, Maud, directrice d'une agence d'événements culturels, sait qu'elle ne laisse personne indifférent. Et surtout pas les hommes ! Cette fan de Pasolini et de Louise Bourgeois ne supporte ni la tiédeur ni la routine. Mariée depuis onze ans à Vincent, 47 ans, scénographe, Maud décrit son couple, comme « amoureux, complice, et n'envisageant pas de vivre l'un sans l'autre, mais s'accordant de faire, de temps en temps et en toute discrétion, "l'amour buissonnier" ». Aujourd'hui, Maud se demande avec anxiété si l'infidélité n'a pas transformé le désir qu'elle éprouvait pour son mari en sentiment fraternel.

Je ne sais plus très bien où j'en suis. C'est très nouveau, pour moi, cette confusion des émotions et des sentiments. Vincent est une partie de moi, je l'aime comme jamais je n'ai aimé et comme jamais je n'aimerai plus, je le sais. Il me fait rire, il me calme, son intelligence me fascine, sa culture m'éblouit, son savoir-faire sensuel me bouleverse, et pourtant… Pourtant, quelque chose est en train de se transformer, je le sens là. *(Elle plaque ses deux mains sur son ventre.)* Moi, je comprends les choses avec mon corps, je ne suis pas du tout une intellectuelle ; pour comprendre les autres, le monde, je sens, je ressens, je touche, j'écoute, je goûte. C'est avec tout mon corps que ça se passe. J'ai un instinct très sûr, il ne m'a jamais trompée. Quand je vais vers quelqu'un et que je m'ouvre, je sais que c'est bon pour moi.

Quand j'ai rencontré Vincent, il y a treize ans, c'était dans un théâtre, il faisait très sombre, il y avait une femme sur scène qui chantait un fado sublime et désespérant. Malgré moi, les larmes ont coulé ; dans ce chant je revoyais des pans entiers de ma vie, tous mes morts étaient là : Marco, mon premier amour, qui est décédé dans un accident de moto – nous avions 22 ans –, mes deux enfants qui ne sont pas nés – j'ai fait deux fausses couches en deux ans –, ma marraine bien-aimée qui s'est suicidée après avoir été quittée par l'homme de sa vie… Je les sentais là, avec moi, unis dans cette musique, les larmes coulaient sans que j'y pense. Une main les a essuyées très doucement. C'était Vincent. Je lui dis toujours que, ce jour-là, nous nous sommes mariés pour l'éternité. Un mois plus tard, nous vivions ensemble, dans son appartement de la butte Montmartre. Nous y vivons toujours avec nos deux chiens et nos deux chats, dans un océan de livres, de musique et d'icônes, ma passion. Cet homme m'a désirée avec une intensité bouleversante, il me faisait l'amour comme si sa vie en dépendait, il m'emportait avec lui, dans les étoiles, très haut, très loin. Faire l'amour avec lui me lavait de mes chagrins, me purifiait de mes errances. J'ai été toxicomane pendant sept ans, alcoolique aussi, mais personne n'en voyait rien – seules mes relations de l'ombre, ceux qui nageaient avec moi dans les eaux troubles, savaient.

À l'époque où j'ai rencontré Vincent, je travaillais dans une galerie d'art très renommée, je sortais beaucoup, je séduisais beaucoup, je buvais beaucoup, je me droguais beaucoup. Il m'arrivait de me prostituer aussi. Je naviguais entre la bohème, le monde de la nuit et une certaine *jet-set* haut de gamme, culturellement parlant. Je carburais aux sensations fortes, tordues même ; je ne peux pas dire que j'aimais ça, j'en avais besoin, ce n'est pas pareil. Et, au milieu de ce fatras, de ce désastre organisé, Vincent est arrivé et a essuyé mes larmes dans l'obscurité de ce petit théâtre. Cette main, tout mon corps l'a reconnue, j'ai frissonné et, pour la première fois de ma vie, je me suis laissée aller à la douceur. Quand nous avons fait l'amour pour la première fois, j'ai eu l'impression d'une renaissance. Je suis remontée à la surface, à la lumière. J'ai joui en pleurant et j'ai pleuré, pleuré ! Toutes les larmes qui n'étaient jamais sorties ont coulé. *(Elle essuie ses larmes en souriant.)* Vincent ne parlait pas, il était juste là, tout entier, chaque cellule de lui était là, avec moi. Tout n'a pas été facile tout de suite, les mauvaises fréquentations, les mauvaises tentations étaient toujours là. Il ne me disait rien sur tout ça, il me rassurait seulement : « Je suis là, je crois en nous. » C'est sa confiance en moi qui m'a donné confiance en moi.

En six mois, j'ai tout arrêté : le boulot à la galerie, l'alcool, la drogue, j'ai changé de carnet d'adresses. Je me suis sevrée de toute cette pourriture sans aide. Ni psy, ni médicament. Grâce à notre amour. Pendant cinq ou six ans, nous avons vécu seuls sur notre planète – je veux dire sans hommes ni femmes « parasites ». Et puis, le quotidien, les sollicitations, les rencontres, le besoin sans doute aussi d'aiguillonner le désir, de lui injecter un peu de danger, tout ça a fait qu'un jour nous avons abordé clairement la question de la fidélité sexuelle. Nous en étions au même point, notre amour était de plus en plus fort et profond, et notre envie de le porter loin dans le temps toujours présente. Alors, nous nous sommes dit : « Si la tentation se fait trop tentante, ne résistons pas mais soyons discrets et entendons-nous sur un point essentiel : une aventure, d'accord, pas une liaison. » Pour ma part, j'ai respecté notre contrat, je pense que Vincent a fait de même.

Ma première aventure, je l'ai eue il y a six ans, avec un jeune stagiaire de l'agence. Il était sexy, futé et très créatif. Nous avons passé des heures ensemble sur un projet délicat, notre entente a été parfaite, nous avions le même humour et le même rythme biologique : faim et sommeil en même temps ! Un soir, il m'a proposé d'aller boire un verre chez lui, j'ai dit oui, spontanément. Je savais ce qui allait se passer, je n'étais pas amoureuse. Nous avons fait l'amour chez lui, dans son studio ; c'était drôle, j'avais l'impression de retourner en arrière. Je comprends les hommes qui disent : « J'ai retrouvé mes 20 ans » lorsqu'ils couchent avec une fille jeune. C'est exactement ça, j'ai eu l'impression d'arrêter le temps et de le remonter, avec ma maturité et mon expérience actuelle, ce qui est assez grisant comme sensation. Au niveau physique, ça a été très intense et très fougueux – j'allais dire très « rock & roll ». Mais il y avait de la tendresse aussi. Vers 3 heures du matin, au moment de partir, je lui ai dit que c'était la première et la dernière fois. Il a été très vexé. C'était bizarre, ce renversement des rôles ! Ça correspond à un côté assez masculin en moi que je n'ai pas l'occasion d'exprimer avec Vincent. Cette facilité à séparer facilement sexe et sentiments fait que je ne culpabilise pas. Je n'ai pas l'impression de tromper Vincent. Je respecte notre entente et notre pacte d'amour.

D'autres aventures ont suivi, toujours brèves, toujours motivées par l'attirance physique et par le goût de l'aventure pour l'aventure qui me donne l'impression de vivre mille vies en une. Je ne me pose pas de questions sur la fidélité de Vincent, je pense « sentir » les périodes où il fait l'amour buissonnier. Il y a quelque chose de plus dans son regard, plus de désir pour moi et, en même temps, une petite distraction… Notre entente sexuelle est toujours là, nos expériences « à côté » nourrissent mon désir et mes fantasmes. Pourtant, depuis quelques mois, je me pose des questions. Je me demande si je ne suis pas en train de séparer les choses : le sexe tendre avec Vincent et le sexe sauvage, plus excitant, hors de notre couple. Nous aimions évoquer nos fantasmes, jouer avec les pratiques SM soft, nous nous donnions rendez-vous dans des hôtels pour faire l'amour dans la journée, la nuit, je le réveillais par des caresses… Tout ça a quasiment disparu. Nous n'en sommes pas à faire l'amour de manière pépère, mais il me semble que la dimension « transgression » qui nourrit l'excitation sexuelle est uniquement du côté des aventures à présent. Je ne sais pas vraiment comment faire :

en parler avec Vincent, renoncer à mes tentations ? Je laisse les questions mûrir en moi. Mais je commence à avoir des doutes sur l'innocuité de l'infidélité consentie. Ce n'est jamais sans conséquence pour le désir, il me semble. Le désir est-il extensible à l'infini ? Est-il partageable ? Peut-il s'essouffler pour ne jamais repartir ? Je ne peux pas éviter de prendre ces questions à bras-le-corps. Pour être tout à fait honnête, il me semble que je connais les réponses… Mais ne suis-je pas prise à mon propre jeu ? Je sais que j'ai une certaine fragilité en moi, mes pulsions autodestructrices n'ont peut-être pas tout à fait disparu. Ce qui est sûr, c'est que jamais je ne sacrifierai ma relation avec Vincent pour des petits plaisirs éphémères. J'espère seulement qu'il n'est pas trop tard…

FOCUS

> L'infidélité consentie par les deux partenaires est-elle un adjuvant ou un poison pour le couple ? Maud semble pencher aujourd'hui pour la seconde option.

> La transgression, la « cruauté », le danger sont des composants du désir. Lorsque la relation en est privée, ou bien que ces dimensions sont vécues hors du couple, la relation amoureuse et sexuelle n'existe plus que dans la tendresse.

> Maud craint une addiction à l'infidélité qui lui procure des sensations fortes. Elle a conscience que son couple pâtit de sa double vie mais est-elle prête à tirer un trait sur ses aventures ?

> La vie de couple est cyclique, Maud et Vincent semblent parvenus à une fin de cycle. Peut-être est-il temps pour eux de redéfinir leur « contrat amoureux ».

Jean, 59 ans et Mouna, 57 ans
« Nous devons réinventer la nouvelle vie qui s'offre à nous. »

Jean et Mouna sont mariés depuis vingt-sept ans et grands-parents depuis un an. À la naissance de leur petite-fille Lorène, leur fille, Mathilde, 28 ans, a décidé de quitter la région parisienne où vivent ses parents, pour s'installer dans la région aixoise. Une décision que Mouna, secrétaire dans un collège, a eu du mal à accepter. Elle se voyait « pouponner » et être une grand-mère gâteau pour sa petite-fille. En tête à tête depuis un an, Jean et Mouna ont du mal à trouver leurs nouveaux repères. Mouna dit se sentir souvent seule, alors que Jean, gérant d'un garage automobile, multiplie les activités et reproche à Mouna de n'exister qu'en tant que mère et grand-mère.

Mouna

J'ai conscience que ma vie tourne autour des visites de Mathilde et de Lorène. Une semaine avant leur arrivée, je ne touche plus terre. Je brique la maison, je prépare des petits cadeaux, j'organise les menus… C'est une vraie fête ! Ces préparatifs ont le don d'agacer Jean qui me dit que j'en fais trop et que j'étouffe Mathilde, même à distance… Il n'a peut-être pas tort, mais Mathilde et maintenant Lorène sont tout pour moi. Ma vie de famille a toujours été ma plus grande source de satisfaction. Mes amies et mes collègues me bousculent pour me sortir de ma coquille – d'ailleurs, mon surnom, c'est « l'escargot ». C'est bien vu, je suis lente, casanière et timide, j'ai du mal à aller vers les autres, à quitter mes repères familiers. Je suis une angoissée, j'ai tendance à voir d'entrée le verre à moitié vide. Je sais que ce n'est pas facile à vivre pour mon entourage, je fais des efforts surhumains pour accepter spontanément une invitation ou pour partir loin en voyage. Sans l'énergie et l'enthousiasme de Jean, je ne serais jamais partie en Amérique du Sud, il y a deux ans…

Notre couple a toujours fonctionné comme ça : Jean s'emballe, je le calme et ensuite, nous trouvons un compromis. Il y a eu pas mal de heurts entre nous, mais globalement notre relation a toujours bien fonctionné. Nous avons connu un seul épisode difficile : Jean a eu une liaison quand Mathilde avait 3 ans. Il me l'a avoué six mois après avoir rompu. Le ciel m'est tombé sur la tête, j'étais loin de l'imaginer mener une double vie, même sur un temps si court ! Pendant quelques mois, ça a été assez tendu entre nous, il en faisait trop pour se faire pardonner et moi, je ne pensais qu'à l'autre, forcément plus belle, plus séduisante, plus experte que moi... Entre nous, sexuellement, cela s'est toujours bien passé, nous avons une vie sexuelle active, j'ai du plaisir. À la limite – et ça peut paraître bizarre –, depuis un an, depuis le départ de Mathilde, nous avons plus d'intimité et de complicité la nuit que le jour... Quand je rentre le soir, vers 17 h 30, je tourne en rond dans cette grande maison vide, je suis prise de cafard. Je repense à l'enfance de Mathilde, à la joie que donne la présence d'un enfant, et puis inévitablement je pense à Lorène, qui connaîtra mieux ses grands-parents paternels que nous (ils vivent à 1 km de chez elle), et je me mets à pleurer. J'ai pensé prendre des cours de piano, ça m'a toujours tentée, ou m'engager comme bénévole au Secours catholique, je sais qu'ils ont besoin de volontaires, mais je n'arrive pas à passer à l'action. Je me sens engluée, sans énergie ; je me ressaisis et fais des efforts pour Jean, car je ne veux pas lui faire supporter mes états d'âme. Je sens aussi qu'il y a quelque chose de nouveau à faire de notre couple, une nouvelle vie à trouver ensemble, mais je ne sais pas comment, ni par où commencer.

Parfois, je me dis que Jean finira par en avoir assez et qu'il ira voir ailleurs – quelque part je trouverais même ça normal. Je ne dis pas que je n'en souffrirais pas, mais je suis lucide, je ne suis pas une compagne très gaie. Les efforts que je fais restent des efforts, et cela n'est pas très sexy ni très attirant. Je me dis que, si Mathilde n'avait pas déménagé, tout serait différent. J'aurais plus d'envies, plus d'énergie… Je sais aussi que je dois dépasser cela, j'ai un deuil à faire. Peut-être que c'est le bon moment pour entreprendre un travail sur moi, pour neutraliser certaines choses du passé, ce fond de tristesse que je traîne depuis longtemps, ce manque de confiance en moi.

Jean

Je vois bien que Mouna souffre et qu'elle prend sur elle pour faire bonne figure. Elle reprend vie quand elle sait que Mathilde et Lorène vont venir. C'est une vraie métamorphose, ses traits se détendent, ses yeux brillent, elle perd dix ans en une semaine ! Je vis mal cette transformation, j'aimerais que ce soit nos projets et notre couple qui lui donnent de l'énergie et qui la motivent et pas seulement sa fille et sa petite-fille. Je sais que son enfance sans père avec une mère très froide l'a marquée au fer rouge, elle vit dans la peur de l'abandon. Je me souviens que, quand Mathilde était adolescente et qu'elle dépassait les bornes, Mouna me suppliait de ne pas la punir, elle me disait : « Elle va fuguer, elle va nous détester. » Si je punissais Mathilde, c'est Mouna qui s'enfermait pour pleurer dans sa chambre. Mathilde a profité de la faiblesse de sa mère, elle s'est fait les griffes et les crocs sur elle. C'est ma fille, je l'aime, mais je ne suis pas dupe de son côté dur et assez égoïste. Quand elle repart de chez nous, c'est avec le portefeuille bien rempli. Mais Mouna n'y voit que du feu, et je ne fais rien pour la détromper, elle vénère sa fille qui est tout ce qu'elle n'est pas, ou plutôt, qu'elle pense qu'elle n'est pas : jolie, élégante, intelligente. Mathilde a tout ça, c'est vrai, mais il lui manque le cœur de sa mère.

Je sais que Mouna a peur que je la quitte. Il y a quelques années, j'ai fait une « sortie de route conjugale », je savais que ça allait la meurtrir si je le lui révélais, mais la femme que je voyais à cette époque n'a pas supporté que je la quitte et elle a menacé de tout dire à ma femme. J'ai pris les devants. Ce qui a été le plus dur pour moi, c'est la réaction de Mouna. Elle était effondrée mais ne m'en voulait pas, elle pleurait comme une enfant. Quelque part, on aurait dit qu'elle s'y attendait, que la vie avait été trop belle pour elle. Au fond d'elle, Mouna est persuadée que je ne suis pas tombé amoureux d'elle, que je ne la désire pas vraiment. Si elle savait comme c'est faux ! Quand je la regarde, je ne vois ni ses rides au coin des yeux ni ses trois ou quatre kilos en trop – selon elle –, mais je vois la jeune femme blonde, fine et timide qui me disait d'une petite voix d'écolière appliquée : « Moi aussi je t'aime, Jean. » J'ai le même attendrissement quand elle m'accueille le soir et que je vois qu'elle s'est faite jolie, qu'elle a acheté des fleurs, allumé des bougies… Bien sûr, nous n'avons plus la fougue des jeunes amants, mais j'aime toujours autant faire l'amour avec elle, sa peau est douce, blanche, elle est délicate comme une fleur. En vieillissant, on apprécie encore plus d'être aimé pour ce qu'on est, avec ses failles et ses défauts. J'ai parfois des « ratés » au niveau sexuel – des pannes, pour être plus précis –, c'est normal à mon âge, avec elle ce n'est pas un problème. Elle est à la fois discrète et féminine, elle sait me faire me sentir viril. Je voudrais dire aux hommes qu'ils ne savent pas ce qu'ils perdent en quittant leur femme pour courir derrière une plus jeune. Ils s'exposent à dès déceptions et à des humiliations.

La seule chose que je reproche – et encore, ce n'est pas le bon mot – à Mouna, c'est de ne pas être assez active. Elle pourrait peindre, elle a un très bon coup de crayon, ou prendre des cours de piano, elle en parle depuis des années, ou même sortir plus souvent avec ses amies. Depuis le départ de Mathilde, elle se recroqueville comme un animal blessé dans sa tanière. J'espère que ce n'est qu'un passage ; de toute façon, je compte bien ne pas la laisser s'enfermer dans la solitude. Nous avons plein de choses à vivre et à découvrir ensemble ; d'une certaine façon, une nouvelle vie s'offre à nous. Si je pouvais lui transmettre ma vision des choses, lui donner envie de profiter de la vie… Pour son anniversaire, je lui réserve une petite surprise : je nous ai inscrits à des cours de tango ! Elle n'a pas le choix, elle viendra !

FOCUS

> Le syndrome du nid vide est l'occasion pour les couples qui se retrouvent en tête à tête d'inventer une nouvelle façon de se rencontrer et de vivre ensemble. C'est le défi qui attend Jean et Mouna.

> Cultiver et développer une vie personnelle permet de nourrir la vie commune et de ne pas attendre passivement que son partenaire fournisse tous les ingrédients du bonheur.

> Le manque de confiance en soi est un obstacle pour accueillir le désir de l'autre. Mouna continue à douter du désir de son mari pour elle.

> La féminité ne se réduit pas à la maternité ; pour vivre pleinement son couple, Mouna doit investir davantage son rôle de femme et d'épouse.

Vanessa, 47 ans
« Notre intimité manque d'intensité. Le désir aussi. »

Vanessa est dynamique et passionnée. Cette énergique rousse de 47 ans s'investit à fond dans tout ce qu'elle fait. Ses amis sont unanimes : elle apporte des idées, de l'énergie et de la joie de vivre partout où elle passe. Ses jumelles de 16 ans l'idolâtrent littéralement ; « elles m'idéalisent trop », corrige-t-elle aussitôt avant de confier avec une certaine tristesse qu'elles tomberaient de haut si elles apprenaient que leur « modèle » a eu une liaison qui a duré trois ans et qu'elle a failli tout plaquer pour suivre son amant. Mariée depuis dix-sept ans à André, elle appréhende le jour où ses filles quitteront le nid familial. « Avec André, nous n'avons pas grand-chose à nous dire, notre lien, ce sont les filles et les projets matériels. La tendresse est là, mais, de mon côté, le désir amoureux s'est enfui depuis longtemps. »

L'été, le désir refait une petite apparition. C'est banal, tous les couples connaissent ce retour de flamme, et ce n'est pas désagréable après les longs mois d'hibernation. L'été, je suis plus disponible, plus sensitive, d'une humeur moins active, moins dans l'organisation des choses et, du coup, mon regard sur André change. Je vois ses qualités, sa gentillesse, son sens de l'accueil, sa sensualité aussi, et nous arrivons encore à passer des vacances en amoureux. Mais, pour autant, je ne me raconte pas d'histoires sur notre couple. Je n'ai plus de désir amoureux pour André, je ne retrouve plus en lui l'homme dont je suis tombée amoureuse il y a dix-sept ans. Lui qui voulait changer le monde, faire la révolution, partir en Afrique vivre autrement est devenu le parfait bourgeois content de sa réussite matérielle et fier du charme de sa femme dans les dîners… J'ai conscience d'être cruelle et injuste en parlant de lui ainsi, j'aime le confort de notre vie, j'apprécie ce que notre aisance matérielle nous apporte, cette forme de luxe au quotidien qui fait que nous pouvons choisir la beauté et la qualité dans tous les domaines. Peut-être que ce que j'ai du mal à supporter chez André, cette paresse de l'esprit, ce contentement de soi, c'est ce que je ne supporte pas chez moi.

Je ne me reconnais pas dans le couple que nous formons ensemble, ni dans la vie que nous vivons tous les deux. Ce n'est pas tant la routine, la répétition des gestes et des mots qu'une forme d'ennui qui a envahi notre intimité. Je connais à l'avance ses réactions, je sais exactement ce qui lui plaît et ce qui lui déplaît, jamais il ne me surprend par un mot, une émotion, une envie. J'imagine qu'il peut en dire autant de moi… J'ai longtemps adoré faire l'amour avec lui, il est très sensuel, il sait prendre son temps, il peut être très inventif. Enfin… il pouvait, parce que, depuis des années, six ou sept ans, il fait l'amour comme un gros matou repu. C'est vraiment l'image qui me vient à l'esprit, il me caresse et se blottit contre moi, je m'attends presque à l'entendre ronronner ! La plupart des femmes seraient émues par sa tendresse, moi, ça m'agace. Au fond de moi, je me méfie de ce sentiment mou et flou, je ne me reconnais pas dans cette forme d'amour.

La dernière fois que j'ai été vraiment « moi », c'était il y a six ans, quand j'ai commencé à avoir une liaison avec un avocat qui venait de s'installer dans l'immeuble de mon cabinet. Notre histoire a commencé par une engueulade : il garait son scooter dans le couloir et bloquait mon vélo ! Pour se faire pardonner, il m'a invitée à boire un verre. J'ai refusé, puis, à la quatrième invitation, j'ai accepté. Nous avons passé trois heures ensemble et je n'ai pas vu le temps passer. J'avais oublié ce que c'était que d'être dans une relation de séduction érotique, l'intensité du regard, le trouble, les sous-entendus, la tension… J'avais l'impression que les années, les soucis, la frustration tombaient à mes pieds comme de vieux vêtements. André pêchait en Floride, les filles étaient chez ma mère, nous avons décidé de passer le week-end ensemble. Nous avons fait l'amour pendant deux jours comme des ados fous ! Tout, tout, tout me plaisait chez lui, ses gestes, la façon dont il me questionnait sur ma vie, mon travail, mes activités annexes, la façon dont il riait de mes « délires »… Il était marié et père de trois enfants. Notre histoire a duré presque trois ans. Il était prêt à divorcer, c'est moi qui ai refusé, je me sentais incapable de faire ça à nos filles.

André s'est douté de quelque chose, il a peut-être même su ce qui se passait, il n'a rien changé à son comportement. Il était toujours l'homme amoureux de sa femme qui ne veut surtout pas créer de conflits. Peut-être était-ce pour lui une façon de se protéger et aussi de me « garder ». Quoi qu'il en soit, il a été parfait, ni complaisant ni passif-agressif. Quand j'ai rompu avec Frédéric, j'ai failli tomber en dépression, il me semblait que ma vie s'arrêtait là, ma vraie vie. C'est à cette époque que je me suis lancée dans les plans de notre maison de campagne, j'y consacrais tout mon temps, je crois qu'André n'était pas dupe, mais il jouait le jeu et, de cela, je lui serai toujours reconnaissante. Peu à peu, notre vie a repris son cours, nous n'avions pas beaucoup de temps libre.

Quand j'ai renoncé à Frédéric, j'ai essayé de retomber amoureuse d'André, ça paraît fou, formulé comme ça, mais c'était mon projet. J'ai essayé de le revoir avec mes yeux d'avant, j'ai organisé des tête-à-tête, je me suis impliquée dans ses projets, j'ai pris le temps de lui parler de mes passions : la céramique et la littérature japonaise, ce que je n'avais jamais fait auparavant, pas comme ça. Là, j'ai vraiment essayé de lui parler comme je parlais à Frédéric, avec des mots neufs, avec des émotions personnelles, il en était ému, je voyais bien qu'il comprenait ce que ça voulait dire pour nous. Mais la flamme ne s'est pas rallumée, il ne nourrissait pas notre relation de l'intérieur. C'est difficile à expliquer, mais, pour moi, le désir naît de la rencontre entre deux intimités indicibles mais qu'on arrive, par je ne sais quel miracle, à exprimer et à faire passer à l'autre. Avec Frédéric, chacun de nos gestes, de nos regards, de nos mots était chargé de désir, pas seulement de désir sexuel, mais de désir de l'autre, de ce qu'il est intrinsèquement et que sans doute lui-même ignore. J'entends bien que je suis confuse, mais je ne peux pas le dire autrement. Avec André, les mots, les gestes et les regards sont univoques, il n'y a pas de place pour en faire quelque chose d'unique. Ensemble on ne crée rien, on ne décolle pas du premier degré, voilà, c'est ça, je crois, la différence. Dans le désir que j'avais de Frédéric, il y avait cette promesse de nouveau. Quand on parlait, quand on faisait l'amour, quand on se taisait ensemble.

Peut-être que, si on avait vécu ensemble, ce désir aurait disparu, pour laisser place à autre chose. À quoi ? Je ne sais pas. Peut-être que j'aurais été dans la même impasse, mais je ne le crois pas. J'ai essayé de toutes mes forces de remettre de l'envie dans mon couple avec André, mais ça ne marche pas. Le pire, c'est quand il me dit qu'il est aussi amoureux de moi qu'au début, et qu'il n'imagine pas vivre avec une autre femme. J'ai envie de lui dire qu'il se contente de bien peu, que j'ai mille choses à donner, à partager et à recevoir et que je vis en sous-régime depuis des années ; mais je n'ose pas franchir le pas, pour les filles, pour lui et pour moi aussi. Parfois je me dis qu'une thérapie de couple pourrait nous donner un nouvel élan, mais en ai-je vraiment envie ?

Il y a quelques semaines j'ai acheté le DVD de *La Route de Madison*, j'étais seule à la maison, j'ai pleuré pendant deux heures sans pouvoir m'arrêter. C'est moi, cette femme sans désir qui sauve les apparences et qui se force à croire que la tendresse est un sentiment qui vaut qu'on lui sacrifie sa vie. Je ne sais pas ce que me réservent les années qui viennent, je ne veux pas « bovaryser », je ne veux pas fuir la réalité. Peut-être que je suis en train de faire le deuil d'un certain idéal romantique pour découvrir une forme d'amour plus mûr. J'aimerais y croire…

FOCUS

> La fuite du désir est, pour Vanessa, la conséquence d'une intimité qui se délite, qui perd de son intensité. Lorsque la communication se réduit au factuel, l'être profond n'est plus nourri, ni ému, ni désirant.

> Pendant la liaison qu'elle a eue durant trois ans, Vanessa s'est sentie revivre, vibrer à nouveau, le désir qu'elle avait pour son amant n'était pas uniquement sexuel. Elle voudrait retrouver cette énergie.

> Lorsque la tendresse est le carburant exclusif de l'amour, l'attirance physique s'étiole, les relations deviennent alors trop fraternelles pour que le désir y trouve sa place.

> Vanessa a essayé de retrouver avec son mari l'élan des premiers temps, en vain. Elle se dit qu'une thérapie de couple pourrait redonner un souffle à sa relation conjugale, mais elle ne se sent pas très motivée.

Étienne, 46 ans

« Les conflits minent notre relation. »

Étienne, ingénieur en génie civil, est marié depuis dix-sept ans avec Sara, 44 ans, graphiste indépendante. Ils ont trois enfants : Juliette, 17 ans, Clément, 15 ans et Erwan, 9 ans. Ils vivent à Montpellier dans un grand appartement au style rétro industriel. Lorsqu'il évoque sa vie de famille, Étienne utilise une expression éloquente : « un paradis épuisant ». Surtout, précise-t-il, depuis l'entrée dans l'adolescence de Juliette et Clément. Les conflits sont incessants. Sara, qui travaille à la maison, reproche d'ailleurs à Étienne d'être trop laxiste et pas assez impliqué dans la vie domestique. Du coup, entre les critiques larvées, les coups de colère et les conflits qui s'enflamment, la relation entre Étienne et Sara est rarement détendue. Leurs rencontres sexuelles sont plus rares, les moments passés ensemble aussi…

La vie de famille trépidante, je connais ! Je n'ai même connu que ça. Nous étions quatre enfants, j'étais le cadet. Avant moi, un grand frère, après, deux sœurs. Nous nous suivions de près, ce qui fait que nous avons toujours joué ensemble, au gré des alliances qui évoluaient suivant l'humeur et les intérêts du moment, évidemment. Mon père était ingénieur des ponts et chaussées, ma mère était femme au foyer. C'est drôle parce que, lorsque je repense à mon enfance, j'ai l'impression qu'elle ne s'est pas déroulée à la même époque que celle de mes amis qui parlent de leurs parents soixante-huitards, de la déco sixties de leur appartement, etc. Moi, bizarrement, je me sens plus proche de l'ambiance *Les Choristes*, le côté France de l'après-guerre. Je pense que cela vient du fait que nous vivions à Avallon, dans l'Yonne. Ma mère était une femme douce et silencieuse, elle était très croyante. Mais pour autant l'ambiance à la maison était loin d'être calme : ça criait et ça courait dans tous les sens. Quand mon père rentrait le soir, nous étions douchés, coiffés, en pyjama et robe de chambre. L'inspection commençait : vérifications des devoirs dans le détail. Nous savions que, de ce côté-là, c'était la tolérance zéro !

Aujourd'hui, je me retrouve dans une famille qui semble être sa version moderne : Sara travaille à la maison, je rentre moi aussi à la tombée du jour et nous avons trois enfants. Mais la comparaison s'arrête là : Erwan est scotché à l'ordinateur, Clément écoute du rock à fond en faisant soi-disant son travail – quand il ne chatte pas –, quant à Juliette, le portable vissé à l'oreille, elle glousse pendant des heures avec ses amies ou fait des essayages de « looks » avec les tonnes de vêtements qu'elle troque, chine ou achète. Régulièrement Sara m'appelle vers 18 h 30 et me passe l'un ou l'autre pour un recadrage en bonne et due forme. Je joue le jeu, je sermonne, parfois je punis, mais quelque part ça me coûte, car je trouve que leur comportement est normal pour leur âge. Sara me dit que c'est parce que je ne les vois que deux heures le soir… Peut-être !

Avec Sara, tout allait bien, mais vraiment bien, jusqu'en 2006 ; nous formions une famille… j'hésite à dire « modèle » car ça fait donneur de leçon, mais j'assume ! J'étais toujours amoureux de ma femme, nous faisions l'amour trois fois par semaine en moyenne, ce qui je crois n'est pas mal du tout, par rapport à ce que je lis çà et là sur le sujet… Les enfants étaient faciles, joyeux, créatifs et jamais malades ! À cette époque, tout était simple, facile, ça coulait… Tous les soirs, quand je rentrais, c'était le même bonheur. Et puis, à mesure que le temps a passé, les accrochages entre Juliette et sa mère se sont faits plus fréquents, les disputes entre Juliette et Clément aussi, leurs notes sont devenues moins bonnes. Clément a fréquenté un drôle de garçon, un peu gothique, un peu déprimé et surtout très perturbé. Nous avons dû intervenir pour que notre fils prenne ses distances. Dans le même temps, Juliette est devenue femme – il n'y a pas d'autres mots ; je ne sais pas si tous les pères ont cette impression, mais du jour au lendemain je me suis retrouvé face à une jeune femme. Et une jeune femme pas particulièrement aimable ni conciliante ! Mais où était passée Juliette la joyeuse, l'attentionnée ? La nouvelle Juliette était grincheuse, sarcastique. En quelques mois, les gentils parents sont devenus les « ringards de service ».

Entre Juliette et sa mère, cela a toujours été conflictuel, plus qu'avec moi, et ça l'est encore aujourd'hui. Je me demande où les magazines vont chercher tous ces exemples d'entente idyllique entre mères et filles ! Sara m'a dit que toutes ses copines se plaignaient de leurs filles. Les seules mères qui font la pub pour l'adolescence de leurs filles sont celles qui font du shopping avec elles, et qui, parce qu'elles revivent (ou vivent) leur jeunesse à travers elles, se mettent en disponibilité totale pour satisfaire tous leurs caprices et leurs désirs. Il faut regarder les choses en face : les ados aujourd'hui, dans les milieux un peu privilégiés en tout cas, sont gâtés, matérialistes, blasés et ne font rien en classe. Juliette et Clément ont au moins d'assez bons résultats scolaires, les psys disent que c'est un bon indicateur.

Sara est plus exigeante que moi, elle affirme que je suis laxiste, qu'à partir du moment où les notes sont bonnes je suis prêt à me faire marcher sur la tête. Elle exagère évidemment. Je la trouve trop sévère, elle est ultra-perfectionniste dans son travail, elle est exigeante pour notre couple, ce qui est une très bonne chose, mais, avec les enfants, je la trouve trop rigide. Surtout avec Juliette : elle ne veut pas qu'elle porte de talons, qu'elle maquille ses yeux de telle façon… Elle a tellement peur pour elle – peur notamment qu'elle devienne une écervelée uniquement intéressée par la conso et son image – qu'elle a mis des garde-fous partout. Elle clame que « l'abandonnisme parental » ne passera pas par elle. Résultat, ce sont des conflits tous les jours ! Et moi, je commence à en avoir plus qu'assez de me faire traiter de laxiste et d'être obligé de jouer au Père Fouettard alors que je trouve que ça ne se justifie pas. Sara est fille unique, je pense que ça doit influencer sa vision de la famille, elle a été chouchoutée, protégée par une mère anxieuse et un père qui était fou d'elle, mais très sévère. Bref, elle se perçoit comme un chevalier luttant contre la décadence moderne. Je la suis sur de nombreux points, dont le fait de donner des valeurs à ses enfants (le sens de l'effort, le respect de soi et des autres, la fiabilité…), mais son tort est de diaboliser tout ce qui ne va pas dans son sens. Jusqu'à présent, toutes mes tentatives pour essayer d'assouplir sa vision des choses se sont soldées par des échecs. Elle est toujours fatiguée, dans le reproche, je ne reconnais plus mon petit lutin pétillant. Elle qui était si joyeuse, si lumineuse, si ouverte aux autres, elle n'est plus que dans la critique. Je la découvre amère, comme si le côté chaleureux et gai de la Méditerranéenne qu'elle est avait fait place au côté sombre et pessimiste qu'ont aussi les gens du Sud.

Évidemment notre vie intime est modifiée, que dis-je, bouleversée. Sara a du mal à se laisser vraiment aller, elle semble avoir toujours des choses à me reprocher au fond d'elle ; parfois je me sens comme un enfant qui doit faire son examen de conscience pour voir où il a bien pu pécher ! Nous ne nous embrassons plus vraiment depuis des mois et des mois. On se fait des bises, des bisous, comme entre amis... Avant, nous adorions les vrais baisers d'amour, qui procurent des frissons et donnent envie de plus. J'ai du mal à aller vers elle ; sexuellement, j'ai perdu beaucoup de spontanéité et de confiance en moi. Et puis j'en ai assez de m'entendre dire que je suis laxiste, ce n'est pas très sexy, ça ne donne pas très envie... C'est comme si elle me traitait de chiffe molle ! Je sens bien que nous sommes à un point de bascule au niveau du couple ; il y a quelque temps, après une dispute particulièrement bruyante, Erwan nous a dit très calmement : « Je suis sûr que bientôt vous allez divorcer. » Ça nous a glacés, on lui a assuré que ce n'était pas au programme. Mais, quelque part, il y a une faille dans notre belle forteresse.

Il y a quelques mois, je me suis débrouillé pour emmener Sara dans un spa de luxe en week-end. J'avais laissé les enfants chez un couple d'amis qui vivent dans une grande ferme près de Lunel, tout était bien calé. La première chose qu'elle m'a dite, c'est : « Nous n'avons pas les moyens de nous offrir ça ! » J'ai failli tout annuler et la planter là, devant les grilles du château. J'ai fait un effort surhumain pour conserver mon enthousiasme, ça a porté ses fruits, elle m'a présenté ses excuses. La suite s'est bien passée, les soins étaient aussi exceptionnels que le décor. Nous avons décompressé, elle surtout. En commençant les soins, la masseuse lui a dit qu'elle était tellement nouée qu'on aurait dit qu'elle portait une armure ! Le hic, c'est que nous nous sommes rendu compte qu'au bout de tant de mois de conflits, nous avions perdu le fil de notre intimité. À force de parler des enfants, de leur éducation, de nos divergences et de nos problèmes, nous avions totalement oublié tout le reste – les discussions sur le design, la cuisine, l'écologie, tous ces thèmes qui étaient au cœur de notre quotidien et qui ont été totalement phagocytés par les disputes. Nous nous sommes retrouvés à table, dans un décor magnifique, comme gênés, l'un en face de l'autre, à meubler la conversation avec des généralités… Sara avait l'air très mal à l'aise d'être face à cette réalité de notre couple, moi, j'étais très triste. Je lui ai dit que nous avions intérêt à nous occuper de nous si nous ne voulions pas finir comme ces couples dont nous disions, sûrs de notre supériorité : « Mais pourquoi restent-ils ensemble ? » Elle a dit qu'elle avait conscience que, depuis quelque temps, ce n'était plus ça et qu'elle ne pensait pas que notre vie de famille deviendrait si compliquée. Je n'ai pas alimenté la conversation, car nous allions retomber dans les mêmes critiques. Elle m'a dit qu'elle avait discuté avec une amie et qu'elle se demandait si nous ne devions pas aller consulter un thérapeute familial ou un psy. Je lui ai répondu que j'étais ouvert à toute solution pouvant débloquer la situation.

Ma base, mes fondations, c'est mon amour pour elle et pour mes enfants, je n'ai pas envie de perdre ni d'abîmer ce trésor, sans eux ma vie n'aurait plus de sens. Nous n'avons pas encore entamé cette démarche, elle est programmée pour la rentrée prochaine. En attendant, nous avons quand même trouvé un accord pour nous alléger la vie : elle ne me traite plus de laxiste, je ne la traite plus de psychorigide et, au moins une fois par mois, nous nous offrons un tête-à-tête. Une sortie, un dîner, une balade ou un week-end, peu importe, l'essentiel c'est de vivre un peu en amoureux et pas seulement en famille !

FOCUS

> L'intimité du couple est parasitée par les conflits au sujet de l'éducation des enfants, chacun reste sur ses positions et ses reproches. La communication est répétition et non création.

> Le conflit entre les générations – et ses composantes sexuelles – est aussi devenu un conflit entre les parents. Mais Étienne et Sara le subissent sans se donner le temps ni les moyens d'en prendre la mesure.

> La spécificité amoureuse du couple parental a été trop vite abandonnée au profit de la vie de famille.

> L'adolescence des enfants et les questions qu'elle réactive chez les parents se sont engouffrées dans la brèche creusée par l'usure du temps entre les époux.

Décryptage

avec la collaboration de

Jean-Michel Hirt

Jean-Michel Hirt, psychanalyste, membre de l'Association psychanalytique de France, est professeur de psychopathologie à l'Université de Paris XIII, et l'auteur de *L'Insolence de l'amour. Fictions de la vie sexuelle*[9]. Il a dégagé de la lecture des différents témoignages les principales questions sur le désir que se posent aujourd'hui les hommes et les femmes engagés dans une relation amoureuse.

Comment naît l'amour ? Quelle est l'alchimie du désir ? Depuis des années, Jean-Michel Hirt accompagne des personnes qui viennent lui livrer leur histoire intime, leurs conflits, leurs doutes, leurs peurs, leurs tâtonnements... Ces voix et ces destins multiples ont renforcé sa conviction de psychanalyste : le désir ne peut être enfermé dans aucune définition statique. « Sa composition est aussi mystérieuse que volatile. Ce qui l'attise chez les uns l'éteint chez les autres. Nul ne peut connaître avec précision la cause de son désir. » Cela rend inopérant, voire dangereux, le discours social dominant sur la sexualité qui confond excitation et désir et fait de l'être humain un bien de consommation supplémentaire. À cette conception uniformisante et normative, Jean-Michel Hirt en oppose une autre ; selon lui, l'amour et le désir consisteraient en une aventure toujours singulière fondée sur l'équilibre de trois courants majeurs : la sensualité, la tendresse et... la cruauté.

---

9 Jean-Michel Hirt, *L'Insolence de l'amour. Fictions de la vie sexuelle*, Albin Michel, Paris, 2007.

Dans ce voyage, les cartes et les boussoles ne serviront à rien, chacun devra puiser dans son histoire, sa sensibilité et sa créativité.

Ce cheminement n'est pas une route confortable et prévisible. Les embûches sont nombreuses et connues la plupart du temps – ce qui ne les rend pas moins dangereuses. Les difficultés sont de quatre ordres :

– Cerner tous les visages et les *tempos* du désir ne va pas de soi. Le désir est polymorphe et soumis à la loi du flux et du reflux. On peut le croire à deux doigts de l'extinction alors qu'il n'est qu'en sommeil.

– Égarés par le discours culturel sur la sexualité et l'amour, encombrés par les idées reçues, les hommes et les femmes n'osent plus se fier à leur propre ressenti. Ils cherchent à « coller » à la norme plus qu'à développer une relation intime singulière.

– Le désir ne s'épanouit que dans certains climats et à une certaine distance. Les obligations et les contraintes de la vie quotidienne peuvent lui être fatales. De même que la fusion affective ou trop d'éloignement.

– La passivité est l'ennemi n° 1 du désir. S'il ne se cultive pas, il a toutefois besoin d'un terreau favorable pour s'épanouir en toute liberté. Et cela demande curiosité, vigilance et empathie.

« Le cœur est l'organe du désir (le cœur se gonfle, défaille, etc., comme le sexe), tel qu'il est retenu, enchanté, dans le champ de l'Imaginaire. »

Roland Barthes

Les mille visages du désir

Certaines définitions éclairent, d'autres enferment ou égarent. Définir avec précision le désir reviendrait à tenter de capturer un courant d'air. Il se ressent plus qu'il ne s'explique – aussi bien lorsqu'il se manifeste que lorsqu'il s'absente. Toute la question est alors de savoir combien de temps la magie de sa présence ou la blessure de son absence dureront.

Lorsque le désir paraît

Il est l'autre nom du sentiment amoureux. Il apparaît avant que l'attachement s'installe, que la connaissance de l'autre ne renforce ou ne distende les liens. Désir et sentiment amoureux se confondent dans le même maelström émotionnel. Euphorie, émerveillement, peur, audace, puissance, vulnérabilité… les sentiments et les émotions s'entrechoquent et fusionnent pour créer l'une des expériences humaines les plus magiques et les plus mystérieuses : l'amour. Élan du cœur et élan du corps ne font plus qu'un. Et qui a goûté à ce cocktail euphorisant au moins une fois dans sa vie n'a plus qu'une envie : le retrouver ou le faire durer. Or c'est bien évidemment là que commencent les difficultés.

LES DIFFICULTÉS EN QUESTION

> Sa naissance reste un mystère pour nous

Un élan, des émotions, un mouvement qui oscille entre envie et besoin… Tel est le désir, impérieux, dynamique et possédant une alchimie aussi complexe que mouvante. « Cerner précisément la naissance du désir est impossible, explique Jean-Michel Hirt. Il est antérieur à notre existence dans la mesure où il commence dans le désir d'enfant. Dans ce désir que les parents peuvent avoir pour cet enfant qui est d'abord imaginaire, et ensuite pour l'enfant réel qui va provoquer en eux toutes sortes d'émotions ; avec lui va se nouer une relation qui elle-même façonnera le désir de l'enfant. » Désir œdipien pour le parent de sexe opposé, barré par l'interdit de l'inceste, et qui permettra à l'enfant de désirer hors de sa famille. Le désir n'est pas identifiable par celui qui le porte, il est traversé, modelé, poussé, tourmenté par lui, mais il apparaît par morceaux. Morceaux d'images, de sensations, d'émotions, qui se composent et se recomposent selon des lois qui nous échappent. Ainsi ce patient de Freud, ce jeune garçon qui se disait sexuellement attiré par les femmes dont le nez était brillant... Mystère de l'élan amoureux et des émois érotiques ! C'est donc cette part irrationnelle et énigmatique de soi qu'il faut commencer par accepter, ou du moins renoncer à élucider ou contrôler.

LA LOI DU DÉSIR

Pour Freud, le désir[10], *wunsch* (parfois *begierde* ou *lust*) est l'un des pôles du conflit défensif du sujet. « Le désir inconscient tend à s'accomplir en rétablissant, selon les lois du processus primaire, les signes liés aux premières expériences de satisfaction. La psychanalyse a montré, sur le modèle du rêve, comment le désir se retrouve dans les symptômes sous forme de compromis. » En résumé, nous sommes agis par un désir qui nous échappe et que nous satisfaisons en retrouvant dans la sexualité les premières sensations de plaisir que nous avons éprouvées.

10 Voir Jean Laplanche et Jean-Bertrand Pontalis, *Vocabulaire de la psychanalyse*, PUF, coll. « Quadrige », Paris, 2007.

> Une énergie insaisissable

Je veux, je le (la) veux… Si le désir pouvait parler, il dirait sans doute ces mots qui expriment l'élan primaire, la voracité brutale de l'enfant en demande. « Pour Freud, le désir est sous-tendu par la manifestation de la pulsion, cette poussée, cette énergie, dont la source est inscrite dans le corps, qui se dirige vers un but, et qui est matérialisée par un objet », explique Jean-Michel Hirt. L'amour donne des ailes, le langage populaire est souvent celui des profondeurs. L'élan né du désir amoureux est notre énergie la plus puissante, le carburant qui peut nous faire soulever des montagnes (passer des heures à attendre un coup de téléphone, multiplier les exploits pour séduire l'élu ou encore, lorsque ce désir est sublimé, nous faire accomplir des prodiges, dans l'art notamment). L'énergie du désir nous pousse à aller de l'avant, à entrer en contact avec des talents en sommeil. Quelque chose en nous s'éveille et nous met littéralement en mouvement, en vie. Les neurosciences nous ont appris que cette énergie est un véritable dopant, au point qu'elle peut se transformer chez certains en addiction. Le problème est que, comme toutes les énergies, elle n'est pas inépuisable. C'est lorsqu'elle est tarie, momentanément en tout cas, que l'on mesure son pouvoir sur notre existence. C'est aussi l'une des raisons pour lesquelles certains s'en tiennent prudemment éloignés.

PRÉCIEUSE LIBIDO

Freud a vulgarisé ce mot emprunté au latin et qui signifie « sensualité », « envie sexuelle », pour désigner la pulsion sexuelle. Mais, pour le père de la psychanalyse, la pulsion sexuelle ne se réduit pas à l'acte sexuel. La libido « concerne notre capacité à désirer et à investir notre vie d'un courant vital qui nous maintient non seulement dans l'envie de sexualité, mais aussi dans un appétit de curiosités concernant ce qui a à voir avec la vie sous toutes ses formes », explique Alain Héril[11], psychothérapeute et sexothérapeute. Conclusion : plus nous sommes gourmands de la vie et des autres, mieux nous nourrissons notre libido, plus nous alimentons notre désir.

> Le manque est son carburant

« Désirer, *desiderare* (*de-sidus-eris*), c'est étymologiquement contempler l'"astre", être par lui "sidéré", sans jamais pouvoir le posséder... Ainsi va la vie, tendue vers ce que l'on n'a pas, animée par ce qui manque, cherchant devant elle ce qu'elle a perdu derrière », écrit le psychanalyste

11 Alain Héril, *Pour développer sa libido*, Bussière, coll. « Coaching méditatif », Paris, 2009.

Jacques André[12]. Le désir est manque, faute de quoi il ne serait pas. Ce qui le comble est ce qui l'éteint. Douloureuse et implacable mécanique qui, paradoxalement, nous maintient en vie ! Le sentiment amoureux n'a que l'apparence de la plénitude, il est avant tout tension, intention et mouvement. La plénitude s'accomplit dans l'amour, le désir, lui, est béance, attente. « C'est pour cela qu'il nous jette dans la vie à la rencontre des autres. La rencontre devient alors la manifestation concrète du désir. C'est elle que nous pouvons travailler, pétrir, faire lever grâce au "désir-levain", grâce aussi au sel de l'intelligence et à la farine du culturel. Nous créons de la relation à partir du manque, c'est cela qui est à la fois merveilleux et si difficile », souligne Jean-Michel Hirt.

LES PISTES POUR AVANCER

> Accepter l'ambivalence

Le désir n'est pas seulement mystérieux et volatil. Il est également ambivalent et pétri de contradictions. Il veut tout et son contraire. Il désire avoir l'être aimé à disposition pour le consommer et en même temps le tenir éloigné pour le désirer. À l'état brut, notre désir est sauvage, brutal, cannibale. Il ne veut pas le bien de l'autre, il veut l'autre tout court. « Dans la dimension inconsciente du désir, il n'y a pas d'interdits, toutes les

---

12 Jacques André, *Les 100 mots de la psychanalyse*, PUF, coll. « Que sais-je ? », Paris, 2009.

pulsions sont présentes, c'est pour cela que Freud disait que le petit enfant est un pervers polymorphe, il veut satisfaire toutes ses pulsions. L'éducation et la répression culturelle vont y mettre bon ordre pour rendre la vie en société possible. Nous allons refouler, censurer, sublimer bon nombre de nos pulsions pour nous humaniser, mais tout cela génère évidemment des conflits intérieurs. Plus ou moins houleux, suivant l'histoire du sujet », analyse Jean-Michel Hirt. Il est utile de connaître la dimension conflictuelle et ambivalente du sentiment amoureux pour ne pas être victime de malentendus ni commettre d'erreurs de jugement. Le fait de garder à l'esprit que le désir possède un côté obscur, parfois effrayant, nous aide à accepter nos contradictions internes et nos ambivalences, comme celles de l'autre.

> Se pencher sur son histoire

Comment a-t-on été regardé, touché, accompagné ? Le regard de nos parents était-il fuyant, enveloppant, intrusif, intimidant, dans le jugement ? Nos besoins et nos envies ont-ils été entendus, satisfaits, devancés ou méprisés ? Telles sont quelques-unes des questions qu'il est utile de se poser lorsque l'on s'interroge sur sa vie affective. Les obstacles sur lesquels vient buter le désir ont, la plupart du temps, leurs racines dans notre passé. Ainsi, Michel (p. 41) évoque la relation fusionnelle qui lie sa femme à ses parents et qui empoisonne leur intimité. « Notre désir, donc notre engagement amoureux, porte toujours les traces du désir que nos parents ont eu pour nous. Ce désir peut être un moteur ou une prison. Dès les premières rencontres amoureuses, les premiers conflits, nous rejouons quelque chose de notre histoire familiale », constate Jean-Michel Hirt. Quand le désir peine à se déployer, s'enraye ou prend toute la place, bref, lorsqu'il génère de l'inconfort ou de la souffrance, c'est notre passé qui cherche à nous dire quelque chose, un nœud qui demande à être défait.

> Ne pas oublier la loi du genre

Désir d'homme, désir de femme, quelle différence ? La question est importante. « Nier l'importance de la différence sexuelle, c'est favoriser une pseudo-égalité qui, en réalité, va ramener l'autre au semblable. Le grand perdant de cette opération est le désir, car, pour naître et s'épanouir, il a besoin de percevoir *l'inquiétante étrangeté* de l'autre. On pourrait dire que tout ce qui aplanit, rassure, sécurise, constitue un facteur d'extinction du désir », détaille Jean-Michel Hirt. En forçant le trait jusqu'à la caricature, on pourrait dire que l'homme est convoité par la femme, car il est porteur du phallus. La femme se rend désirable pour l'obtenir et les moyens qu'elle y consacre, les messages qu'elle envoie sont les éléments constitutifs du désir masculin. « Quand le désir circule, pour l'homme, ce qui le représente, c'est son sexe, alors que c'est son corps tout entier qui représente la femme, qui représente son être désirant. Au départ, l'homme est dans la temporalité de son érection, et la femme dans la spatialité de ses sensations et de ses émotions. C'est du croisement, puis de la fusion momentanée du temps et de l'espace, du masculin et du féminin, que jaillit le désir et survient le plaisir », poursuit le psychanalyste qui insiste sur le rôle quasi initiatique de la femme dans la circulation du désir lors de la relation amoureuse. « Elle ne doit pas se conformer à ce qu'attendent l'homme et la société. La femme doit prendre possession de son désir et de sa puissance créative. C'est ainsi qu'elle peut amener l'homme à dépasser la dimension “phallique” de la sexualité qui les restreint tous les deux pour explorer des terres plus vastes et plus surprenantes. C'est la découverte de l'immensité du féminin qui va donner à l'homme le goût d'entreprendre le voyage. » Ne pas réduire ses rôles à la composition « mère ou amante », mais s'autoriser à être multiple, terrienne et aérienne, active et passive, pulsionnelle et cérébrale, sans peur du jugement.

Au rythme du flux et du reflux

Nombre de consultations en sexothérapie ou en thérapie de couple commencent par cette formule en forme d'aveu : « Je n'ai plus de désir pour mon partenaire. » Sont alors évoqués, dans le désordre, le désamour, le poids du quotidien, l'infidélité, l'usure des ans… Mais ce qu'ignorent encore bon nombre de couples, et que se chargent de leur rappeler les thérapeutes, chacun avec les mots qui lui sont propres, c'est qu'intrinsèquement le désir n'est pas linéaire. Il est fait de pics et de creux, d'élans euphoriques et de chutes vertigineuses, aussi bien que de longues plages où règne un calme qui frise parfois l'ennui.

LES DIFFICULTÉS EN QUESTION

> Les saisons du désir

C'est évidemment au moment de la rencontre amoureuse que le désir est à son zénith. Puis, avec le temps, la sécurité affective prend le dessus, tandis que le sentiment d'inquiétude diffuse et la crainte à peine consciente de la perte disparaissent. Ce renversement procure légèreté d'esprit et confort émotionnel, mais il atténue également l'intensité du désir au sens de passion amoureuse.

Le désir impétueux est, selon les neurosciences, programmé pour durer entre deux et trois ans, le temps que l'homme et la femme procréent et restent ensemble suffisamment longtemps afin que leur progéniture soit à peu près autonome. Ensuite, la nature cède le pas à la culture. Le couple se sépare ou demeure et se modèle en fonction du lien qu'il a tissé, des besoins et des attentes réciproques des partenaires, ainsi que de l'histoire de chacun. À partir de ce moment-là, le désir sera, dans le couple, forcément singulier et irrégulier. Chaque couple connaîtra différentes saisons du désir et les traversera avec plus ou moins de sagesse, de créativité et de lucidité. À la moindre alerte au « calme plat », certains auront des envies de désertion, tandis que d'autres en profiteront pour interroger leur histoire ou laisseront passer la vague, tout simplement. « Notre époque ne supporte pas le vide, les temps "morts" ni l'ennui, et cela a forcément une influence sur notre façon de vivre et d'aimer, constate Jean-Michel Hirt. Dès que la relation patine ou se grippe, lorsque le désir sexuel est en sommeil, on se demande si on n'a pas fait le mauvais choix de partenaire. C'est sauter un peu rapidement à la conclusion et oublier que toute relation – et à plus forte raison la relation amoureuse – est faite de flux et de reflux. Personne ne peut vivre en état de désir brûlant permanent ! Notre désir de l'autre est intermittent et tant que l'on n'a pas accepté ce *tempo*, on se condamne à la souffrance. » Chez Vanessa (p. 73), c'est l'été que le désir circule à nouveau dans son couple ; et Inès et Antoine (p. 35) luttent contre le poids des contraintes pour faire de la place à la vie amoureuse. Pour chacun, le défi à relever est différent.

LE BALLET DES HORMONES

Lorsque le coup de foudre frappe, nous produisons de la testostérone qui agit sur l'organisme comme un coup de fouet. Elle donne de l'énergie et de l'audace et aiguise l'appétit sexuel. La rencontre des corps produit quant à elle une hormone, la lulibérine, qui pousse à rechercher toujours plus de contacts et de plaisir. Au moment de l'orgasme, les endorphines, dites « molécules du bonheur », sont libérées en flots. Avec le temps, aux hormones de l'extase succèdent celles de l'attachement, dont l'ocytocine (produite également par les mères allaitantes). Lorsque le ciel amoureux est au beau fixe, nous baignons dans un bain de dopamine et de sérotonine, molécules qui nous donnent à la fois le sentiment d'être puissant, comblé et optimiste. On comprend mieux alors l'expression « l'amour donne des ailes ».

> Quelle différence entre désir et excitation ?

Bon nombre de malentendus dans le domaine de la sexualité proviennent de cette confusion. « Dans notre culture de consommation et de performance, le désir ne peut être entendu que comme ce qui précède la consommation, comme la faim avant le repas, explique Jean-Michel Hirt.

Or le désir est un regard, un état, une façon d'être au monde et en relation, tandis que l'excitation est l'expression émotionnelle et physiologique d'une partie du désir ramené à la relation sexuelle. L'excitation fonctionne sur le mode "toujours plus, toujours plus fort", ce qui crée dépendance et surenchère, tandis que le désir ne fonctionne pas sur commande et ne peut être réduit à aucune formule. » Et, selon le psychanalyste, c'est bien ce qui embarrasse la société marchande qui vend des excitants mais ne peut pas mettre le désir en boîte ni sur des rayons de supermarché. Autrement dit, le désir ne saurait être ramené à une mécanique ou à sa dimension organique.

Pourtant, la majorité des recettes abondamment fournies par les magazines et certains professionnels ne visent que la relance de l'état d'excitation. La consommation de la pornographie, notamment chez les adolescents ou les jeunes adultes, en est l'illustration, avec son lot de corps parfaits standardisés, de jeux de rôles figés et caricaturaux, et la mise en exergue du triptyque « minceur-fermeté-jeunesse ». Comment désirer de manière singulière et libérée dans une société qui impose à longueur de films, de pubs et de magazines un seul visage du désir ?

> Quand on croit qu'il est éteint…

« On ne s'embrasse plus », « On ne fait plus l'amour depuis des mois », « Il n'y a plus de désir entre nous »… Les mots du « non-désir » se ressemblent tous... Ils contiennent tristesse, amertume et pessimisme. Pourtant, dans de nombreux cas, selon le constat des thérapeutes de couple, il s'agit de temps d'hibernation qu'il faut savoir identifier avant d'en tirer des conclusions erronées. Des événements particuliers, des épreuves, une communication défaillante peuvent donner l'impression que l'histoire d'amour a vécu ses plus belles heures. C'est le cas d'Étienne (p. 80) qui a conscience que les conflits sont en train d'étouffer le désir dans son couple. Mais croire le désir éteint parce qu'il ne se manifeste plus dans le domaine sexuel est une erreur prévient Jean-Michel Hirt. « Le désir est sexuel, c'est son essence. Mais il ne débouche pas forcément sur un acte sexuel. Le désir sexuel et le désir amoureux sont à prendre dans leur globalité. Avoir du désir pour l'autre, cela signifie avoir du plaisir à être en sa compagnie, à le sentir physiquement et émotionnellement proche de soi... Mais, parfois, même cela semble éteint, enfui, il faut alors savoir accepter ces temps de retrait de l'amour. À condition, bien entendu, qu'ils ne s'éternisent pas. »

Autre prisme trompeur : la comparaison. Combien de couples se retournent vers le passé pour faire l'inventaire de tout ce qui a été perdu en cours de route ? La spontanéité, le mystère, les attentions... Mais ils oublient de faire le bilan des acquis positifs : la confiance, l'intimité, une meilleure connaissance de soi et de l'autre. Le désir aussi évolue avec le temps. Il ne s'affaiblit pas forcément, mais encore faut-il pouvoir reconnaître son nouveau visage.

LES PISTES POUR AVANCER

> Ne pas faire de la sexualité un baromètre

Comptabiliser la fréquence des rapports sexuels au sein du couple est sans doute le meilleur moyen de faire fuir le désir. Et pourtant, à en croire les sexologues et les sexothérapeutes, ce critère est celui que retiennent majoritairement les hommes et les femmes qui se décident à consulter un professionnel. Pourquoi une telle focalisation sur les chiffres et sur la quantité ? « Nous baignons dans une culture du "pousse à jouir", avance Jean-Michel Hirt. Pour avoir l'air épanoui, pour être dans la norme, il faut faire l'amour, souvent, beaucoup. Sans se poser de questions. Tout se passe comme si la fréquence avait remplacé le sens. » Or, la seule question que l'on devrait se poser concerne le ressenti et la qualité de la rencontre sexuelle, tant au niveau physique qu'au niveau sensuel et émotionnel. « Il y a dans l'air du temps toute une série de recettes, de lieux communs, de pseudo-vérités sur la sexualité qui empoisonnent les esprits et font douter les couples. L'une d'entre elles est que tant que l'on fait souvent l'amour, tout va bien. Rien n'est plus faux, on peut avoir une relation sexuelle par jour et n'être ni dans la relation amoureuse ni dans le désir. S'interroger sur la normalité de la fréquence de ses relations sexuelles ou de ses orgasmes est une perte de temps et d'énergie. » En clair, plutôt que d'essayer de se souvenir à quand remonte sa dernière relation sexuelle, mieux vaut se demander quand a-t-on vraiment désiré son partenaire pour la dernière fois. Et si le souvenir peine à faire surface, on peut s'accorder un temps de pause avec soi-même et s'interroger.

> Se poser les vraies questions

Avant d'incriminer son couple, sa sexualité ou son partenaire, il est plus fécond de rechercher les causes possibles de la léthargie du désir. L'excès de tendresse l'a-t-il anesthésié ? Un projet personnel ou professionnel n'est-il pas en train de capter toute l'énergie disponible ? Ne traverse-t-on pas soi-même une crise existentielle qui pousse à s'interroger sur le sens profond que l'on désire donner à sa vie ? La vie familiale n'est-elle pas en train de cannibaliser l'intimité amoureuse ? Des problèmes matériels n'empoisonnent-ils pas le quotidien ? *Quid* de la maladie ou d'un deuil ? On le voit, le désir n'est pas une bulle autonome, suspendue dans le ciel de l'amour. Il est en lien étroit avec ce que l'on vit, supporte, traverse et ressent au jour le jour. Prendre conscience de cette interdépendance est le premier pas vers la lucidité positive. « Ce qui peut également faire l'objet d'un questionnement fructueux, complète Jean-Michel Hirt, c'est le fait de se sentir gêné, lassé ou frustré. Dans ce cas, il faut pousser l'investigation plus loin – de son côté d'abord – pour tenter de cerner au plus près ce qui se joue. » On l'aura compris, peu importe que l'on fasse l'amour une fois par mois ou tous les jours, l'essentiel est de revenir à son ressenti, à ses besoins, à ses attentes. C'est à cette unique condition que l'on peut espérer faire durer le sentiment amoureux sans se lasser ni se décourager.

LA LOI DU DÉSIR

Selon un sondage *Opinion way*[13], pour 60 % des Françaises et 67 % des Français, si le désir n'est plus au rendez-vous et que les problèmes sexuels pèsent trop lourd sur la balance de l'intimité, mieux vaut envisager la rupture. Autre enseignement de ce sondage : les conseils des sexologues et autres thérapeutes de couple commencent à porter leurs fruits, puisque, pour 66 % des hommes et des femmes interrogés, « un couple dure essentiellement grâce au refus de s'enliser dans la routine. » Conclusion : le désir est aussi affaire de vigilance et d'attentions.

> Rester désirant… et vigilant

La libido, on l'a vu, ne désigne pas seulement l'énergie sexuelle, elle est synonyme d'énergie vitale. Elle est ce qui

13 Sondage *Opinion way* réalisé pour Match.com auprès d'un échantillon de 10 042 personnes, décembre 2008.

nous met en mouvement et nous motive pour avancer dans notre vie. Tant qu'elle circule librement dans notre corps et notre esprit, nous nous sentons bien, nous prenons des initiatives, nous allons de l'avant. En revanche, lorsqu'elle stagne ou semble avoir disparu, notre tonus chute en même temps que notre moral. Le désir sexuel est l'une des composantes du désir de vivre. Dans les périodes où il semble avoir déserté la relation, il est vital de le nourrir, notamment par des moyens détournés, c'est-à-dire par des moyens qui ne visent pas directement l'intimité sexuelle, mais en fonction de tout ce qui fait le sel de notre vie, en dehors de la relation amoureuse. Cela concerne nos intérêts, nos petits plaisirs, les relations qui nous enrichissent, nos projets personnels, notre curiosité artistique… Bref, tout ce qui compose notre intériorité et qui, au-delà de notre apparence et de notre personnalité de surface, exprime qui l'on est vraiment. Faute de quoi le désir se transforme en une banale et superficielle excitation, chronique dans le meilleur des cas. Pour retrouver le désir, l'inspirer et revitaliser la relation, « on peut commencer par s'accorder une halte pour faire le point sur son rapport au désir en général, conseille Jean-Michel Hirt. De quoi ai-je besoin ? De quoi ai-je envie ? Est-ce que je sais satisfaire mes besoins fondamentaux ou bien est-ce que je suis passif ou négligent ? On peut ensuite se mettre à l'écoute de l'autre en prenant vraiment du temps tous les jours pour capter ses messages, sentir ses états d'âme, ses humeurs.

Ce n'est qu'en se connectant subtilement et tendrement à l'intime de l'autre que l'on peut traverser les périodes de creux sans se délier. » Vanessa (p. 73), qui constate que le désir amoureux a fui hors de son couple depuis longtemps, ne se ment pas. Elle reconnaît que ce qu'elle a du mal à supporter chez son mari – son manque de curiosité, sa paresse intellectuelle – est ce qu'elle a également du mal à supporter chez elle. La question est donc bien de savoir ce que l'on fait pour soi, comment on traite le désir, avant de reprocher à l'autre ses éventuels manquements.

« Nous devrions trouver l'existence parfaite à travers l'existence imparfaite. »

Shunryu Suzuki

Intimité amoureuse : les obstacles à surmonter

Le sentiment d'intimité est sans doute l'un des plus émouvants et des plus gratifiants qui puisse se vivre dans une histoire d'amour. Il implique une relation de confiance, de complicité, de partage et de générosité – autant de qualités qui renforcent l'attachement, favorisent l'abandon et constituent un abri affectif et émotionnel privilégié dans un monde anxiogène. Mais créer une bulle d'intimité amoureuse, et à plus forte raison la faire durer, ne va pas de soi. Car, comme le désir, elle est le fruit d'une alchimie subtile. Certains excès l'asphyxient, certains manques la rendent impossible. La cultiver au quotidien signifie être prêt à s'engager dans une aventure faite d'équilibre et de déséquilibre. Le fait d'interroger ses croyances, sa façon de communiquer, son quotidien, constitue le premier pas vers ce que Jacques Salomé[14] appelle « l'écologie relationnelle ».

14 http://www.j-salome.com

Le poids de notre héritage
et de nos croyances

Au moment de la rencontre, alors que l'autre demeure encore inconnu et que nous nous croyons libre de toute attache et de tout bagage, nous ployons sous le poids du passé, car nous sommes constitué par notre héritage familial, nos expériences et nos croyances sur l'amour, l'autre sexe et la sexualité. La relation amoureuse que nous tisserons sera faite de ces milliers de fils, dessinant des motifs qui, la plupart du temps, nous échappent. L'influence du bain familial, du discours socioculturel, l'influence aussi de nos premières expériences amoureuses et sensuelles… tout cela nous façonne, nous modèle, parfois contre notre désir et nos besoins profonds.

LES DIFFICULTÉS EN QUESTION

> Le discours trompeur de la société

Comment booster ses orgasmes, comment le (la) rendre fou (folle) de désir, comment devenir plus sexy… Que ce soit au premier ou au second degré, le discours médiatique sur la sexualité (par le biais de films, de la publicité, de la presse magazine ou de la télévision) est clairement un discours de consommation et de performance. Il nous incite à considérer l'autre comme un faire-valoir narcissique et un objet de consommation. La valeur « Intimité », qui renvoie à la notion de profondeur et d'intériorité, est supplantée par la valeur « Apparence », à laquelle sont traditionnellement attachées les relations de pouvoir et de marchandage. Selon Jean-Michel Hirt, l'intimité amoureuse est aujourd'hui écrasée par le narcissisme amoureux. C'est du moins ce que véhiculent le discours et les images dominantes : « Tout dans notre culture nous pousse à la réussite individuelle, du coup, nous investissons notre énergie dans la construction du Moi. Dans cette perspective, l'autre est envisagé comme un miroir, il a pour mission de nous valoriser. D'où la multiplication des "relations-vitrines" sans intimité ni véritable désir pour l'autre. » L'effet toxique de cette représentation normative du désir et de l'amour se fait sentir par le manque de confiance en soi, le manque de bienveillance dans le regard que l'on pose sur soi. Elle empoisonne également la relation à l'autre, que l'on voudrait remodeler pour qu'il « colle » à son idéal – tout au moins à ce que l'on croit être son idéal, mais qui n'est en fait que l'écho du discours social. « Dans notre société, l'autre est devenu une menace. En s'approchant de nous avec ses différences, il pourrait nous obliger à modifier les plans de notre agencement intérieur, et ce risque-là, qui est pourtant constitutif du désir amoureux, nous sommes de moins en moins prêts à le prendre. Nous ne voulons pas être dérangés, or, par essence, le désir amoureux bouscule et dérange. Mais encore faut-il accepter de le laisser faire ! »

> L'influence du couple parental

Nous avons grandi à l'ombre du couple de nos parents, nous avons capté et intégré leur façon de se parler, de s'aimer, de se disputer et parfois même de se séparer. Cet héritage, fait de mots, de gestes, de silences, nous constitue à la fois de manière consciente et inconsciente. Nos choix amoureux et notre façon d'entrer en relation dépendent largement de notre bain familial. « Avant d'être nés, nous sommes déjà dans la culture d'une famille et d'une société. Nos parents nous prennent dans des représentations culturelles, en même temps que nous sommes pris dans la langue dans laquelle nous naissons. C'est au travers de ces différentes représentations culturelles que nous allons aborder la réalité et les relations humaines », analyse Jean-Michel Hirt. Il existe autant de familles que de couples parentaux. Chacune a ses lois, tacites ou exprimées. Faire halte pour regarder avec ses yeux d'adulte le couple de ses parents peut nous aider à faire l'inventaire de notre héritage. C'est la seule façon de garder ce que l'on sait être à soi et bon pour soi, et de rendre à César ce qui lui appartient. Comment vos parents exprimaient-ils la tendresse et la sensualité entre eux ? Comment géraient-ils les conflits ? De quelle façon le pouvoir était-il réparti entre eux ? Se prodiguaient-ils ou non des petites attentions ? S'accordaient-ils du temps pour eux ? Les réponses à ces questions esquissent le portrait du couple de nos parents, le premier à nous avoir influencé. Parfois pour le meilleur, parfois pour le pire…

> Les complexes qui freinent l'élan

Intimité amoureuse rime avec abandon, lâcher prise, authenticité… L'espace de confort qu'elle produit, propice à toutes les audaces amoureuses, n'est pourtant pas facile à construire. Avec le temps, et sous la pression des représentations corporelles actuelles, le corps se dérobe au regard de l'autre. On le voudrait parfait, mince, ferme, tonique, performant… car on continue à croire que seule la perfection, ou ce qui s'en rapproche, peut intensifier le désir et démultiplier le plaisir. Les complexes qui se focalisent sur telle ou telle partie du corps ne font pas que freiner la spontanéité, ils ferment aussi le corps et minorent considérablement les sensations qu'il procure. On croit à tort que seules les femmes souffrent de complexes corporels tout simplement parce que les hommes en parlent moins, ou pas du tout. Chez les premières, outre la question du poids, ce sont les seins et les fesses qui font les frais de l'hyper exigence contemporaine, tandis que, chez les seconds, doutes et peurs se focalisent sur le sexe : taille du pénis, troubles de l'érection, éjaculation précoce sont les nouvelles angoisses masculines. « Elles sont savamment entretenues par la culture marchande ambiante qui, en plus d'associer désir et apparence, associe plaisir et performance, note Jean-Michel Hirt. Le corps réduit à une mécanique est coupé de ses sensations pour n'exister que dans la représentation. Et qui dit représentation dit conscience aiguë de soi, de son image, de son corps, de ses failles et manques, qui rend l'abandon et l'ouverture à l'autre impossible. » Comment dès lors oser la nudité sans peur au ventre, comment prendre des initiatives sensuelles si l'on ne se sent pas « sexy » selon la norme ? Les thérapeutes affirment assister à une véritable explosion des pathologies narcissiques, c'est-à-dire des souffrances liées à l'image de soi et à l'estime de soi. Les sexologues, de leur côté, reçoivent de plus en plus d'hommes et de femmes qui consultent non plus pour des troubles du plaisir mais du désir. C'est bien la preuve que tyrannie des apparences et libre circulation du désir amoureux ne vont pas ensemble.

LES PISTES POUR AVANCER

> Revenir à soi

Afin de faire perdurer le sentiment amoureux, le désir, en soi et dans la relation amoureuse, il est nécessaire de se rapprocher le plus possible de son vrai Moi. Pour cela, il faut prendre de la distance avec son héritage familial et se dépouiller des croyances erronées ou limitantes qui faussent la conception de la sexualité, de l'amour et du couple. Revenir à soi, cela signifie s'autonomiser afin de penser et d'aimer en adulte libre et conscient. Dans son livre *Le Bonheur d'être soi*[15], le psychanalyste Moussa Nabati donne une définition lumineuse du bonheur,

---

15 Moussa Nabati, *Le Bonheur d'être soi*, Fayard, Paris, 2006.

qui concerne également le désir. « Le bonheur consiste à devenir soi, adulte, individué, psychologiquement autonome, défusionné par rapport à la matrice maternelle. Il sourit à celui qui jouit d'une intériorité propre, certes à distance de la pulsion, de l'héritage transgénérationnel et des normes de la société, mais néanmoins reliée à eux. Tous ces processus de séparation-lien ont pour fonction de protéger le sujet du chaos, des confusions de places et de fonction. Ils lui permettent ainsi de se sentir entier et vivant dans sa maison/soi grâce à la libre circulation libidinale. » Pour revenir à soi, en conscience, et faire le tri dans ses bagages, il peut être intéressant de noter sur une feuille, suivant le principe de l'écriture spontanée, tout ce qui vient à l'esprit à propos de l'amour et de la sexualité. On peut ensuite interroger les croyances qui s'en dégagent, à l'aide des trois questions suivantes : « D'où (de qui ?) me vient cette croyance ? Suis-je certain(e) qu'elle est vraie ? Agrandit-elle mon espace intérieur ou bien le réduit-elle ? »

> Habiter son corps

En amour, ou en faisant l'amour, c'est la dissociation entre le corps et le mental qui provoque en nous la désagréable impression d'être à la fois acteur et spectateur et qui nous empêche de ressentir pleinement le désir et d'être réceptif à celui de l'autre. La solution est d'habiter pleinement son corps et de faire corps avec ses sensations. Car on ne peut pas penser et ressentir en même temps. Le sentiment amoureux et le désir passent par des canaux sensitifs et non mentaux. Selon la psychothérapeute Michèle Freud, se réapproprier son corps passe par l'éveil des sens. « Notre cerveau est le réceptacle de myriades d'énergies qui nous entourent. En apprenant à se centrer sur nos cinq sens, on découvre toute la palette de perceptions sensorielles. Et, en les affinant, on réveille encore d'autres sens en soi, comme la créativité, l'imagination, l'intuition. Autant de valeurs cardinales qui intensifient notre appétit de vivre et, par là même, notre sentiment amoureux. » Michèle Freud conseille de recharger chaque jour son « réseau sensoriel » de la manière la plus simple qui soit : en prenant le temps de regarder, toucher, humer, goûter, écouter en pleine conscience, c'est-à-dire en se laissant traverser par ses sensations et en s'y immergeant le plus possible.

Un autre conseil de la psychothérapeute est d'apprendre à ralentir ses gestes, sa marche, son débit verbal de manière à être pleinement réceptif et attentif à ce qui est ici et maintenant. En développant et en renforçant sa présence à soi-même et à son environnement, nous devenons plus réceptif à tout ce qui est sensible, subtil chez l'autre, c'est-à-dire à son essence profonde. En habitant pleinement son corps et ses sensations, on ne se laisse plus tyranniser ni complexer par nos supposés défauts corporels, mais, au contraire, on se met à éprouver de la gratitude pour ce corps qui nous permet de jouir de tous les plaisirs, des plus légers aux plus intenses. Une relation apaisée et sensuelle avec son corps favorise une rencontre plus apaisée et plus sensuelle avec celui de l'autre.

> Créer sa propre culture érotique

Pour échapper aux diktats et à la pression de la norme, rien de plus libérateur que de se façonner sa propre culture érotique. « Pour cela, chaque couple devrait cultiver son imaginaire érotique, se mettre à l'écoute de ce qui le trouble, dans sa tête et dans son corps, propose Jean-Michel Hirt. C'est en plongeant dans la singularité de la relation, dans ce qui fait que c'est avec elle ou avec lui que quelque chose se passe, que nous nous affranchissons des recettes et des modes d'emploi qui nous enferment dans une sexualité qui n'est pas vraiment la nôtre. » Cette démarche exige que l'on prenne le temps de se cultiver. Car, contrairement à ce que l'on croit, faire l'amour avec désir et plaisir ne va pas de soi. La sexualité est naturelle, c'est-à-dire pulsionnelle, répétitive et programmée pour assurer la survie de l'espèce. L'érotisme, lui, est culturel : il prend en compte la dimension relationnelle, émotionnelle et inconsciente de la rencontre des corps. Il se nourrit de sensualité, d'art, de jeu. C'est en cela qu'il est renouvelable à loisir et qu'il suffit de laisser émerger sa part de créativité pour faire de la rencontre sexuelle une fête du corps et de l'esprit.

Quels sont les images qui me troublent, les mots qui m'émeuvent, les caresses qui m'enflamment ? Faire une lecture érotique, vibrer ensemble à l'écoute d'une musique, inventer des jeux de rôles, échanger ses fantasmes sont autant de moyens de se rapprocher de son désir profond et de tisser avec l'autre des liens intimes et intenses. Pour rendre la rencontre encore plus féconde, chacun peut explorer de son côté son désir, ce qui le met en état de réceptivité sensuelle et sexuelle. On peut mettre ses rêves « sexy » par écrit, observer des photos ou des peintures sensuelles, regarder des films érotiques. Le but est de composer le puzzle de son imaginaire érotique, ce qui ne signifie pas laisser de côté la culture sexuelle. Les sexologues se disent surpris par l'étendue de la méconnaissance des hommes et des femmes de leur anatomie et de leur fonctionnement physiologique. Comment guider l'autre vers son plaisir si l'on est soi-même dans la gêne ou l'ignorance ?

LIRE POUR MIEUX DIRE

Le Dr Sylvain Mimoun[16], gynécologue, andrologue et psychosomaticien, propose souvent en consultation aux femmes qui se sentent bloquées ou coincées dans leur sexualité, tout comme aux hommes qui ont le sentiment de ne pas savoir « s'y prendre » avec les femmes, de lire *Le Nouveau Rapport Hite*[17], du nom de la sexologue allemande Shere Hite qui a mené une enquête auprès de milliers de femmes pour établir le panorama de la sexualité féminine. Dans ce pavé de près de mille pages, on découvre toutes les façons d'atteindre l'orgasme et un éventail vertigineux de fantasmes – bref, voici une lecture qui décomplexe et inspire tout à la fois !

Une communication sous haute surveillance

Que dire, que garder pour soi ? Comment ne pas confondre intimité et familiarité, comment conjuguer complicité et bonne distance ? Telles sont quelques-unes des difficultés que chaque couple rencontre inévitablement sur sa route.

16 Sylvain Mimoun, *Ce que les femmes préfèrent... Première enquête sur le désir féminin*, Albin Michel, Paris, 2008.

17 Shere Hite, *Le Nouveau Rapport Hite*, J'ai Lu, Paris, 2004.

L'un des secrets d'une entente amoureuse durable réside dans la bonne communication du couple. Si cette théorie fait l'unanimité, la pratique pose cependant des problèmes singuliers.

LES DIFFICULTÉS EN QUESTION

> Parler n'est pas se dire

« Nous n'avons plus rien à nous dire » : cet aveu résume à la fois l'échec dans la communication et l'extinction du sentiment amoureux. Car on peut parler, beaucoup même, et n'avoir plus rien à se dire – plus rien de vrai, de personnel, d'émouvant ou de drôle. Lorsque Vanessa (p. 73) évoque le sentiment amoureux dans la relation adultère qu'elle a connue, elle l'exprime ainsi : « Tout me plaisait chez lui, ses gestes, la façon dont il me questionnait sur mon travail, mes activités, ma vie… » On entend bien qu'il s'agit d'autre chose que de parler, mais d'un « dire » qui va au cœur, au plus intime, qui réveille quelque chose d'endormi en soi. Car telle est la magie de la parole : réveiller, surprendre, émouvoir, créer une onde de choc qui vient faire irruption dans la somnolence de l'habitude ou de la solitude. Est-ce que j'écoute vraiment ? Qu'est-ce que je donne à l'autre de moi qui soit réellement sincère, personnel, émouvant, drôle ? Ne suis-je pas sur les rails d'une parole routinière, d'un monologue déguisé ? C'est en passant régulièrement au tamis du questionnement sa façon de communiquer que l'on peut repérer ses zones de paresse, de banalité, de familiarité. Et que l'on peut ainsi opérer un tri salutaire.

TESTEZ LA BULLE

Sylvie Tenenbaum[18], psychothérapeute spécialiste en PNL, propose un exercice pour savoir si le climat de confiance et d'intimité que l'on recherche est bien instauré. Au cours de l'échange, « faites un geste (caressez-vous la main, penchez la tête, dépliez vos jambes, croisez-les…). Si votre synchronisation est de bonne qualité, votre interlocuteur reproduira spontanément et inconsciemment votre geste. Ce qui signifie que vous êtes tous deux dans la même bulle et qu'ensemble vous vous sentez bien. »

> Savoir doser les silences

Si certains silences expriment la connivence, la complicité, voire même la fusion, d'autres en revanche expriment l'absence, l'ennui, l'amertume ou la tristesse. On peut mesurer le degré d'intimité d'un couple à la qualité de ses silences. S'il est souhaitable de savoir faire preuve de discrétion, il peut être dangereux de s'installer dans l'absence de mots,

18 Sylvie Tenenbaum, *L'Art de s'aimer sans mots*, Albin Michel, Paris, 2003.

par peur de déranger l'autre, crainte de créer des conflits, lassitude face à sa distraction ou sentiment que ce que l'on a à dire n'est pas intéressant… Surtout si l'on a des reproches à faire, des critiques à formuler, des émotions à exprimer, des pensées que l'on aimerait partager. « Il est important de ne pas fermer les portes, de laisser la possibilité que la parole advienne. C'est un climat, une intention, précise Jean-Michel Hirt. On peut ne rien dire, parler peu, mais donner quand même le sentiment à l'autre que l'on a envie de partager, de soutenir l'échange, que l'on est attentif à ce qu'il est et à ce qu'il vit. »

Lorsque cette intention et cette écoute font défaut, le silence peut être vécu comme une violence traduisant le refus, conscient ou inconscient, de s'ouvrir. L'autre fait alors l'objet de demandes d'attention par des réflexions qui expriment des besoins relationnels. « À quoi tu penses ? » ; « Pourquoi tu ne dis rien ? » ; « Tu m'écoutes ? » La répétition de ces petites phrases, en apparence anodines, doit alerter, car elles sont le signal que le silence masque une zone de dissonance et de désaccord, qui, elle, ne restera pas longtemps silencieuse…

> Traverser les conflits

Les querelles d'amoureux ont une caractéristique particulière, elles ne portent jamais atteinte au narcissisme même lorsqu'elles sont violentes. La preuve, elles s'achèvent souvent par de brûlantes réconciliations sensuelles. Avec le temps, les conflits deviennent moins passionnels mais souvent plus destructeurs, car ils sont l'occasion de règlements de compte tous azimuts, et les attaques touchent sans faillir les points sensibles. Les erreurs, les failles, les échecs sont alors impitoyablement rappelés pour prendre le dessus sur l'autre. Le grand perdant de ces duels ? Le désir. « Le sentiment amoureux se nourrit d'illusions, pas au sens de mensonges, mais au sens du "voile" : quelque chose dans notre regard pare l'autre d'un voile scintillant, qui l'embellit, l'adoucit, le magnifie, explique Jean-Michel Hirt. Si, dans les conflits, nous attaquons l'autre sur ce qui fait son identité profonde ou sur telle ou telle qualité fondamentale qui lui ferait défaut, nous déchirons ce voile. Cela fait tomber notre désir mais aussi celui de l'autre, qui peut ne plus se voir comme désirable dans notre regard. » Les conflits sont salutaires car ils expriment la part d'altérité qui dérange et nourrit la relation, mais ils deviennent toxiques lorsqu'ils sont prétexte à prendre le pouvoir sur l'autre en le rabaissant. Le désir se nourrit aussi d'admiration. L'oublier, c'est s'exposer à le perdre.

LES PISTES POUR AVANCER

> Plus d'authenticité, plus d'objectivité

Savoir communiquer de manière juste au quotidien est l'un des secrets des couples amoureux au long cours. Car, comme le dit en substance le psychothérapeute Patrick

Estrade[19], « le couple se meurt des mille et une petites impolitesses et maladresses ». L'ignorance de ce qui se joue en profondeur dans les échanges verbaux est plus souvent à incriminer que la réelle intention de nuire.

« Pour exprimer clairement ce qui est vivant en nous à un moment donné, nous avons besoin d'être au clair avec nos sentiments et nos besoins. » C'est ainsi que Marshall B. Rosenberg[20], le concepteur de la CNV (Communication Non Violente) définit les fondations d'une relation saine. Avant de s'adresser à l'autre, chacun devrait faire l'effort de s'interroger sur la nature de ce qu'il ressent et de ce dont il a besoin. L'objectif de cette plongée en soi ? Faire le tri entre ce qui nous appartient en propre et ce qui appartient à l'autre de manière à ne pas parasiter l'échange. Ainsi, la déception ou l'irritation provoquée par un mot ou un acte de la part de notre partenaire nous appartiennent, nous sommes responsables de la façon dont nous réagissons face à autrui. Ensuite, seulement, nous pouvons nous adresser à l'autre, en prenant certaines précautions. « Quand nous exprimons nos sentiments, vérifions qu'ils décrivent réellement ce qui est vivant en nous. Veillons à ne pas y mêler de diagnostic sur autrui. Cherchons au fond de notre cœur. Comment nous sentons-nous lorsque l'autre fait ce qu'il

19 Patrick Estrade, *Le Couple retrouvé*, Dangles, Escalquens, 1991.

20 Marshall B. Rosenberg, *Spiritualité pratique, les bases spirituelles de la CNV*, Jouvence, Saint-Julien-en-Genevois, 2007.

fait ? » À nous ensuite d'exprimer nos besoins pour ne plus subir ce qui nous dérange, nous gêne ou nous fait souffrir.

> Crever l'abcès des colères souterraines

Il est fréquent que ce qui nous charme au début d'une histoire d'amour devienne ce qui provoque en nous agacements et colère sur le long cours. Le témoignage d'Emma (p. 22) en est l'illustration éloquente. Tout ce qui la séduisait chez Yvan – son côté bohème, son goût pour la fête, sa façon d'envisager la vie avec insouciance – constitue aujourd'hui des motifs de reproches et de colère d'autant plus forts qu'ils se sont lentement accumulés au fil du temps, dans le silence. « La colère qui explose sur le moment peut être salutaire, elle est un rappel à l'ordre qui signale que quelque chose dans la relation "dysfonctionne" et doit être corrigé, détaille Jean-Michel Hirt. Mais il existe également une colère muette, souterraine qui est faite de frustration, de blessures, de renoncements non consentis et qui empoisonne lentement la relation amoureuse et le désir. » Pour Thich Nhat Hanh[21], le grand maître zen vietnamien, il est possible de transformer « les déchets de la colère en amour » en acceptant de reconnaître leur présence en soi, puis en identifiant leur nature (tristesse, déception, blessures, honte…). Alors nous pouvons crever l'abcès de la colère en disant à l'autre : « Je souffre, je suis en colère,

21 Thich Nhat Hanh, *La Colère. Transformer son énergie en sagesse*, Pocket, Paris, 2004.

je veux que tu le saches. » Une fois cette brèche ouverte, conseille Thich Nhat Hanh, on peut refaire un partenaire de celui qui était devenu, au fil du temps, un adversaire en lui disant : « J'ai besoin de ton aide. » « Si vous êtes capable de prononcer ces phrases avec sincérité, du fond du cœur, l'autre en sera transformé. »

> Équilibrer transparence et mystère

C'est une banalité de rappeler que le « tout dire » peut avoir, dans l'intimité, des effets aussi négatifs que le « rien dire ». Et pourtant, la question du « jusqu'où se parler ? » est au cœur des interrogations sur la durée du désir et du sentiment amoureux. « Nos demandes et nos attentes sont marquées du sceau de l'ambivalence, analyse Jean-Michel Hirt. Nous voulons à la fois nous livrer totalement à l'autre, tout dire de nous pour retrouver la fusion affective des premiers temps de notre existence et, en même temps, nous désirons nous dégager de cette attraction vertigineuse. L'équilibre se situe probablement entre ces deux mouvements : l'échange intime, au plus près de soi et de l'autre, suivi d'un retrait pour faire à nouveau l'expérience de son individualité. C'est ce retrait de la parole et de la présence physique qui va nous permettre de nous recharger en énergie libidinale et qui, créant du manque, va relancer le désir de l'autre. » Autrement dit, se rapprocher, fusionner, partager au plus intime, puis se reprendre. En alternant ces mouvements, tantôt au plus proche, tantôt à distance, on préserve la dimension inaccessible de soi et de l'autre. Cela demande un travail de conscience : se dédoubler de temps en temps pour s'entendre parler – comme on écouterait la radio – peut nous aider à réajuster notre communication. Dit-on trop de soi ? Déverse-t-on sur l'autre toutes nos pensées et nos émotions ? Raconte-t-on plus que l'on ne nous le demande ?

EXPRIMEZ VOTRE DÉSIR

Dans *Femme désirée, femme désirante*[22], la gynécologue et acupunctrice Danièle Flaumenbaum invite les femmes à dire leur désir. « Pour la femme, exprimer son désir sexuel, c'est laisser transparaître la vibration qu'elle ressent pour un homme. C'est savoir répondre à un regard qui l'a vraiment regardée, à une parole qui l'a fait rire ou l'a touchée et qui, entrant à l'intérieur d'elle, a provoqué une émotion ou une sensation qui préfigure le plaisir de la pénétration. Exprimer son désir permet à l'homme de saisir que sa présence fait ressentir à la femme quelque chose de spécifique à sa personnalité à lui : une sensation dans le corps ou une émotion dans le cœur… Il n'existe aucun modèle. Chaque femme a son style, son originalité ou ses astuces pour l'exprimer. »

22 Danièle Flaumenbaum, *Femme désirée, femme désirante*, Payot, Paris, 2006.

Identifier les freins du quotidien

Tout a été dit, ou presque, sur les pièges qui guettent les amoureux au quotidien, les dangers cachés ou évidents de la routine conjugale et de la vie de famille. Ces risques sont évidemment à prendre au sérieux, mais pas toujours de la façon dont on le croit. En réalité, ce qui est certain et qui fait l'unanimité chez les thérapeutes de couple, c'est que le quotidien n'use que si l'on s'en sert mal. Si l'on ferme les yeux un peu trop longtemps, si l'on se bouche les oreilles pour ne pas entendre les avertissements.

LES DIFFICULTÉS EN QUESTION

> Trop de famille, pas assez de couple

Un sondage BVA effectué pour *Psychologies Magazine*[23] a révélé qu'à la question « Quels sont les éléments qui contribuent le plus à freiner votre plaisir sexuel ? » 41 % des Français cochaient la réponse « Vous êtes trop pris par la vie familiale ou professionnelle. » Alors même que la famille est devenue la valeur refuge n° 1, elle est également ce qui fait obstacle à l'intimité amoureuse et à la libre circulation du désir. « La logique de l'espèce et celle de l'individu sont fondamentalement en opposition, explique Jean-Michel Hirt. L'espèce recherche les moyens d'assurer la procréation et la protection du groupe familial, tandis que l'individu recherche le plaisir. Il y a donc une

---

23 *Psychologies Magazine*, février 2000.

tension due à deux mouvements contraires à l'intérieur de chacun, et c'est à chaque couple de trouver l'équilibre qui lui convient. » Quand la famille l'emporte sur le couple, c'est évidemment le désir qui en fait les frais. Le temps libre, les conversations, les activités sont uniquement orientés vers la vie de famille ; que reste-t-il alors au couple ? Étienne (p. 80), père de trois enfants, se plaint du fait que son couple dépense toute son énergie à résoudre les conflits familiaux. Mouna (p. 66) avoue qu'elle vit dans l'attente des visites de sa fille. Quant à Michel (p. 41), il déplore la captation de sa femme par ses parents. Ces cas de figure illustrent bien la complexité et la multiplicité des défis auxquels doit faire face le couple dans sa dimension familiale. Les jeux de rôles réduits à ceux du père et de la mère ne nourrissent plus l'imaginaire érotique. Pour peu que l'homme soit « clivé », qu'il établisse une séparation nette entre la mère et l'amante, c'est l'intimité amoureuse tout entière du couple qui peut voler en éclats. Garder son rôle d'amoureux sans s'oublier dans celui de parent n'est pas aisé, d'autant que, comme le souligne le thérapeute Salomon Nasielski[24], « après un certain temps de vie commune, et pour s'adapter à son conjoint, chacun des partenaires a tendance à déserter son identité psychosexuelle et à perdre ses propres repères identitaires. » Ce qui signifie que l'on gomme ses particularités et ses aspérités

24 Pascale Senk, « Mettre en échec la routine », dans *Psychologies Magazine*, avril 1999.

pour rendre le contact avec l'autre plus facile. Mais si l'on y gagne en confort relationnel, il y a fort à parier que l'on y perd beaucoup en désir et en séduction.

COMPLÉMENTAIRES OU SYMÉTRIQUES ?

Selon Willy Pasini[25], psychiatre et sexologue, ce sont les couples symétriques qui courent le plus de risques – autrement dit, les couples jumeaux ou rivaux. En revanche, les complémentaires ont davantage de chances de faire durer le sentiment amoureux entre eux… à condition toutefois qu'ils ne soient pas trop complémentaires ! La bonne proportion ? Deux tiers/un tiers. « Par exemple, l'un est pour deux tiers organisateur et pour un tiers inventif, alors que l'autre sera aux deux tiers créatif, et pour un tiers organisateur. » Il ne vous reste plus qu'à faire vos comptes !

> Des envies en décalage

Les désirs croisés, tout comme la différence d'appétence, peuvent être sources de malentendus et de rancœur, ou de conflits dans le couple. Le refus de la rencontre sexuelle peut être ressenti comme une preuve de désa-

25 Willy Pasini, *Le Couple amoureux*, Odile Jacob, Paris, 2005.

mour, de désinvestissement relationnel ou de désintérêt sexuel. Ainsi Anne (p. 49), qui s'avoue « moins portée au départ sur le sexe » que son compagnon, s'inquiète pour l'avenir de sa relation amoureuse. De même, Vanessa (p. 73) constate que, si la tendresse est là, le désir pour son mari, qui renaît ponctuellement l'été, lui fait défaut la plupart du temps. Le déséquilibre des désirs mettrait-il le couple en danger ? « Penser qu'il existe un équilibre des désirs dans la relation amoureuse est une illusion, affirme Jean-Michel Hirt. Il peut y avoir réciprocité, c'est souhaitable, mais la symétrie n'existe pas. Ce qui existe, en revanche, dans les couples où le désir circule et dans lesquels le sentiment amoureux est présent, ce sont deux déséquilibres qui se corrigent constamment. Grâce à l'empathie de l'un, la patience de l'autre, l'imagination, la tendresse… Lorsque ces ajustements et aménagements constants ne se font plus, la distance ou les conflits s'installent. Il faut alors chercher ce qui rend ces remaniements impossibles. Ce qui est certain, c'est que des attentes et des goûts en décalage, quand ils ne sont pas identifiés, nommés et corrigés, peuvent mettre durablement à mal l'intimité amoureuse. » Les messages induits par ces envies décalées (« Je ne te désire pas maintenant, ou pas assez, ou plus ») touchent la partie de soi la plus vulnérable. Cela est vrai que l'on soit homme ou femme – même si chaque sexe interprète le message différemment. Selon le psychanalyste Gérard

Bonnet[26], pour une femme, le refus de son partenaire, même lorsqu'elle en connaît les raisons (et ce peut être pour un motif aussi banal que « Je suis du soir, il est du matin ») la fait se remettre en question en tant que personne désirable. En fond, de manière diffuse ou consciente se pose la question : « M'aime-t-il encore ? » En revanche, pour les hommes, la réponse se traduit plus en termes de frustration que sur le mode de la blessure narcissique. « Il y a là quelque chose de très intense et de très archaïque qui est réactivé, détaille le psychanalyste. Tout se passe comme si, dans ce moment-là, la femme assimilée à la mère, censée satisfaire ses besoins, le punissait en refusant de lui faire plaisir. »

Comprendre ce qui se joue est important pour pouvoir apporter les « bonnes » corrections.

> La tentation de l'infidélité

Le désir peut-il être aussi durable que monogame ? Telle est la question torturante que tous les amoureux se posent. Il existe mille et une théories à ce sujet, depuis l'existence supposée des gènes de l'infidélité jusqu'aux études menées dans le domaine des neurosciences. « Notre vie psychique est articulée avec l'environnement culturel, ce qui implique que nous avons à réprimer beaucoup de

26 Article « Avec ou sans amour ? » du hors-série de *Psychologies Magazine* « Les Clés d'une sexualité épanouie », octobre-novembre 2006.

nos pulsions pour vivre en société, explique Jean-Michel Hirt. Par ailleurs, il n'y a aucune possibilité d'être fidèle, sur le plan psychique en tout cas, car le désir est renouvelé par la multitude des objets qui se présentent à lui. À moins de vivre en ermite – et encore, car comme saint Antoine dans le désert, on sera la proie de ses tentations fantasmatiques –, on est constamment mis en présence d'objets de désir. Ce qui est compliqué, c'est lorsque la vie sexuelle est couplée avec l'amour, quand on est dans une relation d'amour sexuel. Au début, chacun est focalisé sur l'autre, les hommes et les femmes côtoyés ailleurs ne sollicitent plus notre désir, puis, avec le temps, nous sortons de cette relative indifférence et nous regardons autour de nous ; c'est à ce moment-là que d'autres objets de désir vont se manifester avec insistance. Toute la question est de savoir ce que l'on décide d'en faire. » Maud (p. 58) et son compagnon ont inclus l'option infidélité dans leur relation amoureuse, Vanessa (p. 73), elle, l'a vécue dans la culpabilité. Quant à Simon (p. 28), qui s'avoue séducteur, il reconnaît être souvent tenté… Pour le psychanalyste, il n'y a pas de bonne ou de mauvaise attitude face à l'infidélité : à chaque couple incombe la responsabilité de fixer les termes de son contrat intime et ensuite de faire au mieux avec ses besoins et ses limites. « Mais, en revanche, il me semble que ce que chacun doit savoir, c'est qu'il ne faut pas confondre pensée et acte, fantasme, tentation et passage à l'acte. Certains sont torturés par la culpabilité ou se demandent s'ils aiment encore leur partenaire parce que leur désir se manifeste hors de leur couple. C'est un moralisme trompeur et dangereux ; ce n'est pas en réprimant ses fantasmes et ses pensées que l'on renforce le sentiment amoureux et le désir pour son (sa) partenaire, au contraire : une relation amoureuse riche et inscrite dans la durée se nourrit de fantasmes de tous ordres, cela permet d'évoluer et d'entretenir le feu amoureux. Être conscient que le désir est intrinsèquement multiforme peut vraiment aider les couples à faire durer l'amour. » Que de conflits aussi douloureux qu'inutiles pourraient être évités si l'on cessait de vouloir garder le contrôle affectif absolu de son partenaire, y compris lorsque l'infidélité a été consommée. « Elle peut être le moyen, douloureux certes, de mettre des mots sur une impasse, des mots qui auraient fait défaut à la relation, de se questionner sur soi et sur l'intimité de son couple. L'infidélité, à condition que l'on dépasse sa souffrance et que l'on ne s'enferme pas dans le rôle de victime, peut être l'occasion de grandir et de faire grandir la relation amoureuse », conclut Jean-Michel Hirt.

AMOUR OU POUVOIR ?

Le maître spirituel Miguel Ruiz[27] nous met en garde contre nos tentations égoïstes. « Lorsqu'on démarre une relation, on devient égoïste, parce qu'on est dans le besoin. On devient tellement égoïste qu'on désire que la personne avec laquelle on partage sa vie soit autant dans le besoin que soi. On veut "quelqu'un qui a besoin de moi", de manière à justifier son existence, à sentir qu'on a une raison d'être. On croit rechercher l'amour, mais en réalité on cherche quelqu'un qu'on puisse contrôler et manipuler. »

> Quand surgissent les épreuves

Deuil, maladie, chômage, déménagements, changements professionnels, naissance d'un enfant… Les épreuves de la vie – les plus heureuses comme les plus douloureuses – chahutent inévitablement la vie du couple et malmènent son intimité. Selon l'histoire de chacun, selon également la durée et la nature de l'épreuve, la relation en ressortira renforcée, régénérée ou au contraire définitivement dévitalisée. Dans tous les cas, le désir est toujours la première victime des turbulences existentielles, au moins momentanément. Ainsi, pour Emma (p. 22),

27 Miguel Ruiz, *La Maîtrise de l'amour. Apprendre l'art des relations*, Jouvence, Saint-Julien-en-Genevois, 1999.

le bouleversement occasionné par la naissance de leur bébé s'est transformé en tempête durable qui l'éloigne chaque jour du père de son enfant. Tandis que, dans le couple de Michel (p. 41), c'est la perspective de sa reconversion professionnelle et les demandes incessantes de sa belle-famille qui empoisonnent l'intimité. « Que les épreuves de vie aient un impact sur le désir, c'est normal. Nous l'avons vu : le désir sexuel relève de la libido et celle-ci est une énergie qui, à certains moments, est investie dans tel ou tel autre domaine. On ne peut pas la démultiplier à loisir, rappelle Jean-Michel Hirt. Cela dit, la sexualité n'est pas vraiment inscrite dans une relation de cause à effet. La vie amoureuse n'est pas étalonnée sur ce qui se passe dans la réalité. Cependant, plus l'amour est fort, plus il a de la consistance, moins il est escamotable à cause des épreuves de la vie. C'est pourquoi, lorsque le désir s'absente durablement, c'est qu'une difficulté – qui existait dans la relation avant l'événement – est remontée à la surface. » Garder la parole vivante et rester en lien avec l'autre sont les deux caps à maintenir pour que l'amour et le désir, même si celui-ci semble éteint, puissent traverser les zones de turbulences de la vie.

LES PISTES POUR AVANCER

> Faire de la place au « couple amant »

Dans le même couple cohabitent deux couples : le couple aimant et le couple amant. Le premier affronte les difficultés de la vie, en partage les joies et les succès. Sa caractéristique principale est l'attachement (des deux partenaires l'un pour l'autre et également l'attachement à des valeurs, des sentiments, des rituels, des projets). Le couple amant est mu par la sexualité, la pulsion, le corps, l'émotion. Les couples au long cours, qui inspirent et font rêver, ont su équilibrer ces deux polarités. Ce qui les différencie des autres couples ? Ni un facteur chance particulier, ni un secret bien gardé, mais la conscience que le sentiment amoureux a besoin d'attentions, de place et de temps pour s'épanouir et durer. Ils ont décidé de donner de la place à la dimension amoureuse et érotique de leur relation. « Dans le couple qui aime, analyse la psychothérapeute Marie Lise Labonté[28], la conscience d'aimer est une énergie, une présence, un feu dont la flamme est toujours allumée par chacun. » Autrement dit, il ne s'agit pas de se laisser porter par l'amour, mais de prendre une part active à sa réalisation, jour après jour. Au cours d'une journée, d'une semaine, d'un mois, quel temps consacrez-vous à l'intimité amoureuse ? De quelle façon nourrissez-vous votre couple amant ? Dans votre planning, quelles sont les obligations, contraintes ou activités extérieures qui ont la priorité sur lui ? Faire de la place à ce couple, cela signifie mettre son agenda en phase avec ses attentes en programmant un dîner, une balade, un concert, un déjeuner en tête à tête… Proposer de ritualiser ces petites parenthèses peut sembler banal, voire très naïf. Pourtant, les sexologues et les thérapeutes de couple sont unanimes : ce serait une erreur de penser que le couple

---

28 Marie Lise Labonté, *Vers l'amour vrai. Se libérer de la dépendance affective*, Albin Michel, Paris, 2007.

peut s'en passer. « Les rituels amoureux, à condition que l'on décide de ne parler ni de travail ni de famille, avance le Dr Sylvain Mimoun, sont d'indispensables petites escapades pour donner du souffle à la relation et relancer le jeu de la séduction. On se prépare pour plaire à l'autre, on offre pendant une poignée de minutes ou d'heures le meilleur de soi. C'est l'une des façons les plus simples et les plus efficaces de cultiver le sentiment amoureux sur la durée. »

PRATIQUEZ-VOUS L'AMOUR DURABLE ?

Selon le psychologue Patrick Estrade[29], nous pouvons transformer le sentiment amoureux du début de l'histoire en amour durable. Pour cela, il faut traverser quatre étapes : la *curiosité* (qui es-tu ?), la *connaissance* (je connais ta façon de faire, de réagir, d'être), l'*acceptation* (j'accepte qui tu es, tes défauts, tes qualités, je ne veux pas te transformer) et enfin l'*admiration* (je respecte et j'admire tel ou tel talent chez toi).

Pour faire le point, prenez une feuille de papier et divisez-la en quatre colonnes correspondant aux quatre mots-clé énumérés ci-dessus. Notez tout ce qui, dans votre comportement, nourrit ou fait défaut à chacun de ces domaines. Ce bilan en forme de prise de conscience vous aidera à réajuster votre attitude au quotidien.

29 Patrick Estrade, *Le Couple retrouvé*, *op. cit.*

> Ancrer le désir dans le présent

« Plus tard », « J'ai tout le temps », « Nous nous rattraperons bientôt »... Il existe un ennemi du désir, trop souvent négligé ou mal identifié : il se nomme procrastination. Reporter le week-end en amoureux, penser à écrire un mot doux ou un mail coquin et ne pas le faire, se quitter le matin sans un regard tendre, un baiser ou une caresse... Au prétexte que l'on vit ensemble, que l'on dort dans le même lit ou que l'on se parlera au téléphone, les petites manifestations amoureuses et les élans du cœur ou du corps passent progressivement à la trappe. Or c'est dans l'ici et le maintenant, agi et vécu en conscience, que le sentiment amoureux se cultive et se renforce. « Dans votre vie, la relation primordiale est celle que vous entretenez avec le moment présent, avec toute forme que le moment présent prend, insiste Eckhart Tolle[30]. Si votre relation est dysfonctionnelle, cette dysfonction viendra se refléter sur toutes vos relations et sur toutes les situations de votre vie. » Si nous vivons dans la nostalgie du passé, en repensant avec amertume ou tristesse à la magie des débuts de notre histoire d'amour, ou bien si nous ne cessons de nous projeter dans l'avenir ou de nous adonner à la procrastination, nous entretenons une relation dysfonctionnelle avec le présent – le seul temps de notre vie que nous pouvons habiter pleinement et sur lequel nous avons prise. Ramené à la vie amoureuse, le moment

30 Eckhart Tolle, *Unité avec toute vie*, Ariane, Outremont, 2009.

présent est réellement « le lieu » où peuvent se tisser à l'infini, suivant des formes et des couleurs toujours renouvelées, le désir et le sentiment amoureux. Les maîtres zen nous incitent à vivre comme si le feu faisait rage dans nos cheveux, pourquoi ne pas essayer d'aimer comme si le feu faisait rage dans nos cheveux, avec conscience et intensité ?

> Faire l'amour… quand même

La fatigue, les soucis, la paresse, les conflits… La vie quotidienne regorge de causes d'abstinence potentielles, parfaitement raisonnables et recevables. La rencontre sexuelle, on le sait, n'est pas une obligation. Et la fréquence des ébats ne peut en aucun cas être prise pour le baromètre de l'intimité amoureuse. Cela dit, l'accumulation des petites paresses auxquelles s'ajoute la fatigue peut étouffer lentement le désir. Si le plaisir se raréfie, le corps en perd progressivement la mémoire, et la sensation de manque qui conduit à la répétition ne se fera plus sentir. Les sexologues ne conseillent évidemment pas de se forcer ou de simuler, mais de ne pas camper sur son « non ». On peut soi-même ne pas ressentir de désir puis se laisser gagner par celui de son partenaire, cette énergie devient alors communicative, car le désir se nourrit aussi du désir de l'autre. Dans ce cas, faire plaisir à l'autre est positif, selon la psychothérapeute Brigitte Martel[31], car l'on y trouve soi-même une gratification affective, émotionnelle et sensuelle.

---

31 Brigitte Martel, *Sexualité, amour et Gestalt*, InterEditions, Paris, 2007.

On peut également faire l'amour sans l'aiguillon du désir de l'autre, non pas pour lui faire un don, mais parce qu'on aime l'amour que l'on « fabrique » ensemble. L'exprimer avec son corps est une forme de tendresse sensuelle qui a aussi sa place dans la vaste palette du sentiment érotique et amoureux. Pour certains, faire l'amour peut être une façon de se détendre ensemble, de prendre du bon temps en se laissant griser par les endorphines produites par l'excitation et le plaisir. Ces moments de partage purement hédonistes renforcent la complicité et développent le sentiment de gratitude. En résumé, il n'est pas toujours besoin d'être traversé par la brûlure du désir pour le provoquer, le relancer ou le conserver, en dépit des cahots du quotidien.

> « Si votre quotidien vous paraît pauvre, ne l'accusez pas. Accusez-vous vous-même de ne pas être assez poète pour appeler à vous ses richesses. »
>
> Rainer Maria Rilke

Composer au quotidien sa partition amoureuse

Quel est le meilleur moyen pour réduire en poussière désir et sentiment amoureux ? Être passif et de préférence pessimiste et attendre, bien installé dans le fauteuil de ses habitudes, que l'amour continue à se présenter à nous sous son meilleur jour. Mais attention, il ne s'agit pas non plus de chercher sans relâche recettes et modes d'emploi miracles pour entretenir le désir. L'idée serait plutôt d'inventer au jour le jour, à partir de ses ressources personnelles, sa propre partition amoureuse, sans vouloir à tout prix éviter les fausses notes : une relation pleine de vitalité et de créativité comporte des couacs, de l'improvisation, et demande de savoir alterner duo et solo pour varier le *tempo*.

Prendre soin de la relation

Rester amoureux exige du temps et de la disponibilité émotionnelle. Les psychanalystes et psychothérapeutes Danielle et Claude Allais[32] rappellent que désir et sentiment amoureux se nourrissent de connaissance, de soi comme de l'autre, de partage et de respect des différences. Ils récapitulent les cinq priorités à cultiver au quotidien : considérer le couple comme une entité vivante, accepter la différence, communiquer dans l'authenticité, partager des projets et privilégier les contacts physiques.

LES DIFFICULTÉS EN QUESTION

> Instaurer le bon climat

« Comme le bonheur, le désir survient quand ça lui chante, avance Jean-Michel Hirt. On ne peut que constater sa présence, sa vitalité, ou bien son anémie, son absence… Je pense que l'on peut considérer *a priori* comme suspects tous les énoncés affirmatifs et généraux sur ce qui le relance ou l'intensifie. Notre société matérialiste ne peut s'imaginer sans une mécanique. Or, on ne peut trouver aucune loi quant au désir, on ne peut pas le mettre en formule, il nous échappe, mais nous ne lui échappons pas. » En revanche, selon le psychanalyste, entre contraintes du

32 Danielle et Claude Allais, *Retrouver la force de l'amour*, Éditions du Relié, Gordes, 2009.

quotidien, ambivalence des sentiments et des fantasmes, chaque couple peut favoriser le climat qui va faire s'épanouir le désir à partir de son histoire et de ce qui l'anime. « Le bon climat, c'est celui qui s'instaure entre deux personnes qui connaissent leurs besoins fondamentaux, savent prendre en charge la part qui leur revient et peuvent compter l'une sur l'autre. On pourrait détailler quelques-unes des composantes de cette ambiance favorable : attention à soi-même et à l'autre, disponibilité émotionnelle et matérielle, et sentiment partagé d'aimer la vie que l'on vit à deux. » Une bonne ambiance, c'est également une bienveillance dans l'air, une tendresse qui n'empêche ni les désaccords, ni les différences. « Si le désir se nourrit d'un peu de tension, souvent d'un manque, parfois de contradictions, il peut aussi s'éteindre lorsque le regard sur l'autre est trop critique, que le jugement remplace la curiosité ou l'étonnement. » Des partenaires toujours sur le qui-vive évoluant dans une atmosphère tendue ne peuvent pas faire durer le désir. Étienne (p. 80) confie ne plus reconnaître sa femme. « Elle qui était si joyeuse, si ouverte aux autres n'est plus que dans le reproche et la critique. » Difficile de s'abandonner lorsque l'on se sent jugé à longueur de temps… « Le bon climat consiste à prendre soin du narcissisme de chacun, conclue Jean-Michel Hirt. Il y a dans l'échange, verbal et non verbal, quelque chose qui invite à se dévoiler en confiance, mais pas à tout dire à tout prix. Il y a aussi à ressentir, dans l'air, une promesse diffuse de plaisir qui n'est pas seulement liée à l'éventuel plaisir sexuel. »

> Se méfier de l'excès de sécurité

La pointe de jalousie, la peur de perdre l'exclusivité, le plaisir de sentir l'autre un peu inquiet, sur le qui-vive amoureux… Tels sont les piments du début de la relation. Avec le temps, le sentiment de sécurité gagne, les défenses se relâchent et, en même temps qu'elles, le besoin de séduire. Acquis, l'autre ne l'est jamais, on le sait, et pourtant… Se retrouver chaque soir, inéluctablement, finit par donner une trompeuse impression de pérennité. Simon (p. 28) a conscience que sa compagne est avant tout en recherche d'harmonie et de stabilité alors que lui-même a besoin que la relation comprenne « une dimension d'insécurité, de surprise, voire même de danger ». « L'amour peut exiger la stabilité, l'immuabilité, explique Jean-Michel Hirt. Ces besoins, d'essence infantile, sont très forts en nous, ils nous conduisent à rechercher l'engagement, à fonder une famille, pour trouver ou retrouver une sécurité affective. Au quotidien, ils peuvent devenir les meilleurs ennemis du désir, car ce dernier naît de ce qui nous manque. À chaque couple de trouver sa part de manque, sa dose nécessaire de frustration dans la relation pour jouer avec et pour échapper aux pièges de l'excès de sécurité. »

> Savoir prendre sur soi

« Ce n'est pas avec lui (elle) que je vais me gêner ! » Combien de couples confondent, en toute bonne foi, intimité et familiarité et se servent parfois de leur partenaire comme d'un punching-ball ou d'un déversoir émotionnel. Le mot de trop, l'émotion qui déborde, la demande d'assistance systématique, l'explosion de colère qui n'est pas refrénée… Autant de cas de figure qui témoignent d'une familiarité que nous ne nous autoriserions pas avec un ami ou un parent, alors que nous ne tissons pas avec eux des relations de séduction érotique ! « Dans ces moments de “laisser-aller”, l'autre cesse d'être sexué, il cesse d'ailleurs d'être autre, il est vécu comme une prolongation de soi, analyse Jean-Michel Hirt. Ne pas se retenir, déborder sur notre partenaire nous renvoie à un stade de notre vie où nous étions en relation de dépendance et de fusion avec notre mère. Elle et nous, c'était du pareil au même, puisque nous n'avions pas encore pu psychiquement accepter et reconnaître sa présence différente, son altérité. » Ces marques de familiarité ne posent pas problème lorsqu'elles sont occasionnelles ; en revanche, elles présentent un fort taux de toxicité relationnelle si elles sont fréquentes, voire chroniques. Le sentiment amoureux reste vivant s'il comporte une part de grâce, de délicatesse. Cela ne signifie pas minauder, parader ou faire de la représentation, mais avoir suffisamment conscience de soi et de l'autre pour ne pas lui imposer le pire de soi (sa grossièreté, son absence de *self-control*, ses récriminations ou la narration détaillée et systématique de ses états d'âme...).

LES CINQ PHASES À (RE)CONNAÎTRE

Les sociologues Jean Kellerhals, Éric Widmer et René Lévy[33] ont repéré cinq phases allant *crescendo* dans la dégradation de l'intimité.

1. **Difficultés à communiquer ses sentiments, ses émotions.**
2. **Difficultés à se faire à la personnalité de l'autre ; mésententes sexuelles.**
3. **Forte déception sentimentale.**
4. **Infidélité.**
5. **Rudesses sexuelles et violences.**

LES PISTES POUR AVANCER

> Ouvrir son couple

Les amoureux qui font durer l'amour savent trouver la bonne distance entre eux. Ni trop près ni trop loin. Ni fusionnels ni fissionnels, pour reprendre les termes de

33 Jean Kellerhals, Éric Widmer et René Lévy, *Mesure et démesure du couple. Cohésion, crises et résilience dans la vie des couples*, Payot, coll. « Petite Bibliothèque Payot », Paris, 2008.

Serge Chaumier[34] qui préconise de s'ouvrir à un tiers dès le début de la relation. Par « tiers », le sociologue entend un élément qui vient interrompre le face à face du couple et lui évite l'asphyxie. Faute de quoi, prévient le sociologue, « le plus souvent le tiers survient lui-même après une période où le couple s'est replié sur lui-même, où l'énergie s'est dégradée et la relation détériorée. » Quelle que soit la forme que prenne ce tiers, l'important est qu'il soit une source de plaisir relationnel et émotionnel qui s'exprime hors de la relation amoureuse. Ce peut être une activité de groupe, artistique ou une relation amicale ou de séduction…

> Oser se surprendre

Les neurosciences l'ont prouvé : le cerveau est notre premier organe sexuel. C'est lui qui active les circuits du désir et du plaisir et qui enregistre les sensations, plaisantes ou déplaisantes, que nous éprouvons. Dans notre disque dur sont consignés nos scénarios sexuels et les émotions qui leur sont attachées, ce qui signifie qu'il suffit d'amorcer un geste appartenant à notre répertoire habituel pour qu'aussitôt notre cerveau anticipe la suite. À la longue, à force de répétition, les sensations s'émoussent et le désir s'essouffle. Conclusion : il faut surprendre notre cerveau ! En changeant de rôle, de parfum, de lumière, de décor, d'horaires, de caresses, de mots… Pour s'aider, on peut dresser la liste

---

34 Serge Chaumier, *L'amour fissionnel ou le nouvel ordre amoureux*, Fayard, Paris, 2004.

de ses « classiques » et de ses scénarios habituels, afin de mieux les détourner.

Les situations nouvelles engendrent des émotions et des sensations nouvelles, et qui dit nouveauté dit intensité accrue pour notre système nerveux central…

ET DU CÔTÉ DE LA SANTÉ ?

Selon le Dr Mireille Bonierbale, « l'affaiblissement du désir peut aussi être généré par des problèmes de santé comme une mauvaise circulation sanguine, des douleurs chroniques, ou encore un dérèglement hormonal. Certains médicaments comme les hypotenseurs et les anti-cholestérols peuvent affaiblir la libido, chez les hommes notamment. » Enfin, la sexologue insiste sur le rôle de certains antidépresseurs, qui peuvent étouffer le désir. « Tous ces problèmes se traitent, la seule mauvaise réponse : compter sur le temps pour les régler. »

> Soigner son décor amoureux

Si, au début de la relation, le désir s'accommode de presque tous les décors, il en va différemment avec le temps. La négligence, la banalité, l'absence de recherche dans les détails sont de puissants destructeurs du désir. Il est curieux de constater que les magazines pourvoyeurs de recettes érotiques insistent autant sur l'apparence physique, du corps aux vêtements, et négligent l'importance du lieu de vie. Les odeurs, les couleurs, le confort sont pourtant des données essentielles du sentiment d'harmonie et de bien-être qui nourrit la sensualité et le désir au quotidien. « Et s'il (elle) venait ici pour la première fois, que ferais-je ? » Il n'est pas inutile de se poser de temps à autre cette question pour porter un regard neuf sur son environnement. Que pouvons-nous ranger, changer, harmoniser ? Il suffit très souvent de quelques petits détails – un bouquet, une bougie, de l'encens, des coussins – pour donner à une pièce une ambiance intime et reposante. Anne (p. 49) décrit avec gourmandise le décor des mille et une nuits de sa boutique qui a séduit Christophe. Sa sensualité joyeuse semble être un ingrédient majeur du climat amoureux de son couple. Et pour vous, quel est le décor qui inspire votre couple ? Se poser la question à deux est déjà une façon de secouer la grisaille du quotidien.

TROUVEZ LE BON FENG SHUI

Le Feng Shui[35] est une technique millénaire chinoise dont le but est de faire circuler l'énergie vitale – le Chi – de manière optimale dans la maison. À chaque pièce ses règles et ses secrets. Pour la chambre des amoureux, le Feng Shui obéit à des lois simples : de l'ordre, un lit qui ne doit pas être placé sous une fenêtre ni faire face à la porte, des couleurs chaudes (jaune, orange, rose…) pour dynamiser le désir, des formes arrondies et des matières lisses et douces (ni verre, ni fer). Même vigilance pour ce que l'on accroche aux murs : pas d'images évoquant la solitude ou la tristesse, ni même des dessins d'enfants (cette pièce est dévolue à l'amour érotique, pas à la vie de famille !). Côté parfums, on privilégiera les senteurs chaudes et sensuelles : vanille, ambre, patchouli, rose, épices… On évitera les plantes vertes, les fontaines et les aquariums, qui endorment la libido !

Retrouver le goût de l'autre

Un regard, une façon de se mouvoir ou de parler, un détail insignifiant aux yeux des autres mais qui a le don

35 Voir l'ouvrage de Lillian Too, *Encyclopédie illustrée du Feng Shui*, Guy Trédaniel, Paris, 2006.

de troubler l'amoureux… Tous les débuts d'une histoire d'amour sont grisants. Avec le temps, les étincelles s'espacent, le regard se voile, l'énergie du désir circule plus lentement. On se demande pourquoi on est freiné dans son élan amoureux, alors que l'on ferait mieux de chercher comment se redonner l'envie d'avoir envie.

LES DIFFICULTÉS EN QUESTION

> Garder sa curiosité en alerte

Ce qui nous échappe nous attire, telle est la loi du désir qui se nourrit du manque. « De quoi manque-t-on ? Au fond, on n'en sait rien. Mais, ce qu'il y a de sûr, c'est que nous ne pouvons pas nous contenter de nous-même, explique Jean-Michel Hirt. Notre narcissisme n'est jamais satisfait au point de nous passer de l'autre. La libido doit forcément être investie dans des "objets" extérieurs à nous. Ainsi nous désirons l'autre parce que nous supposons qu'il va apaiser notre faim, combler nos manques… Cette croyance issue du plus profond de nous nous jette à la poursuite de l'autre. C'est bien sûr en partie une illusion, mais c'est ce qui nous met en mouvement. Pour vivre, pour aimer et pour ne pas tomber malade, nous allons à la rencontre de l'autre. Mais si nous considérons cet autre, qui vit à nos côtés, comme un objet trop connu et trop familier, alors le désir ne s'allumera plus dans nos yeux. Il ou elle est devenu(e) une partie de nous-même ou de l'environnement, et nous n'en attendons plus rien.

Seule la tendresse pourra encore éventuellement nous lier à lui. » Vanessa (p. 73) confie qu'elle a essayé de poser sur son mari des yeux neufs pour retomber amoureuse de lui. Emma (p. 22) avoue qu'elle « ne regarde plus son compagnon avec envie et fierté ». La petite étincelle n'est plus là. « La curiosité pour l'autre – curiosité de ce qu'il fait, de ce qu'il pense, de qui il est – est le signe que quelque chose en nous reste “accroché” par lui, en alerte, et donc que le désir est aiguillonné par l'étrangeté, sollicité par la différence que cet autre incarne, poursuit Jean-Michel Hirt. En revanche, quand l'envie de posséder quelque chose que l'on convoite chez l'autre de manière confuse et inconsciente fait défaut, l'indifférence érotique et amoureuse n'est pas loin. »

> Se méfier des certitudes

« Je te connais ! », « Tu es toujours… », « Tu n'es jamais… », « Ça ne m'étonne pas de toi ! »… Les certitudes sont comme les idées reçues : elles nous dispensent de penser et de ressentir. Elles s'apparentent à une paresse de l'esprit, à un mécanisme défensif pour se sécuriser (l'angoisse est inversement proportionnelle au sentiment de contrôler) ou à l'expression d'une agressivité larvée… Dans tous les cas, elles sont un puissant poison relationnel. Au bout d'une certitude, il y a toujours une étiquette, rarement gratifiante. Dans son couple, Étienne (p. 80) a écopé de celle de « père laxiste ». Un compliment qu'il retourne à sa femme, Sara, en la traitant de « psychorigide »... Mais les certitudes que l'on assène à l'autre ne sont pas toujours visibles à l'œil nu. « Elles se nichent en creux, dans les questions que l'on ne pose plus, dans les petites remarques apparemment insignifiantes en forme de généralités que l'on adresse à l'autre, note Jean-Michel Hirt. Peu à peu, ces minuscules bouffées de haine nous rapetissent et nous réduisent à rien. Et c'est là qu'il y a danger, car l'admiration mutuelle et réciproque, ce narcissisme à deux, est une composante majeure des couples sur une longue durée. Les hommes et les femmes qui conservent longtemps un regard amoureux sur eux-mêmes sont aussi ceux qui se voient "beaux et grands" dans leur regard. » Le jugement est l'ami des certitudes. Il se manifeste de plusieurs façons comme : comparer, opposer, généraliser, qualifier d'emblée un comportement ou une parole... Un examen régulier de sa façon de communiquer peut empêcher de regrettables dérives.

EST-CE VRAI ?

Dans son livre *Investiguez vos pensées, changez le monde*, l'Américaine Byron Katie[36] présente sa méthode pour revitaliser sa pensée en interrogeant ses croyances et en bousculant ses idées reçues. Le mode d'emploi est simple : chaque fois que vous tenez quelque chose pour vrai, posez-vous les quatre questions suivantes et répondez-y avec le maximum de sincérité. Vous pouvez mettre questions et réponses par écrit pour plus d'efficacité.

1. **Est-ce vrai ?**
2. **Puis-je avoir la certitude absolue que c'est vrai ?**
3. **Quelle réaction suscite en moi cette certitude (croyance, pensée) ?**
4. **Que serais-je sans elle (comment me comporterais-je) ?**

> Quand les chemins divergent

Rester ensemble, cela signifie, dans le meilleur des cas, évoluer ensemble, grandir ensemble. Mais cela peut également vouloir dire avancer ensemble et pas dans la même direction. « Je ne le reconnais plus », « Elle n'était pas comme ça »... Combien de couples se reprochent l'un à l'autre d'être méconnaissable, comme s'ils avaient été

36 Byron Katie, *Investiguez vos pensées, changez le monde*, Guy Trédaniel, Paris, 2009.

victimes d'un marché de dupes. C'est ce que Willy Pasini[37] appelle « l'évolution asymétrique ». « Trop loin de soi, ou bien trop loin de ce que l'on se représente être soi, l'autre devient menaçant. Son "inquiétante étrangeté", pour reprendre l'expression de Freud, si favorable à l'éclosion du désir érotique, n'est plus alors que menaçante, détaille Jean-Michel Hirt. Cet excès de différences qui occupe toute la place, qui mobilise nos défenses, est incompatible avec le désir. Il faut donc retrouver un lieu d'entente, de partage, un lieu qui soit favorable à l'expression des deux partenaires. » Emma (p. 22) reproche à Yvan de ne pas avoir grandi à la naissance de leur enfant : « J'ai l'impression d'avoir mûri, dit-elle, et lui est resté l'ado fêtard qu'il était… » Les thérapeutes de couple le constatent au quotidien, la plupart des « asymétries » amoureuses proviennent d'une communication défectueuse et d'une intimité qui s'est progressivement relâchée. Pour renouer les fils, il faudra identifier clairement ses besoins, accepter d'écouter ceux de l'autre et mettre au point, ensemble, une nouvelle charte relationnelle.

LES PISTES POUR AVANCER

> Remonter le courant

Pour retrouver le goût de l'autre, il faut parfois remonter le cours de son histoire d'amour. Qu'est-ce qui m'a poussé(e)

---

37 Willy Pasini, *Éloge de l'intimité*, Payot, Paris, 2002.

vers lui (elle) ? Qu'est-ce qui en lui (elle) m'a séduit(e), sécurisé(e), guéri(e), stimulé(e) ? Comment me voyais-je dans son regard ? En se penchant sur l'âge d'or du couple, on peut mieux comprendre sa dynamique interne, son moteur inconscient, ainsi que ce qui aujourd'hui a peut-être été négligé, oublié ou malmené. « L'amour est une langue que l'on découvre en se parlant, avance Jean-Michel Hirt. En évoquant les débuts de son histoire d'amour, on réactive indirectement l'énergie du désir. Comme si l'on retombait amoureux de son histoire. Le piège serait de rester figé dans cette évocation, englué dans la nostalgie ; si cette histoire demeure encore une source d'émotions, suffisamment vivante en soi, elle doit donner l'envie, le goût de fabriquer du neuf. C'est aussi une façon de favoriser la flambée du désir et du sentiment amoureux. » On le comprend, il ne s'agit pas de se mettre à la recherche du scénario « magique », celui qui nous garantirait complicité et volupté, mais de cerner la source de notre énergie amoureuse.

(RE)SÉDUISEZ-VOUS !

La séduction, on le sait, est d'abord un état d'esprit qui influence nos gestes... et notre partenaire, potentiel ou réel. Pour se (re)mettre dans les bonnes dispositions, la sexologue Marie-Hélène Colson[38] livre quelques conseils précieux :

- **Adopter un état d'esprit positif.**
- **Ne pas jouer de rôle.**
- **Ne pas rester immobile face à l'autre.**
- **Être attentif, nourrir l'échange en posant des questions sans chercher à aller trop loin.**
- **S'efforcer d'être serein (voix posée, gestes calmes).**
- **Rester simple – c'est « l'effet d'humanité » qui rend séduisant, pas la sophistication.**
- **Toucher l'autre, de temps en temps, même brièvement.**
- **Se laisser charmer. Sans interaction, la séduction n'agit pas.**

> Manifester sa gratitude

De la même façon qu'il est important d'exprimer ses besoins, ses attentes, ses reproches et ses frustrations au sein du couple, il l'est tout autant de dire à l'autre tout le

38 Marie-Hélène Colson, *Séduire, dit-elle... Psychologie des femmes fatales, des dons Juans et des autres*, Larousse, Paris, 2008.

bien que l'on pense de lui. Cette énergie positive, « renarcissisante » est un vrai aphrodisiaque. Trop souvent, avec le temps, on oublie que la présence de son partenaire à ses côtés n'est pas un dû, mais un don.

Exprimer sa reconnaissance ou reconnaître à l'autre un talent ou une compétence particulière et précieuse à nos yeux alimente la mystérieuse alchimie du désir. Faire un compliment, dire son admiration est une jolie façon de lui rappeler qu'il (elle) est toujours celui (ou celle) qui a été choisi(e) parmi d'autres. Et rien n'est plus gratifiant que d'avoir le sentiment d'être élu et aimé pour ce que l'on est. « Car, au-delà du bénéfice narcissique, explique Jean-Michel Hirt, manifester sa gratitude à l'autre est une façon de lui restituer toute son humanité, de manifester sa valeur à nos yeux. Dans toute relation, c'est le fait d'être reconnu dans sa singularité qui humanise. Dès que l'on considère l'autre comme faisant partie d'un tout, que notre regard le fond dans le décor ou dans la masse, on le dépossède de ce qui le rend unique et humain. » Dire à son aimé(e) combien on apprécie son soutien, ses attentions, sa générosité, son tact, tel ou tel aspect de sa personnalité ou son attitude dans telles circonstances, est non seulement une preuve d'amour mais de désir.

CE QUI ME TOUCHE EN TOI...

Êtes-vous sûr(e) que votre partenaire sache encore ce qui vous fait vibrer en lui (elle) ? Si ce n'est pas le cas, pourquoi ne pas le (la) surprendre, l'émouvoir et, en même temps, relancer chez vous le mécanisme du désir ? Proposez-lui cet exercice comme un jeu. Prenez chacun une feuille de papier et un stylo, et rédigez sans vous censurer tout ce qui en l'autre vous touche et vous trouble. Détail physique ou comportement, ne négligez rien. Une fois vos listes amoureuses achevées, échangez-les, puis lisez-les à haute voix, chacun à votre tour.

> S'engager sans « mais »

Lorsque la relation sommeille, rien ne la fouette mieux qu'un nouvel engagement amoureux. Les rituels nous aident à donner du sens et du rythme à notre vie. Laisser son couple voguer doucement, au fil du temps, peut être confortable et plaisant, mais cela peut aussi endormir profondément nos désirs et nos sentiments. Pour retrouver la fraîcheur du début de la relation ainsi que la petite pointe de danger et de solennité que provoque tout engagement, on peut s'interroger à nouveau ensemble sur le désir de chacun de poursuivre la route à deux. Le prêtre et psychanalyste Tony Anatrella[39]

39 Tony Anatrella, *Époux, heureux époux. Essai sur le lien conjugal*, Flammarion, Paris, 2004.

insiste sur la dimension « temps » de l'amour. « L'exigence intime de l'amour est de désirer et de vouloir développer une relation dans la durée. L'amour authentique ainsi lié au temps ne peut que socialiser les personnes et les inviter à s'établir dans un engagement. On le sait, "amour" rime avec "toujours" parce qu'il se nourrit du besoin d'éternité. Il est, en ce sens, à l'opposé des sentiments qui sont instables, variables et parfois contradictoires. »

Pourquoi ne pas solenniser à nouveau l'engagement amoureux ? Au cours d'un dîner, d'un voyage, seul ou devant ses amis et/ou sa famille. Le symbolique, trop souvent négligé dans notre culture, n'agira certes pas comme une baguette magique, mais pourra réactiver la conscience et inciter à mieux s'investir dans la relation.

Réinventer sa sexualité

Pour laisser jaillir sa créativité érotique, il faudrait pouvoir oublier les images stéréotypées et les discours normatifs. Ou au moins s'en affranchir suffisamment pour pouvoir revenir à son imaginaire personnel et en jouir. À cette condition, et à elle seule, le désir et le sentiment amoureux peuvent durer, car ils s'expriment à leur rythme et selon leurs propres lois. Cette voie amoureuse est exigeante, elle requiert autonomie d'esprit et vigilance bienveillante. Mais il suffit de la suivre avec confiance et assiduité pour se rendre compte que ses bénéfices sont supérieurs aux efforts qu'elle exige.

LES DIFFICULTÉS EN QUESTION

> Accueillir son désir

Le désir est par essence singulier, au même titre que notre empreinte digitale ou l'iris de nos yeux. Il n'existe qu'en version unique. C'est d'ailleurs ce qui en fait sa valeur et sa complexité. Dès que nous le négligeons, ou que nous tentons de le mettre au pas, il se rappelle à notre bon souvenir sous forme de mal-être physique, émotionnel ou relationnel. « S'il existe un seul principe dans le domaine de l'amour et de la sexualité, affirme Jean-Michel Hirt, c'est ce que je nomme la singularité du désir de chacun. Il ne peut pas y avoir de sexualité collective ! C'est à chaque homme et à chaque femme qu'il appartient de s'engager dans la recherche de ce qui va transformer son désir en une véritable histoire à raconter et à partager avec l'autre. Ce qui est en jeu, au plus près de ce désir impérieux qui nous gouverne, c'est l'association du corps et des sens, sans se soucier de "comment on fait", ni de "ce qui se fait ou pas". Entre deux adultes consentants, c'est le désir qui est le maître à bord. Notre seul "travail" est d'être attentif à la façon dont il se manifeste en nous pour y répondre. » Cette démarche ne peut se faire que si l'on n'est pas trop entravé par la culpabilité ni parasité par les messages extérieurs. Ces deux freins sont d'ailleurs les premiers motifs de consultations en sexologie. Margo Anand Naslednikov[40], la sexothérapeute canadienne spécialiste de la sexualité tantrique, dénonce le conditionnement dont nous

---

40 Margo Anand Naslednikov, *L'Art de l'extase sexuelle. La voie de la sexualité sacrée et du Tantra pour les couples occidentaux*, Guy Trédaniel, coll. « Poche », Paris, 2007.

sommes victimes dans le domaine de la sexualité. « On se veut par exemple le meilleur amant du monde quand en fait on ne se sent pas excité. C'est un conflit intérieur, aux conséquences malheureuses, car tant que nous n'accepterons pas ce que nous sommes réellement avec nos soi-disant imperfections, nous n'aurons pas la force de développer notre vrai potentiel. » C'est en se mettant à l'écoute de soi (de ses troubles sensuels et de ses sensations stimulantes), sans se censurer, que le désir peut consentir à se dévoiler et à envahir le corps et l'esprit.

QUE DONNEZ-VOUS, QUE RECEVEZ-VOUS ?

Pour mieux connaître ses désirs réciproques en termes de marques d'amour, la psychothérapeute Sylvie Tenenbaum[41] invite le couple à réfléchir à partir des questions suivantes :

- **Quelles sont les marques que vous désirez recevoir (verbales et non verbales) ?**
- **Quelles sont celles que vous donnez (verbales et non verbales) ?**
- **Quelles sont celles que vous recevez (verbales et non verbales) ?**
- **Cet échange vous convient-il à tous les deux ? Y a-t-il adéquation entre ce qui est attendu et ce qui est reçu ? Pourriez-vous obtenir ce qui vous manque par vous-même ?**

41 Sylvie Tenenbaum, *Bien vivre sa vie de couple*, InterEditions, Paris, 2006.

> Accepter ses fantasmes

Le désir s'exprime dans nos fantasmes. On pourrait dire que ces derniers sont les vêtements dont le désir s'enveloppe pour se matérialiser dans notre esprit. Ces pièces disparates de notre psychisme, issues de nos premières expériences sensorielles et affectives, forment en se regroupant la carte d'identité de notre désir. Ainsi le plaisir viendra de telle ou telle caresse, situation ou émotion, et pas de telle autre. Les fantasmes sont notre intimité la plus profonde et la plus vivante. Les accepter comme les fruits d'une activité psychique en pleine santé est le premier pas pour vivre une sexualité personnelle et épanouissante. Cela n'est pourtant pas toujours facile, car les fantasmes ne sont ni contrôlables ni modulables. Certains d'entre eux peuvent nous choquer et nous faire douter de notre normalité ou de notre moralité.

De nombreux sexologues proposent à ceux et celles qui se plaignent d'avoir une vie fantasmatique pauvre ou bloquée de se laisser aller en solitaire à des rêveries, des lectures ou des visualisations érotiques. L'inconscient n'attend que notre feu vert pour s'exprimer !

LA CARTOGRAPHIE DU PLAISIR

Dans les années 1970, les sexologues américains Masters et Johnson prescrivaient aux couples en quête de sensualité et d'intimité un exercice appelé le « Sensate Focus ». Le but était de retrouver le plaisir du toucher, d'abord sensuel, puis sexuel, mais sans pénétration. À tour de rôle, on explore le corps de son partenaire, on pince, on effleure, on palpe chaque centimètre carré de sa peau et celui qui est touché décrit les sensations qu'il éprouve. Cette remise en synchronisation sensuelle renforce l'intimité du couple et minore progressivement l'anxiété de performance.

> Parvenir à donner des moyens

« L'érotisme est le seul luxe qui ne repose pas sur l'argent. Certes, il exige des moyens, principalement de l'imagination, du temps et de l'espace, avance Jean-Michel Hirt. Mais il n'obéit pas à l'économie du besoin, il est au-delà du rendement. Or, dans notre société si laborieuse, l'oisiveté est vraiment considérée comme la mère de tous les vices : il faut agir, produire sans perdre de temps. Ce n'est pas compatible avec la culture de l'érotisme. Le désir et le sentiment amoureux prennent racine et croissent dans les interstices laissés vacants par la performance, l'agitation et la course aux résultats. » À l'extérieur règne la ronde frénétique des contraintes et des obligations professionnelles et sociales tandis qu'à l'intérieur, chez soi, le temps se morcelle (entre les enfants, l'intendance et la communication). Chacun étant pendu à son portable ou devant son écran, combien de temps reste-t-il pour se regarder, s'écouter, se désirer ? Les couples amants au long cours sont ceux qui se donnent le temps et les moyens de faire vivre leur désir. Ils s'offrent du temps, de la fantaisie et de la poésie – pas le romantisme frelaté des films sentimentaux hollywoodiens, mais de la poésie vive qui réveille et relie le corps et l'esprit. « Le champ de l'imagination érotique est illimité, écrit le psychiatre et thérapeute de couple Philippe Brenot[42]. Il reflète la richesse et les ressources de l'esprit humain. Le fantasme stimulant n'est pas toujours d'ordre sexuel, mais il permettra par association d'idées successives d'induire un état de disponibilité sexuelle. » Certains couples décident de ne pas quitter leur chambre du week-end, d'autres font l'amour dans des endroits inhabituels ou s'offrent une nuit dans un palace, d'autres encore communient dans la musique… L'essentiel est d'avoir le sentiment de se faire cadeau du meilleur. Au moins de temps en temps…

---

42 Philippe Brenot, *Le Sexe et l'Amour*, Odile Jacob, coll. « Poche », Paris, 2010.

LES PISTES POUR AVANCER

> Érotiser sa présence

Un baiser distrait qui claque sur la joue, des tenues aussi confortables que repoussoir, des gestes et des postures que l'on devrait réserver à sa seule intimité… Autant de petits « tue-désir » que le temps a fâcheusement tendance à multiplier, et qu'il faudrait impitoyablement traquer pour les abandonner une bonne fois pour toutes. « L'étude des comportements en matière de sexualité nous a appris que les hommes étaient "visuels" et les femmes "auditives", avance le Dr Sylvain Mimoun. Pourquoi ne pas garder ces informations dans un coin de sa tête et en jouer au quotidien ? » Érotiser sa présence passe par des petites attentions très simples, comme soigner son corps, ralentir ses gestes pour les rendre plus sensuels, faire ou défaire quelque chose dans ses vêtements pour souligner un détail de soi qui trouble et stimule son partenaire, poser sa voix… Dans la relation sexuelle, érotiser sa présence signifie laisser à son corps toute la place. On parle là non pas du corps exhibé, celui des vitrines des actrices du X ou des narcissiques exhibitionnistes, mais d'un corps ressenti, pleinement habité et pour lequel on ressent de la gratitude – un corps auquel on fait confiance et qu'on laisse libre de s'exprimer dans toute sa dimension instinctive et joyeuse. Pour cela, il est nécessaire de s'abandonner, de ne pas se soucier de l'image que l'on donne mais des sensations que l'on ressent et que l'on procure à l'autre.

SAUVEGARDEZ LA NUDITÉ

Le Dr Gérard Leleu est l'un des premiers sexologues français à avoir mis l'accent sur le danger de ce qu'il appelle « la banalisation des corps ». Dans son *Traité du désir*[43], il dénonce la consommation à outrance de la chair, sa surexposition, sa surexploitation dans notre société, et il invite à prendre soin de la nudité dans l'intimité. « Il faut absolument sauvegarder le pouvoir érogène de la nudité. Évitons de nous comporter comme si l'autre était absent. Pas de déshabillage, d'habillage, d'allers et venues en tenue de peau sous le regard terne d'un conjoint blasé. Pas de toilette complète, non plus que de lavage intime, pas même des shampooings sous ses yeux neutres devenus. Pour tous ces actes, on se tourne, on se cache ou l'on s'isole. » À méditer…

> Entrer dans le jeu

L'esprit ludique est l'une des clés de l'épanouissement sexuel durable. La sexualité, lorsqu'elle ne tend pas exclusivement à la procréation, est d'ailleurs la seule forme de jeu qui perdure dans le monde des adultes. « Le champ érotique s'étend à perte de vue, affirme Jean-Michel Hirt. Si on cesse de restreindre la portée de ses fantasmes, si on

43 Gérard Leleu, *Traité du désir, op. cit.*

accepte de ne pas constamment se regarder en train de bien faire l'amour, alors on peut jouer de son corps et le laisser jouer toutes sortes de partitions sans jamais se lasser. Le jeu devient un art, l'art des corps et des cœurs. Et, dans ce jeu si musical, dans ce duo ou dans cette danse, on trouve la place et la possibilité de s'abandonner à l'autre. Si on se donne à "mi-désir", à "mi-corps", alors on ne joue plus le jeu, on est dans la répétition, dans le corps non habité, non inspiré. Le danseur s'arrête, c'est l'automate qui prend la relève. » Comme dans les jeux d'enfants, la seule finalité recherchée est le plaisir. Pour garder le désir en éveil, il faudrait ruser, jouer avec lui sur son propre terrain et, comme les enfants qui inventent des châteaux et des vaisseaux spatiaux avec trois fois rien, faire feu de tout bois : improviser, jouer à cache-cache, à se faire peur, à se provoquer, à se dérouter… Cette disposition d'esprit exige que l'on abandonne la performance, les habitudes et la peur du ridicule. Place alors aux initiatives inspirées qui bousculent les jeux de rôles établis, aux audaces dont on ne se croyait pas ou plus capable et qui nous font nous sentir plus vivant et plus complexe. Françoise Dolto disait que, pour les enfants, « la fête, c'est la liberté dans la sécurité ». Ce pourrait aussi être la définition d'une sexualité épanouie pour les adultes !

> Conjuguer tendresse, sensualité et… cruauté

Il n'existe aucun secret, aucune recette, aucune baguette magique pour faire durer le désir et le sentiment amoureux. Et c'est une bonne nouvelle. En revanche, certains comportements peuvent favoriser la renaissance et la durée du désir et des sentiments.

« Pour que le vaisseau amoureux puisse naviguer, il faut qu'il soit porté par les trois courants, à la fois complémentaires et antagonistes, du fleuve Amour, affirme Jean-Michel Hirt. Le courant de la sensualité, celui de la tendresse et enfin celui de la cruauté. S'il est porté par le seul courant de la tendresse, le couple tombe dans le “familialisme”, dans des relations fraternelles et asexuées. S'il est porté par le seul courant de la sensualité, alors le désir n'est plus qu'excitation et les corps réduits à des objets de plaisir interchangeables. Enfin, si le navire est seulement porté par le courant de la cruauté, on s'éloigne de l'amour, de la reconnaissance de soi et de l'autre pour tomber dans des relations destructrices à base de pouvoir et de violence. » Par « courant tendre », le psychanalyste entend l'empathie, l'attention à l'autre, la bienveillance, l'écoute, la douceur, le don. Le « courant sensuel » évoque notre dimension instinctive, animale, génitale, pulsionnelle, il est en lien direct avec le corps et ses exigences. Enfin, la « cruauté » – et c'est sans doute la notion la plus complexe à comprendre – fait référence aux différences qui nous séparent, aux tensions qui donnent du relief à la communication, à l'espace entre soi et l'autre, qui est tantôt comblé, tantôt béant. « Il est essentiel que ces trois courants puissent se rassembler dans la mesure où chacun d'eux apporte des ingrédients qui, lorsqu'ils sont isolés, sont néfastes à l'amour – à ce que Freud appelait "l'amour sexuel" entre deux personnes de sexes différents (et, paradoxalement, même dans une relation homosexuelle les sexes restent différents), poursuit le psychanalyste. On sent bien que ces trois courants sont en permanence en équilibre instable et que, pour bien naviguer avec eux, afin qu'ils restent noués, il faut être en état de vigilance. L'amour est une aventure qui requiert toute notre attention, pourquoi la vivrait-on avec désinvolture et distraction ? »

Appréhender le désir et les sentiments amoureux comme un voyage ponctué de séparations, de retrouvailles, de déchirements et de voluptés est sans doute l'une des voies de l'amour les plus exigeantes. Elle nous mène hors des sentiers battus et des parcours attendus. Si l'on considère le désir à la fois comme une grâce et un état d'esprit (et non comme une mécanique), alors le sentiment amoureux peut se déployer dans l'espace et dans le temps, sans limites ni usure.

Conclusion

Rester amoureux, faire durer le désir… C'est sans nul doute aujourd'hui l'objectif le mieux partagé. Dans un monde bousculé, incertain, traversé par mille et une turbulences, le cocon constitué par le couple et la famille semble plus que jamais désirable et rassurant. Pourtant, sécurité et désir sont deux quêtes qui peuvent difficilement être menées de front. La douce chaleur de la tendresse, si elle n'est pas réveillée par l'incendie du désir ni attisée par l'inquiétude et le manque, ne conduit qu'au sommeil du couple…

Une vaste enquête menée en 2008 par l'Inserm et l'Ined[44] révélait que 38 % des femmes en couple et 20 % des hommes avouaient avoir ressenti une absence ou une insuffisance de désir dans les douze derniers mois. Les motifs qu'ils invoquaient étaient la présence des enfants, la fatigue, l'ampleur des tâches domestiques, les difficultés économiques. L'enquête nous apprenait également que plus le couple était ancien, plus le désir faiblissait. Autrement

44 Nathalie Bajos et Michel Bozon (sous la direction de), *Enquête sur la sexualité en France*, La Découverte, Paris, 2008.

dit, plus le quotidien s'alourdit de rites rassurants et de contraintes répétitives, plus grand est le sentiment de sécurité qui nous lie à l'autre, mais plus le sentiment amoureux est menacé. Et ce ne sont pas quelques tours de passe-passe (que ce soit de la lingerie sexy ou des performances techniques) qui feront revenir le trouble, le frisson ou la brûlure du désir.

L'ennui, la lassitude, la routine ne se chassent pas avec une formule magique. Leurs racines sont à chercher au plus profond de la relation amoureuse, dans ce que l'on met en partage avec l'autre, dans ce que l'on donne à voir, à entendre et à sentir de soi. Interroger le lien, c'est forcément s'interroger sur sa propre singularité, sur celle de l'autre et sur l'alchimie instable et précieuse qui naît de cette rencontre. Se pencher sur l'énigme du désir amoureux conduit souvent à une prise de conscience déstabilisante, mais essentielle : le désir n'est pas Un. Il est intermittent, imprévisible, irrégulier, insolent, pour reprendre l'adjectif de Jean-Michel Hirt. Il se rit de nos certitudes, déjoue nos pièges et nous surprend lorsque nous ne l'attendions pas. Il va et vient, au gré de nos marées intérieures qui échappent à notre conscience et à notre volonté. Il nous tient en son pouvoir et c'est cette vérité qu'il nous faut accepter si l'on veut qu'il s'attarde.

« Ne croyez pas ce qui est écrit dans les journaux, nous dit le désir, oubliez vos certitudes et laissez-vous guider par ce que vous sentez, rêvez ou imaginez… »

Accepter de suivre cette voie, singulière et donc initiatique, c'est accepter de laisser son mental sur le bas-côté, c'est avoir le courage de se fermer aux discours codifiés et de résister aux conseils consuméristes, pour vibrer avec ses sens, sa chair et sa sensibilité, à son rythme et à sa manière.

Le désir n'est pas réductible à l'envie, ni au besoin. Il est cette part de nous la plus intime et la plus vivante, celle qui ne devrait jamais se laisser mettre en cage ni marcher au pas.

Être dans son désir, rencontrer celui de l'autre et se laisser porter par ses flots, tantôt calmes, tantôt déchaînés, est l'une des plus belles façons de dire « Oui » à la vie. Et à l'amour.

À lire

> Psychologie, psychanalyse

Emmanuelle de Boysson, *Le Secret des couples qui durent*, Presses de la Renaissance, Paris, 2005.

Sophie Cadalen, *Hommes, femmes : ni Mars ni Vénus*, Leduc.S Éditions, Paris, 2006.

Marie-Laure Colonna, *L'Aventure du couple aujourd'hui*, Dervy, Paris, 2007.

Christophe Fauré, *Ensemble mais seuls*, Albin Michel, Paris, 2009.

Serge Hefez (avec Danièle Laufer), *La Danse du couple*, Hachette Littératures, coll. « Pluriel », Paris, 2005.

Jean-Georges Lemaire, *Les Mots du couple*, Payot, coll. « Petite Bibliothèque Payot », Paris, 2001.

Charles Melman, *L'Homme sans gravité*, Gallimard, coll. « Folio Essais », Paris, 2005.

Esther Perel, *L'intelligence érotique : faire vivre le désir dans le couple*, Robert Laffont, Paris, 2007.

Michèle Perron-Borelli, *Les Fantasmes*, PUF, coll. « Que sais-je ? », Paris, 2001.

Anne Teachworth, *Comment trouver l'âme sœur et la garder*, Payot, coll. « Petite Bibliothèque Payot », Paris, 2006.

Martine Teillac, *Pour un couple durable : vaincre et se libérer des crises du quotidien*, Solar, Paris, 2009.

Maryse Vaillant, *Comment aiment les femmes. Du désir et des hommes,* Seuil, coll. « Points », Paris, 2006.

Alain Valtier, *L'Amour dans les couples,* Odile Jacob, Paris, 2006.

Hélène Vecchiali, *Ainsi soient-ils. Sans de vrais hommes, point de vraies femmes…* Calmann-Lévy, Paris, 2005.

> Sexualité, sexologie

Corinne Antoine, *S'aimer : la relation sexuelle dans le couple,* Larousse, Paris, 2009.

Catherine Blanc, *La sexualité des femmes n'est pas celle des magazines*, Pocket, Paris, 2009.

Gérard Bonnet, *L'Irrésistible Pouvoir du sexe*, Payot, Paris, 2001.

Philippe Brenot et Suzanne Képès, *Relaxation et Sexualité*, Odile Jacob, coll. « Poche », Paris, 2004.

Françoise Dolto, *Sexualité féminine*, Gallimard, coll. « Folio essais », Paris, 1999.

Didier Dumas, *La Sexualité masculine*, Hachette Littératures, coll. « Pluriel », Paris, 2007.

Didier Dumas, *Et si nous n'avions toujours rien compris à la sexualité ?*, Albin Michel, Paris, 2004.

Jean-Michel Fitremann, *ABC de la sexualité*, Grancher, Paris, 2002.

Alain Héril, *Les Continents féminins, voyage au cœur du plaisir des femmes*, Jean-Claude Gawsewitch éditeur, Paris, 2008.

Alain Héril, *Pour développer sa libido*, Bussière, coll. « Coaching méditatif », Paris, 2009.

Gérard Leleu, *Sexualité, la voie sacrée*, Albin Michel, Paris, 2004.

Sylvain Mimoun et Étienne Rica, *Sexe et sentiments, Version femme*, Albin Michel, Paris, 2009.

Sylvain Mimoun et Étienne Rica, *Sexe et sentiments, Version homme*, Albin Michel, Paris, 2009.

Sylvain Mimoun (sous la direction de), *Le Petit Larousse de la sexualité*, Larousse, Paris, 2007.

François-Xavier Poudat, *Comment bien vivre sa sexualité*, Odile Jacob, Paris, 2004.

Pascal de Sutter, *La Sexualité des gens heureux,* Les Arènes, Paris, 2009.

Philip Toshio Sudo, *Zen sexe*, Presses libres, Montréal, 2002.

> Image de soi

Jean-Claude Kaufmann, *Corps de femmes, regards d'hommes,* Pocket, Paris, 2010.

Juan David Nasio, *Mon corps et ses images*, Payot, Paris, 2008.

> Neurosciences, santé

Anne Dufour et Danièle Festy, *Aphrodisiaques, mode d'emploi*, Marabout, coll. « Poche Pratique santé », Paris, 2004.

Lucy Vincent, *La Formule du désir,* Albin Michel, Paris, 2009.

Jean-Didier Vincent, *Biologie des passions*, Odile Jacob, Paris, 2009.

> Sociologie

Nathalie Bajos et Michel Bozon (sous la direction de), *Enquête sur la sexualité en France*, La Découverte, Paris, 2008.

Thibaut de Saint Pol, *Le Corps désirable*, PUF, coll. « Le Lien social », Paris, 2010.

> Philosophie

Patricia Delahaie, *Comment s'aimer toujours,* Leduc.S Éditions, Paris, 2006.

Michel Foucault, *Histoire de la sexualité,* tome I *La Volonté de savoir,* Gallimard, coll. « Tel », Paris, 1994.

Annick Le Guérer, *Les Pouvoirs de l'odeur,* Odile Jacob, Paris, 2002.

Michela Marzano, *La pornographie ou l'épuisement du désir*, Hachette Littératures, coll. « Pluriel », Paris, 2007.

Isabelle Queval, *Le Corps aujourd'hui*, Gallimard, coll. « Folio essais », Paris, 2008.

Remerciements

Merci à Jean-Michel Hirt pour sa disponibilité, ses encouragements et son souci constant de mettre à la portée du plus grand nombre des notions complexes, réservées d'ordinaire aux initiés de la psychanalyse.

Merci à Pascale Senk de m'avoir permis de réunir dans ce livre le fruit de mon travail et de mes rencontres, depuis des années, sur ce thème. Son soutien et sa bienveillance m'ont aidée à le mener à bien.

Merci à Delphine Kopff-Hausser pour sa patience et sa confiance.

Merci aux hommes et aux femmes qui m'ont confié, avec générosité et sincérité, le plus intime et parfois le plus douloureux de leur histoire d'amour. Qu'ils sachent que leurs voix résonnent en chacun de nous, et qu'elles sont un réconfort pour ceux qui se posent les mêmes questions qu'eux…

Merci à tous les thérapeutes cités dans ce livre qui nourrissent mon travail depuis des années...

Un grand et tendre merci à Olivier, mon amoureux, et à mon petit clan familial et... animal pour leur présence et leur humour.

Table des matières

Dans la même collection

DEVENIR ADULTE pour être (enfin !) libre
Pomme Larmoyer, avec la collaboration de Jacques Arènes

OSER LE CONFLIT pour mieux s'entendre
Aurore Aimelet, avec la collaboration de Dominique Picard

SAVOIR DIRE OUI pour construire sa vie
Alexie Lorca, avec la collaboration d'Alain Delourme

RÉUSSIR SON NOUVEAU COUPLE et faire durer l'amour
Bernadette Costa-Prades, avec la collaboration de Jacques-Antoine Malarewicz

REMETTRE LE TRAVAIL À SA (JUSTE) PLACE
Catherine Viot, avec la collaboration de Luce Janin-Devillars

DONNER À L'ARGENT SA VRAIE VALEUR
Stanislas de Haldat, avec la collaboration de Norbert Chatillon

ACCEPTER LE TEMPS QUI PASSE… pour s'en faire un allié
Isabelle Yhuel, avec la collaboration de Françoise Millet-Bartoli

AIMER SON PHYSIQUE pour s'accepter enfin
Aurore Aimelet, avec la collaboration de Virginie Megglé

VIVRE UNE SOLITUDE HEUREUSE
Marie Borrel, avec la collaboration de Moussa Nabati

PÈRES, FILS : transmettre le masculin
Christian Krumb, avec la collaboration de Willy Barral

Pour l'éditeur, le principe est d'utiliser des papiers composés de fibres naturelles, renouvelables, recyclables et fabriquées à partir de bois issus de forêts qui adoptent un système d'aménagement durable.
En outre, l'éditeur attend de ses fournisseurs de papier qu'ils s'inscrivent dans une démarche de certification environnementale reconnue.

Imprimé en Espagne par Unigraf
Dépôt légal : août 2010
ISBN : 978-2-0123-7907-7
23-27-7907-01-1